20

新世纪心理与心理健康教育文库

Xinshiji Xinli Yu Xinlijiankangjiaoyu Wenku

领导心理学

Lingdao Xinlixue

赵世明◆编著

Zhao Shiming

开明出版社

新世纪心理与心理健康教育文库

编　委　会

总 序

Sequence

早在上个世纪70年代就有专家预言：21世纪是心理学的世纪。21世纪人类所面临的最大挑战，不是其他，而是心理困惑和心理问题。

进入新世纪，我国社会主义物质文明、政治文明、精神文明建设不断加强，综合国力大幅度提高，人民生活显著改善。同时，我们也要看到，我国已进入改革发展的关键时期，经济体制深刻变革，社会结构深刻变动，利益格局深刻调整，思想观念深刻变化。这种空前的社会变革，给我国发展进步带来巨大活力，也必然带来这样那样的矛盾和问题。例如，城乡、区域经济社会发展很不平衡；就业、收入分配、社会保障、教育、医疗、住房等方面关系群众切身利益的问题比较突出；一些社会成员诚信缺失、道德失范；一些领域的腐败现象比较严重等。这些矛盾和问题让人们感到心理困惑，时刻冲击着人们的心理承受能力。

2006年，中共中央《关于构建社会主义和谐社会若干重大问题的决定》明确指出：我们必须坚持以人为本。要注重促进人的心理和谐，加强人文关怀和心理疏导，引导人们正确对待自己、他人和社会，正确对待困难、挫折和荣誉。要加强心理健康教育和保健，塑造自尊自信、理性平和、积极向上的社会心态。心理和谐是构建和谐社会的心理基础和重要标志。胡锦涛同志指出："科学发展观，第一要义是发展，核心是以人为本。"以人为本就必须重视人、尊重人、关心人、爱护人，就必须重视人的心理发展。加强心理健康教育和心理保健，不断提高人们的心理素质，帮助人们形成积极心理品质，为和谐社会建设奠定和谐的心理基础已经成为举国上下的共识。

促进人的心理和谐需要有科学心理学指引，加强心理健康教育需要有合适的教材。近年来，国内虽然也陆续出版了一些心理学或心理健康教育方面的图书，但不够系统，缺乏总体规划。正因为如此，我们组织了一批心理学专家、学者，编写了这套反映我国心理学发展及心理健康教育理论成果的“新世纪心理与心理健康教育文库”。

“新世纪心理与心理健康教育文库”具有系统性。文库参照心理学学科体系和我国现实需要，分为基础理论、应用理论和技术与实践三个系列。

“新世纪心理与心理健康教育文库”具有权威性。文库是国家出版基金资助项目；文库撰稿人的选择面向全国，每一本图书都由该领域的专家学者撰稿；文库的统稿工作由国内权威心理学家和心理健康教育专家负责完成。

“新世纪心理与心理健康教育文库”具有前沿性。文库在全国范围选聘心理学和心理健康教育领域的专家学者撰稿，既可以吸收心理学与心理健康教育的权威理论和最新研究成果，也可以保证所选内容资料贴近时代、贴近生活、贴近实际。

“新世纪心理与心理健康教育文库”具有实用性。文库在强调系统性、理论性、科学性的同时，更加强调实用性。力求做到理论联系实际，给出的理论实用，给出的技术可行，给出的方法可操作。

“新世纪心理与心理健康教育文库”理论性、实用性、资料性、工具性兼备，是心理学与心理健康教育的“百科全书”。它可以作为从事心理与心理健康教育工作的管理者和研究者的参考书、工具书；可以作为心理健康教育教师继续学习、自我提高的自修图书；可以作为心理健康教育教师的培训用书；可以作为师范院校心理与心理健康教育专业的教材或参考书。

我们相信，“新世纪心理与心理健康教育文库”对于从事心理与心理健康教育工作的人士会有所帮助；对于我国的心理与心理健康教育工作会起到推动促进作用；对于促进人的心理和谐、促进社会心理和谐会发挥一定作用。

我们希望，这套文库能够得到广大心理与心理健康教育工作者的认可、接纳。

郑日昌

于京师园

前言

Preface

领导是人类社会发展进程中一项至关重要的活动。人类的社会属性决定了组织与领导的不可或缺。人们对领导问题的关注与研究由来已久，但是关于领导的科学研究却是始于20世纪初期的领导特质理论。一百多年来，人们试图从多种视角和多个学科来观察和探讨领导问题的本质及规律。在这方面，政治学、管理学、心理学、社会学、伦理学等都为领导研究贡献良多。领导学（leadership）将这些研究统合起来，构建了最为全面和综合的领导研究框架。

领导心理是领导研究和领导实践的重要组成部分，无论是领导者还是被领导者，领导过程始终贯穿着大量且复杂的心理活动。在纷繁的领导研究中，对领导心理问题的研究一直是一个相对稳定并自成体系的领域，这可能与领导的本质有关，即领导是一种特定的角色，是一种行为或过程，是一种关系或互动，是一种古老而普遍的社会心理现象。无论是角色、行为还是关系，都与领导诸要素的心理活动和心理现象有关。于是，专注领导心理问题研究的领导心理学就成为领导研究中的核心领域。

领导心理学是研究领导心理与行为有效性的交叉学科，关注的是领导过程中的心理现象与问题。回顾历史我们不难发现，领导心理学研究与心理学的发展基本上是同步的。关于领导心理学问题的大量研究都采用了规范化的实证研究的方法和程序。无论在研究对象与内容，研究方法与范式，还是在研究文献与成果方面，领导心理学都显示出勃勃生机。2009年，中国浦东干部学院领导研究院与华东师范大学认知与心理学院联合建立了国内第一个领导心理学的硕士点，开始培养领导心理学专业硕士学位研究生，标志着领导心理学在我国作为一门独立学科的开始。

同时，作为一门独立学科，领导心理学的学科建设与发展仍然任重道远。本书正是试图肩负起这样一个使命，为领导心理学的学科建设作出探索和尝试，至少比较科学和系统地构建起领导心理学的学科体系。本书循着国内外已有的领导心理研究的发展路径，来归纳和构建领导心理学的研究范畴。我们将国外心理学专业权威期刊刊载的领导研究、国内已见到的领导心理学研究、领导学中涉及的领导心理研究进行了初步归纳。发现领导心理研究涉及与领导现象相关联的各个因素，如领导者、被领导者、领导行为和领导情境（包括组织和团队）等，主要涵盖领导者的特征、领导者的心理反应、领导者的行为、领导者与领导情境的交互作用、领导者与被领导者的交互作用、被领导者的心理与行为等六个方面的研究领域。本书的内容体系基本上建立在这一框架基础之上。当然，要确立领导心理学的学科体系，除了要界定本学科的研究内容之外，还要划分或明确与其他相关学科的关系，本书在这方面作了比较详尽的阐述。

最后需要说明的是，人们对领导心理学还有一种通俗理解，即对领导心理规律的把握与利用，基本属于领导艺术或技术的范畴，这方面的研究与实践并不属于本书探讨的内容。

赵世明

目录

Contents

第一章　领导心理学概述

【本章提要】

本章主要介绍领导的基本概念、领导心理学的研究范畴与研究方法，以及国内领导心理学研究的发展现状。对领导现象的认识和解释是领导心理研究的基础，也是领导心理学的源头。从领导心理研究的问题与范畴可以发现领导心理学与其他相关学科的交集以及不同。本章试图从领导心理学研究所涉及的问题来构建领导心理学的学科框架，在此基础上，指出加强实证研究是我国领导心理学健康发展的重要途径。

【学习重点】

1. 领导的概念及内涵
2. 领导心理与领导心理学研究的问题
3. 领导心理学的学科属性
4. 领导心理学的主要研究方法
5. 我国领导心理学实证研究的发展现状

【重要术语】

领导　领导心理　领导心理学　实证研究

领导心理学是研究领导心理与行为有效性的交叉学科。与其他关注领导研究与领导实践的学科不同，领导心理学更为关注领导过程中的心理现象与问题，或者更倾向于采用心理学的方法和视角去研究领导问题。对于“领导”这样一种古老而普遍的社会心理现象，领导心理学已经基本建立起自己相对独立的、自成体系的学科框架。令人遗憾的是，尽管关于领导的科学研究已经走过了一百多年的历史，但是领导心理学至今仍然处在领导学、管理学、社会心理学、组织行为学的夹缝中，不能自然而独立地生长。实际上，以上这些学科都涉及大量的领导和领导心理学研究，关于领导心理学的大量研究都采用了规范化的实证研究的方法和程序。无论是研究对象与内容，还是研究方法与范式，或是大量的研究文献与成果，领导心理学都已显示出勃勃生机。随着领导心理学硕士点在我国高等院校的建立，领导心理学开始作为一门独立学科正式确立。

第一节　领导的概念

领导心理学的主要研究对象是领导过程中的心理现象与问题。然而领导心理是围绕领导产生和发展的。对领导的认识和解释是研究领导心理的基础，也是领导心理学的源头。

领导是一个既古老又现代、既简单又复杂的概念。据《牛津英语辞典》释义，英语中“领导者”（leader）一词最早出现于1300年，而在当今时代，领导一词与整个世界和人类社会密不可分。正因为领导在人类社会中的重要地位和作用，许多理论家和实践者都试图界定领导的真正含义。在领导学文献中，领导有很多不同的定义，领导的定义甚至与试图界定该概念的人数一样多。尽管这样说有些夸张，但是领导活动的复杂性决定了领导概念的多样性。

在著名的《巴斯领导手册》中，领导被看做群体过程的核心，看做是一种特定人格，一种特定行为，一种说服方式，一种权利关系，一种实现目标的工具，一种相互作用的结果，一个特殊的角色，一种结构的创设，以及所有这些界定的不同组合。《辞海》也将领导定义为引导、带领社会组织和群体为实现一定群体目标而进行领航导向的过程，其基本要素包括领导主体、领导客体、领导环境和领导目标等。如果做一分类，领导的概念至少涉及领导者、领导目标、领导行为、领导过程、领导情境以及被领导者等变量。总体来讲，对领导概念的理解主要包含以下内容：领导是一种特定的角色，是一种行为或过程，是一种关系或互动。

一、领导是群体活动的核心

基于领导者的领导定义倾向于将领导看做群体变化、活动和过程的核心。人们发现，所有的社会活动和社会过程都包含这样一些核心人物。因此，领导是在社会现象的控制和发展过程中占据重要位置的一个人或少数人。这样的领导核心代表了群体大多数人的权力和利益，反映了群体成员的需求和愿望，由他们将群体成员的注意力和能量集中到所需要的方向上。从这个意义上讲，领导者是使群体成为整体的核心或焦点人物。

作为群体活动的核心，领导（确切地说是领导者）是与众不同的，需要我们做出解释，为什么领导者比其他人更能发挥核心作用。有人甚至将领导者看做一种特殊的人格，正是这些特殊的人格，使得领导者具有区别于追随者的品质。人格理论倾向于认为领导者具有区别于追随者的品质。那些可能成为领导者的个体，其个人特质使其赢得了下属或追随者对他的尊重和遵从。此外，某些人格特质，如稳定性、支配性、自信心、坚韧性、智慧、美德等，往往与受人尊重的领导者联系在一起。这在新领导理论（如变革型领导、魅力型领导等）中得到了集中的体现。

二、领导是实现目标的行为

领导也是一种引导和带领群体活动的个体行为。领导行为一般是指领导者在指导和协调群体成员的过程中所从事的特定活动，其中包括确定群体目标、指导任务行为、建构工作关系、奖惩群体成员、关心成员福祉和情感等行为。在这些领导行为中，有一些是核心的、共性的行为，有一些是随情境而变化的。其中，领导可以被看做实现目标的手段、引导和遵从的过程、创建组织结构的方法以及提供感情支持的途径。

首先，许多关于领导的定义都将领导定义为实现群体目标和满足群体需求的有效手段，而领导者本身就是以特定方式带动群体按照相应程序实现某种目标的那个特定的个体。领导的过程与行为也具体表现为领导者创设可以实现的目标或愿景，为追随者指明实现这些目标的途径，去除通往目标道路上的各种障碍。其次，领导行为主要体现为引导和遵从，是将领导过程或行为看做把领导者的意志传达给被领导者并引导他们遵从、尊重、忠诚、合作的活动，领导者作为行为的主体，引导下属按照所要求的方式行动，被领导者遵从领导者的引导。这种观点在一定程度上忽视了群体成员的需求或群体的整体利益，具有突出的行为主义色彩。现实中也不难发现，大多数领导都是权威主义的，甚至是强权的，他们的作用在于指挥下属，使群体成员服从。再次，领导是一种创建和保持组织结构的过程，这同样是一种行为主义心理学的观点。这类观点认为领导就是在群体成员的相互作用中建构组织结构的活动，它是解决共同问题的行为或活动，这一过程通过领导者提供刺激、群体成员作出反应来实现，因此领导就是在期待和互动中创建和保持组织结构的过程。基于这种认识，一旦群体行为被一个已建立的和被认可的组织所支配，领导者或领导行为也就没有存在的必要了。因此，在高度结构化的组织中，替代领导就会自然涌现。最后，与权威主义的行为观点相反，一些关于领导的研究认为，领导是一种提供支持和激励的行为，领导是非强迫性的有效劝导。领导者依靠劝导激励而不是指挥命令，是通过情感吸引而不是强迫威胁。这种观点的理论基础在于，领导是与人的本性打交道的行为，领导不是简单的命令驱使和行使权威，应该通过劝导、激励或示范来影响群体成员采取实现组织目标的行动。

三、领导是维系关系的纽带

领导不仅是一种角色，一种行为，也是一种互动关系。首先，领导是一种权利关系，或者说群体成员间不同的权利关系形成了领导者与领导过程，因此领导是一种特殊类型的权利关系，其特征是群体中的某些成员认可另一位成员享有权利并为前者规定出作为群体成员应遵守的行为准则。其次，领导是群体行为的结果，是领导者与被领导者、群体成员之间相互激励、相互作用的过程。领导过程本身就是一种互动过程。只有得到其他群体成员的认可和接受之后，领导者才在真正意义上存在。也就是说，一个人成为领导者往往是群体内部相互作用的结果。再次，领导过程更多地表现为领导者与被领导者相互影响的过程。领导者通常通过言语的媒介，影响其他人的行为，趋向特定的目标；被领导者通过作出适当的反应，对领导者的指引和领导行为产生影响，双方形成一种相互作用的共进关系。当然，在这种互动关系中，领导者往往居于主体地位，在更多情况下是领导者通过示范、指引、支持、强化等方式影响被领导者，由于有了领导者，那些被领导者的言行和感情都不同于他们没有领导者时的情况；而被领导者也并非完全被动，双方之间的互动关系不完全以领导者的支配和引导为特征，被领导者也具有向上影响力。实际上在许多情况下，领导者本身也是被领导者。领导心理学中的许多理论模型都描述了领导者与被领导者和领导情境的相互作用。

基于以上这些观点，我们可以将领导定义为具有特定角色特征的领导者影响群体成员实现共同目标的过程，其中包括领导者、领导情境、被领导者的相互作用。将领导看做一种角色、一种行为、一种互动关系，符合领导心理学的研究视角。领导者与被领导者的角色差异，领导行为的发生和强化机制，领导者与被领导者和领导情境的相互作用，这些都是非常典型的领导心理学研究范畴。

第二节 领导心理学的研究范畴

如果将领导学中的相关研究算做领导心理学的研究内容，那么领导心理学（确切地讲是领导心理研究）称得上历史久远了。但是作为一门独立的学科，领导心理学才刚刚起步。这不仅因为在国际文献上我们很少见到领导心理学（psychology of leadership）这样的术语，国内关于领导心理学的几本著作也未系统探讨过领导心理学的学科范畴。我们可以循着国内外已有的领导心理研究的发展路径，来归纳和构建领导心理学的研究范畴。

一、国外的领导心理学研究

我们通过阅读心理学、管理学和领导学专业杂志所刊载的研究文献，可以发现领导心理学研究的基本领域。为此，本书编著者专门搜集了一些具有代表性的心理学专业期刊刊载的领导研究文献，试图通过心理学专业刊物对领导问题的关注，来发现领导心理学研究的大致范畴。

表 1－1 列出了美国心理学会的重点刊物之一——《应用心理学杂志》（*Journal of Applied Psychology*）2006—2010 年这五年间所刊载的 60 篇领导心理学研究文献的相关领域及问题。

表 1-1 2006—2010 年《应用心理学杂志》刊载的领导心理学研究文献

序号	关键词	相关变量
2006		
1	社会化魅力型领导	价值观一致性，工作群体中的出轨行为
2	领导知觉	自恋人格，职场出轨，任务与绩效关系
3	领导角色评价中心	性别差异
4	多层团队体系中的领导	
2007		
1	变革型领导	团队价值观，领导行为对团队绩效的影响
2	领导角色占有	女性，发展性与遗传性因素
3	团队中的领导	授权，绩效
4	领导—成员交换	被知觉的上级组织支持，满意度与绩效关系
5	领导呈现与效能	模式与变化取向
6	领导行为	营销技术应用与绩效
7	领导下属交换关系	对下属的影响
8	魅力型领导评价	下属觉醒度
9	领导评价	前任领导，原型匹配
10	下属魅力	人际与信息公平性知觉
11	变革型领导	研发型团队，创造力，教育专业化异质性
12	监督与领导的作用	职场情绪
2008		
1	领导—成员交换	团队成员绩效，个体水平的负面反馈寻求行为，团队水平的授权氛围
2	高级领导团队	制造业组织成员的消费者导向
3	团队角色测验	团队角色知识的情境判断测验
4	变革型领导	长期服务关系构建
5	领导者的护佑	同事信任
6	变革型 CEO	小型与中型公司绩效
7	人格与领导者效能	领导自我效能感，工作需求，工作自治
8	领导者分类的种族偏见	白人标准
9	变革型领导	群体内部交互作用，社会网络
10	魅力型领导	影响变异
11	领导—成员交换	管理影响策略，员工对组织变革的阻抗
12	变革型与变化的领导	员工组织承诺

（续表）

序号	关键词	相关变量
13	变革型领导	团队创新，团队氛围
14	领导—成员交换	区别化，心理契约
15	无领导	放任型领导，领导者的去奖惩模式
16	服务型领导	开拓结构，规则聚焦，员工行为
17	领导—成员交换	角色知觉
2009		
1	领导者与团队的知觉距离	
2	变革型领导	多样性管理，团队绩效
3	团队宪章	团队绩效轨迹，团队绩效策略
4	管理培训变革	
5	领导原型	程序公平
6	领导者人格特质	员工表达行为，伦理型领导，工作群体的心理安全
7	领导的自我评价与他人评价	文化特征
8	自我牺牲型领导	亲社会行为，员工的抵制重心
9	变革型领导与专制型领导	职业倦怠，控制点，神经型
10	基于经验的领导者发展	发展挑战，学习导向，反馈可利用性
11	领导—成员交换	一致性检验
12	目标导向的领导	认真性（责任感）表达
13	社会化魅力型领导	领导者—下属价值观一致性
14	工会领导	员工态度
15	领导者行为	社会资本，员工激情，工作绩效
16	CEO 人格	核心自我价值，自恋，变革型领导，战略影响力
2010		
1	领导者愿景	适应性与主动性绩效
2	女性领袖	社区领导，角色规范
3	服务型领导	程序公平，服务氛围，员工态度，组织公民行为
4	领导—成员交换	领导—成员交换的社会比较，员工工作行为
5	领导知觉	种族—职业适配度
6	变革型领导	对员工的双水平效应
7	领导者社会网络	领导—成员交换，成员工作态度
8	目标导向型领导	人格，下属耗竭
9	区别化领导—成员交换	公平氛围
10	领导—成员交换	有效组织承诺，上级的组织化身
11	领导典型性（leader prototypicality）	

考虑到《应用心理学杂志》的权威性，以上列出的文献标题应该是领导心理问题的一个局部的、适量的样本。这五年中刊载的领导心理学研究，反映了领导心理学重点关注的主要研究问题。这些问题主要涉及领导者的心理特征（以人格特质为代表），领导者与被领导者的交互作用（以领导—成员交换为代表），领导方式或模式（以变革型领导、团队领导等为代表）等。

除了专业期刊之外，在国外冠以领导心理学（psychology of leadership）的专著并不多见。唯一一本译成中文的冠以领导心理学名称的学术著作还是一本会议论文集（《领导心理学——新视野及其研究》），其中并没有涉及领导心理学的学科体系与内容框架。该书由大卫·梅西克和罗德里克·克雷默（David M. Messick & Roderick M. Kramer，2010）主编，对所谓领导心理学的新观点进行了探索。这些研究多是以社会心理学家和组织心理学家的视角，对领导过程的心理问题进行了不同层面的思考，较为侧重作为心理过程的领导研究，涉及的研究问题如下。

1. 领导的社会认同理论。主张采用社会心理学中的社会认同方法来分析领导过程。早期社会心理学的著作中还包含领导问题的内容，主要涉及领导中的群体过程，尤其是小群体问题。后来这些内容转移到邻近学科尤其是组织行为学中了。留下的关于领导研究的唯一线索就是领导的归因过程和社会认知。领导的社会认同分析就是这一背景下的产物。表 1 - 1 中提到的关于领导原型（prototype）的研究就出自这一领域。领导的社会认知理论的基本观点认为，社会认同过程对于领导所产生的影响是相当直接的。随着群体成员的身份变得越来越重要，领导认知、领导评价以及领导的有效性等，也变得越来越取决于人们认为领导者所具备的群体原型特征达到了何种的程度。

2. 领导的精神动力学研究。弗洛伊德的《群体心理学与自我的分析》一书提供了关于领导的论述。精神动力学认为，群体及群体成员具有对领导及领导者的本能需求；那些个人特质特别强大的个体，那些具有群体原型特征的个体，以及那些拥有令人瞩目的思想的个体，更可能成功地成为一名领导者。弗洛伊德精神分析理论中的这些观点，尤其是追随者对服从的渴望或具有一种追随领导者的本能的观点，在后来的领导研究中并未得到延续。不过，在许多精神分析临床治疗中，父亲的角色经常与领导的角色相提并论，这方面的研究对于领导者的成长与发展很有意义。

3. 基于过程的领导（process-based leadership）。以心理学的视角来解释领导者如何领导，追随者如何被领导。重点关注领导的激励职能——领导者获得团体中追随者自愿合作的能力。领导者通过说服或榜样的作用来引导追随者追求团体目标，领导是一个影响的过程，它更多地取决于说服而非强制。其中合作行为与公正模型成为基于过程的领导的焦点。该研究讨论了合作行为的类型和动机，价值观、态度与合作行为的关系，以及工作情境中的合作行为等。而公正模型是与领导—成员交换模型相反的理论假设，认为有效的领导是建立在追随者对领导者通过公平程序行使权威的判断的基础上，这是一种基于程序公正的关于权威的动态机制的模型。

4. 关于领导妄想的研究。领导妄想是指领导者对其反对者或对立面所施“阴谋”的过度感知。在领袖传记的研究中，人们会经常发现领袖人物的这种阴谋妄想。从心理学的角度来看，领导妄想症与领导者的个性特质及心理动力过程有关，也与社会认知的形成与发展有关，其中涉及归因过程。领导者（尤其是领袖人物）的过度怀疑和偏执对领导的有效性产生非常负面的影响，因为阴谋妄想与忠诚信任是极端对立的。这样的领导心理问题是领导学、管理学等不予关注的。

5. 领导和权力的心理学研究。重点讨论权力对领导者的心理效应，即权力是如何解除领导者的自我抑制的，这种效应的心理机制是什么。一些实证研究证实了权力可以腐蚀领导者的动机和行为，权力会使领导者过多地关注自身行为而非被领导者。权力的体验会增强对目标落实的关注，会改变自我调节过程，改变对自我和他人的关注。权力对领导者及领导行为的这些影响可以用来解释一些领导无效或领导者堕落的问题。这类研究表明，为了更好地理解领导行为，思考权力对领导者的心理效应是非常重要的。

6. 领导者与追随者的心理交换。领导者与追随者的交换关系是领导行为与过程的一个根本机制。这部分研究从心理交换的内容诠释了领导者与下属的交换关系，是领导心理研究的特色领域。

尽管该书涉及了一些领导心理问题，但是该书的编辑并没有讨论任何与领导心理学学科本身相关的问题，这说明在国外，领导心理学还没有从领导学（一般即称为 leadership）中完全分化出来，领导心理学研究还融入于领导学、管理学、组织行为学、社会心理学等学科的研究当中。既然已经有相对明确的研究问题和较为成熟的研究方法，既然在研究内容、对象、方法与模式上与上述学科（尤其是与领导学）存在区分，我们当然有理由提出领导心理学的学科建设问题。在这方面，国内学者倒是作出了一些初步的探索和努力。

二、国内领导心理学的学科发展

对于领导心理学研究什么内容，如何加以界定，国内学者从不同的角度作出了不同的表述，可谓众说纷纭。目前国内领导心理学的出版物并不多见，领导心理学的学科体系还远未成熟。归纳起来，主要有两种倾向：一种是把领导心理学作为领导者的心理和行为研究，既包括作为个体的领导者，也包括作为群体的领导班子或集团；另一种则是把领导作为一个过程来界定。

除了个别冠以领导心理学名称但实际内容却是领导艺术探讨的领导心理学书

籍之外，国内为数不多的领导心理学著作大多数是由心理学专业背景的研究者所撰写，因此有着较为浓厚的心理学色彩。

华东师范大学的俞文钊教授于1987年和1993年相继出版了《领导心理学》与《领导心理学导论》两部专著，受到了广大读者的欢迎与好评。2004年又对这两部书作了修订，出版了《现代领导心理学》。该书共有八篇内容，包括领导心理学绪论，领导心理学的理论基础（领导学理论），领导者的权力，威信与人际关系，领导者的认知过程，领导者管理过程实施，领导者的领导艺术与技巧，领导者个体与群体的选拔与优化，领导者心理与行为的自我调节与控制。北京师范大学的吴岩于1996年出版了他的第一部《领导心理学》著作，随后修订了三次。该书的主要内容包括领导心理学的基本问题与研究方法、领导学基本理论、领导的基本方法、领导的价值认知以及领导心理学的时代变迁等。上海财经大学的陶国富教授于2005年出版了《领导艺术心理学》，该书从领导者的个性与能力、认知与思维、领导艺术与技巧、领导方法、价值取向、人际管理、组织行为管理、自我行为管理、自我调节管理以及领导者的自我超越等角度，全面论述了领导艺术与领导心理问题。国家行政学院的胡月星教授于2005年出版《现代领导心理学》一书，该书涉及的研究内容十分丰富，包括了研究内容、对象与方法，领导心理的基本理论，领导者的需要心理、成就动机、价值取向、角色心理、自我意识、情商、决策心理、权威、能力素质、核心胜任力，领导者培养、选任、激励、监督、绩效考核、人才测评，以及领导者的领导艺术和心理健康等内容。

从以上领导心理学著作涉及的研究内容来看，多数学者对领导心理学的学科范畴的界定主要基于以下模式：1. 将领导学或管理心理学的基本理论作为领导心理学的理论基础；2. 将心理学尤其是普通心理学的学科范式套用在领导心理学上；3. 突出领导实践的需求，强调领导方法与领导过程的心理问题；4. 融入管理心理学、组织行为学的相关内容。由此看来，这些著作比较宽泛地涉及或包含了领导心理研究的诸多问题，但是对于领导心理学作为一门区别于领导学、管理学、组织行为学等的独立学科，还没有将其学科范畴界定得十分清楚。尽管如此，这些著作的问世对于我国的领导心理学学科建设还是作出了划时代的贡献。

三、对领导心理学的学科界定

由于领导心理学的专著有限，对本学科的界定与描述也不多见，仅限于以上作者及著作内容。俞文钊（2004）认为，领导心理学是在管理心理学的母体中孕育出来的一门学科。由于领导在管理系统中的重要与特殊的地位，因而有必要将这一领域独立出来，进行系统而深入的研究。领导心理学之所以能够成为一门独立的学科，首先在于它具有自己独特的研究对象，并有相应的研究方法。其次，领导心理学所揭示的规律，已在实践中被证明是有普遍适用性的。根据国内外领导心理学的发展趋势，其研究内容可分为以下八个方面：领导者的自我认知；领导者的权力与威信；领导者有效性的基本理论；领导者的人际关系；领导者领导过程实施；领导者对下属的激励、行为矫正；领导者个体与群体的选拔、考核、优化；领导者的自我修养与考查。领导心理学与领导艺术既有区别又有联系。领导心理学有严谨的理论体系、知识规范，形态稳定，不易变化。领导心理学的规律具有模式性、理论性、原则稳定性等特点。领导艺术是领导者运用领导科学与领导心理学的知识和各种领导方法，解决客观实际问题的技能。领导艺术不过是未规范化的领导心理学。领导心理学要以领导艺术为形成和发展的基础。

胡月星（2005）提出，领导心理学是研究领导活动中的心理现象及其规律的学科，是管理心理学与现代领导科学的一门交叉学科。领导心理学就是运用管理心理学所揭示的心理活动的一般规律来解决领导活动中存在的心理学问题，并在领导活动中把管理心理学的知识具体化。他认为领导心理学的研究对象主要涉及两个方面：1. 领导与领导者心理品质；2. 领导心理过程及其规律。他还将领导心理学的研究内容分为四个层次：1. 原理，是领导心理学体系的基础，致力于揭示领导心理的含义和本质；2. 要素，最突出的要素莫过于领导者的胜任行为特征，认为这是观察和研究领导者心理品质乃至领导能力的关键所在；3. 过程，领导心理的产生、作用过程，其实就是社会政治心理因素交互作用的过程；4. 应用，从基本原理、基本要素和基本心理过程出发，现代领导心理研究把视野最后集中于领导心理的应用领域，领导沟通协调艺术、领导人才测评、领导者绩效考核、领导者的心理健康状况等是现代领导心理注重应用的主要方面。

吴岩（1996）认为领导心理学与领导学是同一门学科，认为领导心理学在国外一般称为领导学（leadership）或领导研究（leadership studies），是主要探讨组织中的领导行为和领导者本身心理的一门新兴交叉学科。他认为领导心理学脱胎于组织行为学中的领导部分，在此基础上有选择地结合了管理学、经济学、人类学、社会学等许多学科的相关内容，逐渐形成了自己的构造。领导心理学既要研究领导的行为，又要研究领导者的心理活动，更重要的是探讨在环境的变化中如何有效地提高领导的效能。

四、领导心理学研究的主要内容

领导心理是领导研究和领导实践的重要组成部分，无论是领导者还是被领导者，领导过程始终贯穿着大量且复杂的心理活动。综上所述，这些心理活动涉及与领导现象相关联的各个相关因素，如领导者、被领导者、领导行为、领导情境（包括组织和团队）等。因此，领导心理应包含以下各个方面的问题：

1. 领导者的特征，即领导者不同于非领导者或被领导者的个人特征，如领导者的人格、认知、情绪、意志、能力、技能、动机、品德、价值观、心理健康以及生理特征等。

2. 领导者的心理，即领导者在领导过程中的各种心理反应，如行为动机、压力感受、责任感、行为导向、去抑制化等。

3. 领导者的行为，即带领和影响团体成员实现既定目标的各种有效行为和技能，如指导、支持、参与、合作、奖惩、演讲、沟通、决策等。

4. 领导者与领导情境的交互作用，即领导情境如何影响领导者的心理与行为，或者领导行为如何随情境变量而改变或权变的，这些情境变量包括被领导者的特征、组织或团队特征、任务或工作特征、文化与环境特征、经济与生产力特征等。

5. 领导者与被领导者的交互作用，即在领导过程中发生的领导者与组织或团体其他成员的相互影响和作用，如领导者与下属的匹配或适应，领导者与被领导者的利益和心理交换，领导者对追随者的激励，被领导者对领导者的影响等。

6. 被领导者的心理与行为，即作为领导者的对立面或领导行为的施受者，被领导者的心理与行为的状态和变化，如被领导者团队，被领导者如何转化成为追随者，被领导者的领导替代（自我领导、超领导）等。

领导心理涉及的这些问题与实践，自然成为领导心理学的重点研究内容。当然，要明确领导心理学的研究范畴，除了要确定本学科的研究内容之外，还要划分或明确它与其他相关学科的关系。比如，领导心理学与领导学，两者存在很大的交集，甚至领导学的大部分理论与实证研究都是关于领导心理研究的，从这个意义上讲，领导心理学与领导学是最为接近的两个学科。但是领导心理学并不完全等同于领导学，因为领导哲学、领导伦理、领导体制等领导学的重要研究领域并不属于领导心理学的研究范畴，而领导角色的心理反应、领导者的心理动力学问题、领导过程的心理机制等领导心理学的核心问题，在领导学中也很难涉及。领导心理学更多地关注领导心理问题，而领导学的内容则相对更为宽泛。

除了领导学之外，管理心理学、组织行为学、社会心理学等学科都与领导心理学存在很多关联。很多学者都认为领导心理学（确切讲是领导学）发端于管理心理学或组织行为学，因为在领导学出现之前，领导研究先是在这两个学科中开始出现，至今在相关教科书和著作中仍有关于领导的章节和内容，说明领导最早是包含在管理行为中的。随着领导研究范围的逐渐扩展，研究内容的逐渐丰富，更是由于领导研究的价值和意义逐渐显现，领导与管理的差异日渐清晰，领导学再也无法附庸在管理学的学科范畴内。与领导学一样或是一道，领导心理学也是从管理心理学和组织行为学中分离出来，逐渐发展成为一个相对独立的研究领域。尽管研究的对象和主体都有显著不同，但是许多研究内容，如领导者与成员的关系、团队领导的功能与过程、领导者与领导情境的关系等也还都是管理心理学和组织行为学共同关注的问题，因此领导心理学与这两个学科也还存在一定的联系。与上面三个学科相比，领导心理学与社会心理学的关联度相对要低一些。社会心理学中关于群体过程的研究为领导研究奠定了基础，因此社会心理学也可以作为领导心理学的一门重要的基础或关联学科。

第三节　领导心理学的研究方法

鉴于领导心理学与人类学、心理学、社会学和管理学等相关学科存在很大交集，因此其研究方法和研究工具的选择也与这些学科有关。领导心理学研究一般采用定量的、定性的或两者结合的方法。定性的方法包括传记研究、访谈法、观察法等，定量的方法包括测量与评价、实验室研究和现场研究等。

一、定性的方法

（一）传记研究

所谓传记研究法（biographical method），是指搜集与研究对象有关的传记资料以考察其心理行为特征与成长动力因素的研究方法，大多运用于人类学、民族学、心理学、教育学、历史学和精神病学的研究中。按照传记的形成特点和可引证的可靠性程度，可以将传记分为自传和他传、原始性传记和研究性传记。自传是研究对象自述生平的传记，真实性和客观性比较好；他传是别人为研究对象所写的传记，可以是经研究对象口授的，也可以是根据研究对象的人生经历撰写而成的，真实性和客观性相对有所降低。原始性传记根据第一手资料写成，而研究性传记往往根据第二手资料写成，又添加了一些评论性研究的内容，因此，他传的特征更为明显。各种传记多以研究对象生活的特定社会历史时期为背景，叙述研究对象在各种生活、学习和工作环境中的心路历程和行为表现，记载研究对象的籍贯、迁徙、家族与家庭、恋爱与婚姻、教育与培训经历、价值观念、人格特征、道德品行、行为习惯、职业成就、人际交往、个人爱好与特长、闲暇活动、疾病史、重大生活事件等。

领袖与人物传记是开展领导定性研究的重要素材。传记所记载的资料内容对于了解研究对象的心理动力学特点和人格、行为特征具有特殊的意义和价值。传记研究有两个重要和独特的优点。一是能够搜集到回溯的纵向研究资料，这些资料是当今的研究人员无法获得的。当然，如果有条件的话，也可以开展后续的纵向研究，即对现实中研究对象进行跟踪研究并记录相关资料，但是与传记相比，毕竟缺少了研究对象成长经历这部分最能反映个体心理动力学特点的资料，因此传记的回溯性是其他任何研究资料都无法比拟的。二是具有双盲研究的特点，因为传记的撰写者并不是为了领导研究而写，无论是自传还是他传，都不会存在被研究者的主观反应或社会称许效应等问题，这是问卷和现场研究所不具备的独特优势。当然，考虑到传记的撰写人员、主观意图、资料搜集及可公开程度、记述手法、文体形式等均有很大差异，传记资料中也会存在的主观性、遗漏、误差、偏见等因素，会直接影响研究的结果，因而必须认真考察其真实性及可靠程度，并作出相关说明。

比如，在一项关于市长胜任特征的研究中，我们就对特定研究对象的传记资料进行分析和编码，作为对特殊研究样本或对象无法进行直接访谈的重要补充。又比如，大部分心理分析研究尝试从领导者的早期童年和家庭发展来研究领导者的政治行为。

（二）访谈法

访谈法（interview）一般分为无结构化访谈和结构化访谈两种类型。最常用到的是无结构化的深度访谈（depth interview），这是一种无结构的、直接的、一对一的访问形式。访问过程中，由掌握高级访谈技巧的访谈者对研究对象进行深入的访问或提问，用以揭示研究对象对某一问题的潜在动机、态度、情感和复杂行为。其长处就是弹性大，灵活性强，有利于充分发挥访谈双方的主动性和创造性。与结构化访谈相比，无结构化访谈的最大特点是深入、细致。但是，这种访谈方法对访谈员的要求比结构化访谈的要求更高；这种访谈方法所得的资料难以进行统计处理和定量分析；而且特别耗费时间，使得访谈的规模受到较大的限制。

还有一种无结构化访谈叫做叙述访谈（narrative interview），也是无结构的、直接的、一对一的访谈，不过更多的是研究对象在记述自己的生命历程。在领导心理的定性研究中，这种方法可专门用于领导成长的心理动力学研究，是传记资料的一种很好的替代资料来源。叙述访谈是一种社会科学采集资料的基本方法，它是让领导者在研究命题范畴内，对个人的成长事件及相关经验进行即兴的、不加约束的、细节化的一种叙述。进行叙述访谈时，研究对象接受邀请谈论有关自己的生命和成长经历，细致讲述重大生活事件的发生、发展和结果，可以帮助研究者搜集到大量真实、详尽的生命记述信息。这种访谈方式不同于问答式或结构化的访谈模式，其特色在于以即兴叙述的方式进行，故并不需要研究对象事前有结构地预备或是演练，它是由研究者简单提问后，透过特定情境的引导（如故地重游、呈现照片或情境再现等），由研究对象依着自己的兴趣侃侃而谈、娓娓道来，由研究对象自己决定谈话的内容、方式、节奏和节点，即使偏离主题也不会被访谈者加以限制。研究者可以是访谈者，也可以不是访谈者。访谈者的作用是引导和记录叙述内容。研究者需要做的是对访谈内容进行编码、归纳、分析和提炼。

另外一种经常被用到的访谈法是结构化访谈（structured interview）。当访谈对象人数比较多的时候，为了得到可比较、可归纳的资料内容，可通过事先确定访谈题目，按照大致相同的访谈时间和流程，采用基本标准化的访谈方式，对研究对象进行结构化访谈。当访谈对象人数比较多的时候，为了从被研究者之间的互动和影响中得到更多的信息，还可以实施焦点团体访谈（focus group interview）。焦点团体访谈是一种一对多或者多对多的小组访谈，大家围绕相同的命题，畅谈自己的观点和经验，同时基于众人谈话的相互激荡，引发出新的思维和想法，可以为研究者提供更加丰富、全面、生动的研究资料。

（三）观察法

观察是获得定性研究资料的重要形式，观察法（observation）比传记研究和访谈法更能真实地反映被试的客观表现。观察法是在能够呈现领导活动的情境中观察其中个体或群体的行为及过程。现场观察可以是事先高度结构化的，比如采用角色扮演或情境模拟的方式，由一部分被试扮演领导者的角色，一部分被试扮演团队成员或下属的角色，通过完成主试设计的特定任务，双方在一个模拟的领导情境中发生相互作用，研究者对作用的过程进行全程观察和记录；现场观察也可以是在自然的、无控制的情境中进行，例如领导研究中用到的影子方法（shadow）就是在真实的工作情境中对领导者及其下属和群体进行近距离观察，并记录下观察对象的言语、行为及工作过程。在过去的领导研究中，一些研究者对观察的取样、时间长度、记录内容、编码与分析等作出了约定。一般是由专家或受过训练的观察者对观察对象的持续行为进行记录，参与研究的被试们也可能被要求报告他们的感受和观察。国外早期的领导心理研究大量使用了基于实验室或现场的观察方法。

除了上述可用做定性研究的材料和情境之外，其他许多有价值的资料都可以作为领导研究的信息来源，如新闻记录、备忘录和会议记录、演讲与发言、领导者活动的自动记录和观察者记录等。

二、定量的方法

（一）测量与评价

测量与评价是领导心理研究最常用到的研究方法，具有数据搜集简单快捷、样本量大、便于统计分析等优势。根据数据的性质与质量的不同，测量与评价需要使用不同标准化程度的测评工具——测验、量表和问卷。在众多领导心理学研究文献中可以发现许多采用测验、量表和问卷等工具对领导心理与行为进行测量与评价的研究，如早期关于领导者特质的研究大量使用测验和问卷来收集数据；日本学者三隅二不二对工矿、冶金、造船、铁路、运输、化工、电力、银行、医院、学校、政府机构等十余种行业开展了大规模的领导行为问卷调查研究，获得了大量关于领导行为与绩效关系的第一手资料。

特别需要指出的是，领导心理研究中使用的测评工具大多只用于理论模型的探索和验证。尽管测评工具的编制与应用都严格遵循了心理测量学的技术标准，但是许多测验、量表和问卷的题目都很少，只是反映了测量模型的基本构成，并不能依此对个体的心理或行为特征作出诊断性评价，因此这些测评工具的使用是具有一定局限性的。实践中有人会将用于研究的测评工具用于培训和评估，这样做是很值得商榷的。因为用于研究的测评工具，其各构成维度上的题目的代表性比较差，一般不具备可用于诊断评价的内容效度。

领导心理学研究中的测量与评价方法同心理测量学研究并无差别，但是有一种领导心理学研究独自用到的测评方法是其他研究很少用到的，这就是360度反馈评价方法。在领导行为评价研究中，除了采用研究者和观察者的视角对领导者行为作出描述和评价之外，领导者身边的人——上级、同事、下级和客户，是最能近距离观察领导者行为并作出更客观和更准确评价的信息来源。因此，基于360度反馈评价的问卷调查在领导心理学研究中得到广泛的应用。与360度反馈评价的初衷不同，领导行为评价并不是用于领导绩效考核，因此评价结果的反馈这一环节可以被忽略。不过，尽管行为评价研究与考核评价的目的并不一致，但是为了达到客观、真实反映领导者行为的目的，在研究结束后也应该尽可能给被试提供必要的反馈信息。此外还有一个问题需要引起重视，那就是领导者周围的行为调查参与者可能由于人际关系冲突或上下级关系的约束而对所调查的问题作出虚假或夸张的回答。如何排除这一干扰是360度问卷调查研究的一个重要任务。许多研究报告中并没有报告研究者是如何消除这些系统误差和随机误差的，这样的研究结果很容易受到质疑，尤其是在中国文化背景下，领导者的权威和所谓面子文化的影响还是客观存在的，这一误差不容忽视。当然，在某些不涉及价值取向的领导风格或领导模型的评价研究中，这一问题可能没有那么严重。所以在问卷调查的问题设计上应尽量做到中性化或弱化问题的价值导向。

（二）实验室研究

领导心理学中的实验室研究与实验心理学的研究模式很相像，即有目的地严格控制或创设一定的条件，来引起某种心理活动或行为表现以进行研究，比如呈现一定的刺激，记录被试的反应。实验室研究一般是在专门的实验室内进行，运用一定的仪器和设备，并且严格地控制实验条件，消除可能存在的系统误差或随机误差。

早期领导心理学的实验室研究与管理心理学和社会心理学的实验室研究没有什么差别，都是在控制无关变量的前提下，根据自变量（比如领导风格）将被试分成实验组和对照组。与实验心理学的研究设计所不同的是，领导研究可能会用到多个实验组，比如不同领导风格对工作绩效的影响，就需要通过挑选或培训被试，形成两个以上不同领导风格的实验组，然后观察和记录实验（自变量）带来的影响（因变量的变化），最后作出统计检验与推断。实验室研究的最大优点是能够严格控制无关变量对实验结果的影响，研究数据精确可靠，研究结果具有可重复性。同时这一优点也是缺点，过强的人为设计与控制可能会使研究过程与研究结果脱离真实的工作或生活情境，试想领导心理与行为的发生和发展毕竟不是在实验室中进行的，真实情境中会有很多的复杂因素掺杂进来，这些无关变量也无从控制，因此实验室研究的概化能力值得研究者认真对待。不过，鉴于实验室研究的科学实证优势，一些少受外界干扰的研究问题还是可以在实验室中进行研究的，比如使用内隐联想测验进行的领导人格与行为研究。值得一提的是，现代认知和神经心理的研究模式对领导心理研究很有借鉴意义，领导心理与行为的神经心理研究也是今后实验室研究的重要领域。

（三）现场研究

实证研究中的现场研究可以在一定程度上弥补实验室研究脱离真实情境的不足。现场研究是在日常真实的工作情境中，适当控制条件以研究领导者的某种心理与行为现象。现场研究不同于观察法中对现场行为的观察和记录，而是通过在现场评估领导行为与因变量（如绩效）的关系，来探索或验证不同领导行为的有效性。因此现场研究说到底是一种基于现场的实验研究。在 20 世纪 60 至 80 年代，国外领导心理学领域开展了大量关于领导行为有效性的现场实验研究，比如著名的霍桑实验，就是通过提供或消除某些工作条件或福利措施，来观察这些变量对工作绩效的影响。现场研究的优缺点与实验室研究正好相反，优势是真实、客观、可推广，缺点是难以控制无关变量，所以在霍桑工厂进行的某项现场研究就出现了研究者意料不到的结果，对照组与实验组的绩效都得到了明显提高，称为霍桑效应。霍桑效应也证实了在制造业领域中员工导向行为的有效性。

三、定量与定性的结合

实际上，领导心理学研究更注重各种方法的综合运用。比如，关于领导特质的研究中常用于识别领导者个性特征的基本方法就包括，在群体情境中的行为观察，专家评估或同事的描述，心理测验或问卷调查，分析现任领导人的典型行为，分析自传和个案历史资料等。这些方法的综合运用保证了特质提取的客观与全面。从一定程度上讲，方法和过程的有效性也决定了研究结果的有效性和概化程度。所以，领导心理学研究非常看重综合的、系统的方法。

领导心理学的许多研究需要将定量研究与定性研究很好地结合使用。一方面，定性研究有时要使用到定量工具，比如无论是传记研究还是访谈问询，都需要将研究结果很好地呈现出来，作出必要的推论或概化，因此许多定性研究使用到编码技术，并据此进行参数的或非参数的统计检验。另一方面，定量研究也离不开定性研究，比如，领导心理测验或调查问卷的编制与理论模型的构建，早期的题目搜集与编写都是以大量访谈为基础的。

四、领导心理学研究的呈现范式

无论是定性模式还是实证研究，领导心理学与其他心理学研究的范式基本相同。在某种意义上，领导心理学更多的是采用心理学范式来研究领导问题。因此，领导心理学的文献呈现模式与心理学的研究范式基本无异——提出假设、建立模型、确定方法和工具、数据统计与分析、讨论与总结等。我们以吴维库、富萍萍等人的“以价值观为本的领导行为与组织绩效在中国的实证研究”为例①，总结领导心理学研究论文的呈现范式。

（一）提出基本假设

研究者在综合分析了以价值观为本的领导学理论之后，提出了该项研究的基本假设：“中国企业最高领导人的背景和成长历程会在其领导风格和工作方法上有所体现，也可能是影响领导效能的情境因素。”基本假设是测量模型的前提，是该研究中主要回答或解决的问题。

（二）提出测量模型

在基本假设的基础上，提出支撑假设的操作性或验证性数据模型。该研究以下属对领导者的认同、满意和受到激励（简称 CSM）作为有效领导行为的测量指标，根据豪斯等人提出的基础理论及在研究过程中的发现，提出了具体的测量模型与假设。

领导行为模型：CSM = + 愿景规划，+ 鼓舞人心，+ 正直，+ 对下属有信心；

情境因素模型：CSM = 领导类型，- 动机组合 × 愿景规划，+ 领导学识 × 正直。

其中，“ + ”表示正向影响作用；“ - ”表示负向影响作用；“ × ”表示两者的交互作用。

有时候有必要将测量模型分解为几条具体的研究假设，以便读者更为详细和清楚地了解模型的具体内涵，同时也为后续数据分析的结果与讨论做好铺垫。

（三）研究方法与工具

采用的研究方法和程序包括：1. 访谈，一般是给定访谈基本框架和基本问题，围绕研究主题开展访谈；2. 编码，将访谈录音整理成文字材料，对采访材料进行编码，之前设定好具体的编码类别及规则；3. 编制和实施问卷，问卷的编制和修订是研究的关键环节，在这方面，心理测量学研究提供了相应的技术标

---

① 吴维库，富萍萍，刘军．以价值观为本的领导行为与组织绩效在中国的实证研究［J］．系统工程理论方法应用，2003（1）：7 - 13.

准和要求。

（四）数据统计与分析

数据分析的目的是对上述基本假设进行验证。根据分析变量的特征，可以采用相关分析、回归分析、结构方程模型（SEM）、多层线性模型（HLM）等方法进行数据分析。当前国际上广泛使用多层线性模型进行领导问题研究。多层线性模型的优势在于能够同时处理来自不同层次（组织层次和个人层次）的数据。

（五）结果与讨论

呈现统计分析的基本过程与结果，一般要遵循与心理学实证研究相近似的呈现规范和测量标准。讨论是说明统计结果如何验证了研究假设和测量模型，没有得到验证的可能原因以及研究存在的局限和问题等。

第四节　我国领导心理学实证研究的发展状况

从总体上讲，我国领导心理学研究起步较晚，研究范畴和系统性都不是很强，实证研究的发展更是相对薄弱和滞后，这与领导心理学的学科建设还处于萌芽阶段有关。在西方国家，领导心理学研究最初是逐渐从管理学中分化出来，在20世纪80年代之后达到了研究的高峰期。我国的领导心理学研究基本沿袭了国外的发展路径，也是一些领导学、心理学和管理学领域的研究人员从各自的研究领域和研究方向出发，零散地开展了一些涉及领导心理学的实证研究。近些年来，领导心理学的实证研究开始取得显著进展，发展势头逐渐走好。

一、发展阶段

有学者（任真，王登峰，2008）通过对领导心理研究文献的定量分析发现，国内领导心理学的实证研究大概经历了特征明显的三个发展阶段。第一阶段是20世纪80年代中后期，随着领导研究和领导学在国内的兴起，心理学和管理学的一部分学者开始关注与本学科交叉的领导问题，形成了一股领导心理与行为研究的小高潮，有的研究还取得了国际同行的认可，如凌文辁关于CPM（Character Performance Maintenance Scale，品德绩效维系量表）领导行为评价量表的构造研究，刊登在美国《Psychologia》杂志的1989年第32卷上，该研究被许多文献所引用，成为我国为数不多的对领导心理学研究的重要贡献之一。第二阶段是20世纪90年代，初始阶段的热潮并没有继续下去，高质量的研究也较为缺乏，但是与之相伴随的，是领导问题研究的持续发展，只不过研究方法多以定性或综述研究为主，为后续实证研究的发展积蓄了力量。第三阶段是在2000年之后，研究者们又开始重视这个领域，研究报告几乎每年都在递增，而且领导心理学与领导学、管理学、组织行为学等学科的交叉研究逐渐增多，大部分研究集中在对新型领导理论的验证性研究上，如变革型领导、以价值观为本的领导等。

表 1－2　国内领导心理实证研究的时间分布情况①

年份	1985—1989	1990—1999	2000—2006	总计
发表在国内核心期刊的实证研究数量	4	2	23	29
大陆地区作者在 SSCI 期刊的研究数量	1	1	6	8

注：SSCI，Social Science Citation Index，社会科学引文索引

二、研究领域

尽管国内领导心理研究起步比较晚，并且研究成果主要集中在 2000 年之后，但研究领域和专题的线索却十分明显，从 29 篇核心期刊的论文来看，可归结为特质研究（31%）、行为和风格研究（25%）、权变研究（8%）和新领导理论研究（36%）四个方面。从研究领域的分布情况来看，研究相对集中在特质和行为研究与新领导理论模型研究上，这可能与中国经济社会的发展背景存在某种关联，前者来源于提高领导者素质、促进领导者选拔和培训的需要，后者则可能与创新领导理念与模式有关。

（一）领导特质研究

领导特质研究主要试图探索领导者和非领导者相比或要胜任领导岗位更需要具备哪些人格特质、能力和技能。西方领导特质理论的流行是与领导者天生具有某些特质的假设有关，而国内特质研究流行则是因为中国经济社会的快速发展迫切需要提升领导者的素质，为领导者的选拔、考察和培训提供依据。

国内关于领导特质的研究主要分为三个领域：领导者人格、领导者心理素质和领导者的胜任特征。

1. 领导者人格研究

领导者人格研究主要集中在两个方面，一是关于成熟的人格量表来提取领导者的有效人格特征。如史美毅（1988）采用 Y－G 性格测验施测 140 名企业和学校领导者；敖小兰（2004）对 745 名党政领导干部施测了 MBTI 心理类型量表；张芳、梁宁建（2006）对 97 名厅级领导干部施测安菲莫夫气质量表等问卷；赵世明（2008）采用 MMPI－2（明尼苏达多相人格测量表中文版）、16PF（卡特尔十六种人格因素量表）等在中高级党政领导干部人群中开展了人格测评；孟慧等人（2004）用五因素人格特质问卷等施测 72 家企业的 210 名管理者，探讨大五特质与领导有效性等指标的相关；张首魁、宋合义（2005）把 183 名中层管理者

① 任真，王登峰．中国领导心理与行为实证研究二十年进展［J］．心理学探新，2008（1）：67.

分成工作危机情境高和低两个组并施测16PF，发现高低危机情境下有不同的领导者人格特征。二是编制领导特质量表，如赵国祥（2002）在185名处级领导半开放式问卷基础上编制了党政处级领导干部个性特质问卷，施测570名被试后得到了六因素的特质模型；王蕾、车宏生等人（2004）通过访谈和文献分析编制了领导力人格特质问卷，施测293名企业中高层领导者和259名员工，建立了开创新、适应性和自律性的二阶一因素模型。

2. 领导者心理素质研究

心理素质是一个非常本土化的概念，与我国政治文化和经济社会发展的特定需要有关。无论是理论研究还是工作实践，都十分重视领导者的心理素质问题，因为这既关系到对领导本质的认识，也关系到领导者的绩效与成长。尽管传统特质理论讨论了领导者的人格基础，人格特征也是心理素质的重要组成部分。但是特质理论的研究还不能代替对心理素质的探讨。心理素质作为一组以人格为基础，以情绪智力、心理资本、心理健康为相关因素所构成的个体心理特征，对于领导者的绩效与成长发挥着重要作用。到目前为止，国内还没有形成关于领导者心理素质的统一定义，对这一问题的研究还主要局限在心理素质对于领导行为和领导者本人的重要性和必要性上，对于领导者所需具备的关键心理素质的提取及测量是今后领导心理学应予关注的重要领域。

3. 领导者的胜任特征

我国领导特质研究的一个特色领域就是领导者的胜任特征。胜任特征是指个体较为持久的深层次特征，包含动机、特质、自我概念、知识和技能等。胜任特征的概念于20世纪90年代末引入国内并逐渐流行起来。与领导特质的理论研究相比，胜任特征具有更突出的实践性。胜任特征模型是领导者选拔、评价、培训及成长的重要基础，因此成为国内研究最多的领导心理问题。大多数实证研究探讨了企业管理者胜任特征模型的建构，比如王垒等人（2004）编制了领导者特征形容词词表，由363名员工进行评定，得到了道德魅力、管理技能、团队技能和目标有效性四维度的企业领导胜任特征模型。仲理峰等人（2004）通过18名中小型家族企业高层管理者的行为事件访谈（behavioral event interview，BEI），得到了11项家族企业高层管理者的胜任特征。近些年来，领导研究与实践开始关注党政领导干部的胜任特征，比如王登峰等人（2006）采用深度访谈和问卷方式调查了6 000名副科到正厅级领导干部，提出了由三个大维度、七个维度及其21个因素构成的中国党政领导干部的胜任特征模型，它反映了德才兼备、管理自己的胜任特征比例高的中国文化特点。

（二）领导行为研究

领导行为研究或风格研究试图根据个体所采取的行为来解释领导过程。国内这一领域的研究主要集中在领导行为的基本结构、领导者与下属的关系、领导者与领导情境（环境）的交互作用等方面。西方的领导风格理论认为领导行为由任务取向和关系取向两种基本行为组成，许多国内研究者突破了这一框架，强调了中国文化对领导者品德的重视。凌文辁等人（1987，1989）提出中国领导行为的三因素理论——工作绩效（P）、团队维系（M）和个人品德（C），并编制了CPM领导行为评价量表。国内研究者在对领导—部属交换理论进行验证性研究的基础上也有所发展和创新。王辉等人（2005）通过对162对领导与下属施测多维度领导—部属交换量表与变革型领导问卷等工具，发现领导者—下属交换在变革型领导和组织公民行为与组织绩效之间起到完全中介作用。任真、王登峰等人（2011）还编制了适合中国社会文化情境的领导—部属交换测量工具。

（三）新领导模型的研究

新领导模型是西方领导心理研究范式的一次重大转向，倡导变革型的、基于价值观的、魅力型的、愿景型的、服务型的等善于激励群体成员的领导模式，将领导者特质与行为结合在一起，更好地解释了领导者如何对追随者的情感、动机、抱负和忠诚以及复杂组织的结构、文化和绩效产生重大影响。目前，国内外领导心理学研究的主要潮流就是验证这些新领导模型对中国社会文化情境的适应性。其中对变革型领导、基于价值观领导等新领导理论的验证性研究在国内心理学和管理学专业期刊上多有刊载。比如，李超平（2006）探讨了变革型领导四因素与员工满意度、组织承诺等指标的关系以及心理授权的中介作用。陈维政等人（2004）采用企业文化、领导风格等问卷测试234名工商管理硕士（MBA）班学员，发现企业文化和变革型或交易型领导的协同性分别对企业发展和利润有不同作用。李效云、王重鸣（2004）通过访谈编制了愿景型领导的问卷，116名管理者的施测得到愿景式领导的六个因素。贾良定等人（2004）选择23位企业家的案例性材料进行编码，通过聚类分析得出了三种类型的愿景型领导。吴维库等人（2002，2003）通过访谈97家企业的董事长和分析95家企业的686份“以价值观为本的领导行为研究”的调查问卷，发现以价值观为本的领导行为能够直接地导致员工的认同、满意和激励，获得良好的绩效；在实施上级提拔的企业里面，团队有效性最高；激烈的企业竞争环境将削减领导在组织内部的绩效，但以价值观为本的领导行为能显现积极作用。

（四）领导者心理健康研究

与领导者心理素质高度相关的一个有中国特色的研究领域是领导者的心理健康。在转型发展过程中的中国，领导者担负着重大的责任与压力，心理健康成为领导心理学研究的一个重要的现实问题。国内这一领域的研究主要集中在两个方面：一是领导者心理健康状况的评估。多数研究认为，尽管领导者人群面临着很大职业负荷与压力的挑战，但是总体上领导者人群的心理健康状况是正常的。二是领导者心理健康的干预研究，考虑到领导者心理问题对组织和下属的影响，大部分研究强调应该对领导者的心理健康干预给予足够的重视。赵世明等人（2008，2010）提出了建立由教育培训、心理援助、危机预警构成的领导干部心理健康干预和保障机制。

三、问题与方向

尽管国内领导心理学研究在过去20年间已经取得了长足的进步，但是与认知心理学、教育心理学、社会心理学等分支学科相比，与国外蓬勃发展的领导心理学研究相比，国内领导心理学研究还是存在很大差距。主要的原因之一是学科定位的模糊和研究力量的匮乏。目前，大部分实证研究都是来自心理学和管理学的分支领域，领导心理学作为一门独立的学科，还缺乏专业和人才支撑。当务之急是尽快建立领导心理学专业，确定领导心理学研究范畴，在更多的院校和科研机构设置领导心理学学位点。

从过去二十多年的发展历程来看，国内领导心理学研究基本延续了国外相关研究的发展脉络，在坚持本土化研究的基础上，需要更加重视中国文化对领导研究的选题、理论构建以及量表使用的影响，探索适合中国历史文化背景的领导心理研究问题，在这方面，中国的领导心理学更有理由和潜能走在其他学科的前面，实现研究的国际化。此外，在重视实验设计与研究方法、运用多元统计分析的基础上，应注意领导研究的特殊性，更加重视加强追踪研究和定性研究，重视领导者的心理动力学研究。

【建议参考资料】

1. 梅西克，克雷默．领导心理学：新视野及其研究［M］．柳恒超，刘建洲，译．上海：复旦大学出版社，2010.

2. 俞文钊．领导心理学导论［M］．北京：人民教育出版社，1993.

3. 赵忠令，胡月星．现代领导心理［M］．北京：中国社会科学出版社，2003.

4. 任真，王登峰．中国领导心理与行为实证研究二十年进展［J］．心理学探新，2008（1）：67－71.

5. 吴维库，富萍萍，刘军．以价值观为本的领导行为与组织绩效在中国的实证研究［J］．系统工程理论方法应用，2003（1）：7－13.

【问题与思考】

1. 如何从心理学的视角看待领导？
2. 如何理解领导心理？
3. 领导心理学与领导学有何区别与联系？
4. 我国领导心理学研究的问题与方向是什么？

第二章　领导者的特征

【本章提要】

本章主要介绍领导者的主要特征，包括了领导者的特质、胜任特征、心理素质和品德特征等。领导者区别于被领导者或非领导者的主要特征是领导心理学必须回答的首要问题。领导特质与胜任特征从不同视角揭示了影响领导有效性的综合特征，心理素质和品德特征则是对领导者发挥角色效能的特殊要求。

【学习重点】

1. 领导特质研究的主要内容与结论
2. 领导者的胜任特征
3. 领导者的心理素质
4. 领导者的品德特征

【重要术语】

特质　胜任特征　心理素质　品格　道德

领导者作为一个特殊的社会角色，具有与众不同的特征。领导心理学关注的一个主要问题就是什么样的人才能成为领导者？领导者与被领导者或非领导者存在哪些区别？领导者具备哪些与众不同的重要特征？或者哪些特征决定或影响了领导者的绩效与成长？领导者的各种生理和技能特征是早期领导研究关注的重要内容。随后的研究发现，智力、人格、价值观、精神动力、品格与道德等对领导者同样甚至更加重要。人们试图找到特定的领导者特征与领导者绩效与成长之间的关联——对于领导者之所以成为领导者，对于领导有效性存在实质性影响的个体特征都有哪些，这其中包含了对领导特质、胜任特征、心理素质以及品德特征的大量研究。

第一节　领导者的特质

领导研究早期关注的重点是发现领导者的特质（trait）。特质是一个非常宽泛的概念，广义的特质包含了领导者的各种生理、心理和社会特征，狭义的特质则是指人格或个性特质。人们关注领导者的特质，是企图了解那些区分领导者和非领导者或被领导者、区分成功领导者和失败领导者的关键因素。领导学将这些关于领导者特质与领导有效性之间关系的研究称为领导特质理论。虽然领导特质理论强调领导者个人特质对领导绩效和领导成长的影响，但是将近一个世纪的研究结果并没有提供如人们所预期的那样的一致性结论，即使存在一些影响有效领导的重要因素，也是与领导情境和其他因素存在相互关联，并不能完全独立地决定领导的成败。因此将这一研究模式称为特质理论显得有些牵强。但是无论如何，领导者的个人特质，对被领导者和领导绩效的影响是客观存在的。

关于领导特质的研究与认识大概经历了四个发展阶段：一是单纯重视个体特质，特别是生理特质和技能特长，强调领导特质决定领导成长与领导行为；二是对特质理论的全盘否定，认为领导完全依赖于情境，领导特质的作用弱化；三是承认特质与情境的适配性和交互作用，认为在不同的情境中，需要不同的领导力特质；四是新领导理论强调领导者魅力特质的普遍意义。

一、领导特质的早期研究

在20世纪初，人们或研究者通常将领导者看做遗传上具有优秀特质的个体，他们拥有各种能将他们与普通人区分开的素质（quality）和能力。于是，关于伟人的研究就此展开，探究特定的领导特质也成为当时的研究主题。重视领导者的遗传及生理特质，其中包括人的年龄、体重、身高、体格、精力及健康状况等。

（一）生理特质

1. 领导者的生理年龄。围绕年龄与领导的关系研究主要考察两个问题，一是领导者年龄与被领导者年龄的差异，二是领导者年龄与领导绩效的关系。许多研究结果表明，关于年龄与领导之间关系的证据是相当矛盾的。一些研究发现，领导者年龄大于被领导者的平均年龄，但其他研究也发现领导者的年龄小于被领导者的平均年龄，而且这些研究大部分不存在统计上的显著差异。即使存在统计差异的研究结果，也与性别、职业等因素有关。比如有研究的发现女性领导者比非领导者年轻，而男性领导者则比非领导者更年长一些；体育领域中的领导者年龄较为接近被领导群体的平均年龄。因此认为生理年龄与领导绩效之间的相关显然要依赖于其他变量因素。在当今国内外很多组织中，领导者一般都是年长的或高于所领导群体成员的平均年龄，许多组织和团体就潜在规定了年龄与职级的关系，那么自然会导致年龄与领导的高度正相关。但并不能由此得出年龄是领导重要特质的结论。

2. 领导者的体重与身高。体重、身高与领导之间关系的研究结果同样是矛盾的。一些研究发现领导者的身材要比被领导者高一些，而在其他一些研究中则是领导者更矮一些，体重也是一样。还有一些研究根本就没有发现身高、体重与领导者身份的差异关系，也有研究发现即使存在一定关联也与情境或职业领域有关。

3. 精力与健康因素。我们通常发现，越是职务高的领导，其精力、精神及健康状况（包括心理健康）就越比普通人好。一些政治领袖的精力和健康状况是超人的。这是否说明这些生理因素是重要的领导特质呢？早期的研究发现，领导者在拥有健康方面的确比非领导者具有一定优势，尤其是军事领导，精力投入的比例要比被领导者高。这与我们日常的观察基本是一致的。由此提出的问题是，如何界定生理特质与领导之间的关系。生理上的一些重要特质，如精力、神经类型以及身心健康等因素，的确为领导成长和领导绩效提供了必要的、物质上的基础条件，有些因素与领导也是存在一定程度的正相关，但这些因素都不是成为领导的必要条件。1948 年的调查发现，年龄、身高、体重和外貌等生理特质与领导效能既有正向又有负向相关。但是，在 1948 年至 1970 年间，很少有研究关注领导者的生理特征。实际上，身高、体重、精力、健康等特质优于一般人更有助于个体获得领导地位。许多组织选拔领导者也很重视身体形象和外表，政治领袖的体型和气质对于吸引追随者起着一定作用，人们容易从领导者的特征与外在形态中获得安全感和信任感。但这并不妨碍一些生理特质低于普通人群的人成为伟大的领袖或领导人。

（二）能力特质

1. 领导者的智能。早期的大部分研究都显示，领导者的平均智力水平超过非领导者组员的智力水平。在关于领导个性特征的研究中，一些与智能相关的因素，如聪慧性、言语流畅性、心理警觉度等，都与领导效能存在重要关联。然而也有一些研究表明，领导者与非领导者在智力测验上的得分没有显著差异，甚至有研究发现领导者的智商与组员的平均差距太大会对其领导效能产生负面影响，比如发现领导者的高智商可能使他们太过自我关注，而不能很好地和部下相处，同时部下也难以理解领导者的一些太超前的理念。不过在后来对于胜任特征理论的反思中，人们发现尽管优秀的智力并非领导者的必备因素，但是总体上还是表明智力与领导效能存在积极的正向关联，而非没有关系。

2. 领导者的沟通能力。领导者的言语流畅性、语言运用、声调等也与领导效能存在一定关联。领导者讲话的流畅性得到了早期领导力研究的特别关注。大部分对领导力的探索性研究都揭示敏捷的沟通能力是与领导力相关联的一项技能，因为这是组织沟通的重要保障。也有一些研究发现，领导者的健谈或语言应用能力与被领导者对领导者的认可存在关联。甚至领导者讲话的声调或声音，都有可能成为吸引追随者的一个贡献因素。

此外，一些研究也认为领导者的决断能力、社会交往能力和专业能力对领导效能也有影响。以强烈的自信心为基础的果敢与决策力是领导行为的重要特征。优柔寡断、裹足不前会严重损害领导者的形象和效力。在组织或下属遇到棘手问题和困难时，领导者的自信及果断显得尤为重要，因为这符合下属对领导者的需求和期待。当然，有效的领导不一定当着下属的面表现出果断和坚定。作为一个领导者，内心与行为的决断还是非常重要的。早期的许多研究都证实了社会交往能力以及与之相伴的人际技能对于有效领导的贡献。1947 年和 1970 年的两次元分析都发现社会交往能力与领导行为存在正相关，报告正相关的研究数量是比较多的，分别达到 14 项和 35 项。其内在机制在于，社会交往能力能够为领导者创造良好的合作关系，能让下属感到亲近和满意。因此，一些著名的领袖人物都是出色的社会活动家。领导者的专业知识与经验也是影响领导效能的重要方面。工作任务的计划、布置、分配和监控都离不开领导者对任务的知晓度和熟练程度。与任务相关的专业知识和工作经验往往是具体的，是基于任务、程序和情境的。领导者还要掌握大量与工作有关的新信息和新知识，以便更有效地解构任务和解决问题。

（三）早期研究的归纳总结

一些重要的综述性研究对于早期领导特质研究的成果进行了较为系统的归纳总结。詹金斯（Jenkins，1947）回顾了 74 项关于军队领导者的研究结果，斯托格迪尔对领导特质研究做了两次类似元分析的综述研究。在 1947 年进行的第一次综述研究中，斯托格迪尔汇总分析了 1904—1947 年的 124 项特质研究，分别列出了所研究特质与有效领导存在正相关、零相关和负相关的研究数量。在 1970 年的第二次综述研究中，斯托格迪尔综合分析了 1948—1970 年发表的 163 项领导特质研究，列出了所研究特质与有效领导存在正相关的研究数量（见表 2－1）。这两项研究对于形成领导特质理论的基本框架提供了重要依据，也对后来领导特质理论的发展产生了重要影响。

表 2－1　斯托格迪尔 1947 年和 1970 年领导特质研究元分析结果①

特质	1947 年研究数量		1970 年研究数量
	显著正相关	零或显著负相关	显著正相关
生理特质			
灵活性，精力	5		
年龄	10	8	24
外貌，仪表	13	3	6
身高	7	4	4

① 改编自 BASS B M. Bass & Stogdill's handbook of leadership：theory，research and applications［M］. 3rd ed. New York：Free Press，1990：80－81.

（续表）

特质	1947 年研究数量		1970 年研究数量
	显著正相关	零或显著负相关	显著正相关
体重		4	
社会背景			
教育程度	22	5	14
社会地位	15	2	19
职位调动	5		6
智商和能力			
智商	23	10	25
决策力，判断力	9		6
知识	11		12
口才	13		15
人格特质			
适应性	10		
调整性，趋向正常性			11
竞争力，决断力			12
机警	6		4
支配性，主导性	11	6	31
情绪平衡，控制	11	8	14
热情			3
外向性	5	6	1
独立性，非从众			13
客观，理性			7
独创力，创造力	7		13
个人诚信，伦理	6		9
机智			7
自信	17		28
说服力	7		
耐压性			9
任务相关特质			
成就动机，杰出动机	7		21

（续表）

特质	1947 年研究数量		1970 年研究数量
	显著正相关	零或显著负相关	显著正相关
责任动机	12		17
进取心，主动性			10
耐挫性	12		
责任感	17		6
任务取向	6		13
社会特质			
获取资源能力	7		3
管理能力			16
吸引力			4
合作性	11		5
抚育能力			4
人气，声望	10		1
社交，人际能力	14		35
社会参与度	20		9
圆滑，外交能力	8		4

从斯托格迪尔等人的元分析研究中可以发现，一些重要特质的确与领导行为存在密切联系。比如第一次研究揭示了与有效领导有关的八种特质：1. 智力水平；2. 应变能力；3. 洞察力；4. 责任感；5. 创新精神；6. 坚韧性；7. 自信心；8. 社会交往能力。斯托格迪尔的第二个调查研究也抽取了与领导行为存在密切相关的 10 种特质，分别是：1. 责任心和完成任务的积极性（责任感）；2. 精力和对目标的执著的追求精神（坚韧性）；3. 解决问题所具有的冒险精神和创新精神（创新精神）；4. 社会情境中的实践创新的积极性（应变能力）；5. 自信心和自我认识能力（自信心）；6. 勇于承担决定和行动的后果（果敢性）；7. 乐于减少人际紧张（社会交往能力）；8. 愿意忍受挫折和延误（坚韧性）；9. 影响他人行为的能力（领导力）；10. 为实现目标而建构社会相互作用系统的能力（社会交往能力）。诺思豪斯（Northouse，2001）也对近一个世纪的领导特质研究进行了综述分析，认为在众多与有效领导存在正向相关的领导特质中，有一些特质是最重要和最普遍，对于各种行业和领域的领导行为都有效的，包括智力水平、自信心、决心、正直以及社会交往能力。

上述领导特质研究大多数是在军队、教育和企业环境中进行的。1948 年以前，领导特质研究所采用的方法主要是行为观察、同事评判、专家评估、传记分析等。此后，为了增加结果的有效性和可靠性，减少因晕轮效应、放大效应和社会赞许效应带来的误差，研究者们对特质研究的评定方法进行了改进，增加了关键事件法、行为事件访谈、迫选核对清单、行为等级评定、语义差别评定等方法，在统计技术上也广泛采用了探索性和验证性因素分析、聚类分析、多元回归及其他多元统计方法。

在 20 世纪 50 年代以后，领导特质研究遭到了广泛的质疑。其中，以曼（Mann，1954）和斯托格迪尔（Stogdill，1948）的两篇重要文章为代表，一些研究者认为，没有任何特质可以将所有领域与情境中的领导者与非领导者区别开。也就是说，很难找到放之四海而皆准的有效特质。况且人们还怀疑所谓有效特质的真实性，因为科学杂志的编辑们很不愿发表那些负向的发现，因此正向结果比负向结果更容易被刊登出来。尽管如此，从总体上看，众多的领导特质研究及其综述分析基本证实了领导特质理论的基本观点，即某些重要特质的确是影响领导行为的一个重要因素。当然，一个人能不能成为领导者，并不仅仅取决于其是否具备某些与领导行为有关的重要特质，同时还要看这些特质是不是与领导者所处的特定情境有关。领导特质研究主要关注具备哪些重要特质的人更适合成为领导者，或者其领导行为更为有效。经过近半个多世纪的探索和研究，尽管到目前为止人们对于寻求普遍有效的领导特质并没有达成一致，但是基本认为有效领导者必须具备一定的重要的、共有的、核心的特质，不同的领导情境和职业领域也需要不同的领导特质。领导者的特质对于有效领导的基础性作用始终是存在的，并且得到了大多数研究者的认同。

二、领导者的人格特质

尽管领导特质理论由于研究结论的不一致而受到一些研究者的严厉批评，但是学术界一直没有停止对领导特质的研究。在放弃了生理特质、社会文化背景以及被证实与领导行为无关或研究结果存在显著矛盾的一部分遭非议的特质之后，人们将更多的注意力集中在人格特质上。人格是领导特质中最稳定的成分，而且几乎各种研究都发现一些人格特质与有效领导之间存在相关。贾奇等人（Judge et al，2002）在其领导与人格的定量与定性分析中回顾了与领导效能（leader effectiveness）和领导呈现（leader emergence）相关的特质（见表 2 - 2）。

表 2-2 与领导效能和领导呈现相关的特质①

Daft（1999）	Stogdill（1948）	Hogan et al（1994）	House & Aditya（1997）	Mann（1959）
洞察力 独创性，创造力 正直 自信心	应变能力 社会交往能力 创新性 坚持性 自信心 洞察力 合作精神 适应性	外向性 宜人性 认真性 情绪稳定性	成就动机 影响动机 适应性 自信心	适应性 外向性 支配性 男子气 保守性
Northouse（1997）	**Bass（1990）**	**Yukl（1998）**	**Kirkpatrick & Locke（1996）**	**Yukl & Van Fleet（1998）**
自信心 决断力 正直 社会交往能力	适应性 适应能力 进取心 洞察力 权力欲、支配性 情绪稳定，控制力 独立性、非顺从 独创性、创造力 正直 自信心	活力与抗逆力 自信心 内控 情绪成熟 个性正直 社会化权利动机 成就导向 低亲密需求	驱动力（成就、志向、活力、坚韧、主创） 忠诚、正直 自信心 （情绪稳定性）	情绪成熟性 正直 自信心 充满活力 抗逆力

从中我们可以发现，自信心这一特质几乎在所有研究结果中都会出现，坚韧性（抗逆力）、正直、情绪稳定性等特质也比较多地出现，但是也有一些人格特质，如男子气、支配性、外向性等，只是在少数几项研究中被证实与领导行为有关。这些研究揭示了对领导行为产生影响的关键性人格特质，如情绪稳定性、自信心、正直等。尽管如此，一些研究者还是怀疑这些关键性的人格特质是否真正具有普遍性和共同性，对所有领域和情境中的领导行为都重要或都有效。为了解决影响领导特质研究的这一技术难题，领导与人格研究在方法论上作出了一些改变，从而大大推进和丰富了领导特质理论的发展。回溯这段历史，可以搜集到人格研究的一些重要特征。正是这些特征，使得领导特质研究又重新回到科学发展

① JUDGE T A，BONO J E，IIIE S，et al. Personality and leadership：a qualitative and quantitative review ［J］. Journal of Applied Psychology，2002，87（4）：765-780.

的轨道上来。

（一）元分析技术的应用

以往对领导与人格关系的认识主要基于对多种单一研究的综述分析。表 2－1 列出的是相同特质在不同研究中出现的数量，数量越多说明该特质在不同研究中具有的普遍性就越强。表 2－2 中列出的具有一定代表性的不同研究中出现的与领导行为有关的特质，在多种研究中出现的特质被认为是具有普遍意义的特质。这样的综述分析主要是描述性的，具有很大的局限性。因为并没有一个统一的指标（像预测效度或校标关联效度那样）来反映特定人格特质与领导行为的关联程度。为此，元分析技术开始被引入人格特质的概化研究中。

最早对领导与人格研究进行元分析的是洛德（Lord，1986），他以当年曼（Mann，1959）综述研究所涉及的文章为对象，采用元分析技术研究了人格特质与领导知觉（或领导呈现的程度）的关系。元分析将不同研究的相关统计变量统一到相同的尺度上，统计出特定人格特质与领导行为在各种领域与情境中的平均相关，形成对问题的总体认识。这篇元分析文章为改进研究方法、形成统一认识奠定了基础。

不过令人遗憾的是，洛德的元分析研究发现，在跨领域和跨情境中与领导行为存在相关的特质仅仅是智力、支配性和男性化—女性化，人格特质只有两种。这一结果与洛德的元分析对象主要局限于曼（Mann，1959）所采用的样本与特质有关。曼的综述研究涉及的特质只有六个——智力、男性化—女性化、适应性、支配性、外向—内向、保守性，所用样本也是基于这六种特质的实证研究。元分析对象和样本的不同，同样会导致分析结果与结论的不同。正如贾奇（Judge et al，2002）所指出的那样，尽管洛德的元分析作出了重要贡献，但是如果一个人询问五位领导研究专家哪些特质是有效的，你会得到五种不同的答案。因此取样是影响元分析结果的一个重要技术问题。

（二）研究概念与框架的统一

元分析帮助我们解决了在跨领域和跨情境研究中形成总体认识的问题。但是如果不同研究所使用的人格特质的概念或理论框架不同，那么这些研究还是不能放在一起比较和汇总。以往研究虽然得到了一些具有普遍意义的人格特质，但是许多人格特质在不同研究中被命以不同的名称，或者命名相同的特质其含义在不同研究中也有所不同。因此，即使人格与领导行为之间确实存在相关，人格的概念与语境的不一致也使得我们难以发现这种关系。为了使领导与人格研究能够形成统一认识，有必要将不同研究的人格概念体系统一在一个相同的框架内。

大五人格理论为领导人格研究提供了很好的概念框架（见表 2－3），这不仅是因为人格的五因素学说在人类人格研究中得到了广泛的认可，还因为五种人格特质与领导行为之间关系的研究早已引起了人们的关注并且积累了大量的实证研究。大多数国内外的实证研究都表明，大五人格特质与领导绩效指标存在稳定的关联。在此基础上，贾奇等人（Judge et al，2002）采用五因素模型作为人格特质的组织框架，对 73 个研究样本中的 222 个相关数据进行了元分析。结果发现，神经质与领导行为之间的相关为-0.24，外向性与领导行为之间的相关达到-0.31，开放性与领导行为之间的相关为-0.24，宜人性与领导行为之间的相关为-0.08，认真性与领导行为之间的相关为-0.28。研究结果还发现，在神经质、外向性、开放性和认真性等人格特质与领导行为之间的相关系数中，90%以上是大于零的。贾奇等人（Judge et al，2002）的元分析表明，情绪的稳定性、外向性、开放性和认真性都是领导者和有效领导非常重要的人格特质。

需要注意的是，领导者人格特质的这些研究结果并不意味着具有这些特征的人一定会成为一名优秀的领导者，而是意味着许多领导者都表现出这些重要特征，或者有效的领导行为与这些特征有关。

表 2-3　大五人格结构框架

大五人格结构框架
神经质/情绪稳定性（neuroticism）：过多的冲动和不安全感，更容易体验到诸如愤怒、焦虑、抑郁等消极的情绪，应对能力比较差，经常处于一种不良的情绪状态下。由六个维度组成，分别是焦虑（anxiety）、愤怒和敌意（angry and hostility）、抑郁（depression）、自我意识（self-consciousness）、冲动性（impulsiveness）和脆弱性（vulnerability）
外向性（extraversion）：充满活力，热情开朗，容易感受到积极情绪的感染，喜欢运动和刺激冒险，健谈，自信，喜欢引起别人的注意。包括热情（warmth）、乐群性（gregariousness）、独断性（assertiveness）、活力（activity）、寻求刺激（excitement seeking）和积极情绪（positive emotions）等六个维度
开放性（openness）：偏爱抽象思维，具有丰富的想象力，兴趣广泛，乐于探索新鲜事物，非传统观念的价值取向，富有创造性。包括想象力（fantasy）、审美（aesthetics）、感受丰富（feelings）、尝新（actions）、思辨（ideas）、价值观（values）等六个因素
宜人性（agreeableness）：待人坦诚，乐于助人，愿意为了别人放弃自己的利益，谦逊不强势，对人性持乐观和善意的态度，容易得到他人的信任。包含信任（trust）、坦诚（straightforwardness）、利他（altruism）、顺从（compliance）、谦逊（modesty）、同理心（tender-mindedness）等六个维度
认真性（conscientiousness）**或尽责性**：控制、管理和调节自身的方向和冲动，对目标坚持不懈，做事有恒心，较强的成就动机，追求卓越，行为审慎。包括胜任（competence）、条理性（order）、责任感（dutifulness）、追求成就（achievement striving）、自律（self-discipline）和审慎（deliberation）等六个因素

（三）领导有效性的评价标准

领导与人格研究的一端是人格，另一端是领导者及领导行为。比较不同的研究结果，不但要统一人格概念与框架，还需要统一领导有效性的评价标准。洛德等人（Lord et al，1986）将有效领导区分为两个不同的指标——领导呈现和领导效能。领导呈现与领导知觉有关，是指是否（或在多大程度上）被别人视为或接纳为领导者。早期的领导特质研究一般都采用领导呈现作为有效领导的评价标准，比如在现场或实验室情境中对无领导群体中的个体进行行为观察与评价，在工作情境中由同事推选出他们认可的领导者，上级领导提名、任命或选拔下一级的领导者等。领导效能与狭义的领导绩效有关，是指领导者带领和影响下属实现组织目标的工作业绩，常用的绩效指标包括量化的组织绩效或任务绩效，员工对领导者与工作的满意度，员工的组织公民行为，对领导有效性的 360 度评价等，人们常常用团队的、群体的或组织的绩效指标为领导者效能的评价标准。除了人格特质之外，领导有效性的这两类评价标准在其他影响因素的研究中也得到了广泛应用。

领导与人格的共性关系研究取得了比较大的进展，人们的确发现了一些跨领域和跨情境的核心性、普遍性的人格特质，如自信心、情绪稳定性、外向性、开放性、认真性等。但是这些研究结果的跨文化适用性并未得到证实，比如外向性和开放性作为有效领导的重要特质，在东方文化背景下就未必成立。国内有研究（孟慧，2004）表明，宜人性与认真性同有效领导的多项指标都存在正相关，而外向性仅与下属的组织承诺存在显著的正相关，开放性与上级对领导有效性的评估呈显著的负相关。

领导与人格的共性关系研究并不排斥特定情境下其他不同的人格特质对领导有效性的实际影响。在某些特定的行业或岗位中，一些大五人格之外的特定人格特质与有效领导行为之间的关联更为密切。除了人格特质之外，其他特质后来也被证实对领导有效性具有重要影响。比如，许多研究都证实了智力或一般能力与领导绩效存在显著的正相关。现在很少有人怀疑智能对领导绩效的有效预测。这样看来，领导特质理论在经历了一个严酷的冬天以后，又迎来了蓬勃发展的春天。与早期领导特质研究所不同的是，新的特质理论更趋向于强调领导者的综合特质以及特质与情境的相互作用，在强调特质对领导具有积极作用的同时，并没有回到特质决定一切的老路上去。

三、特质理论的新取向

特质理论发展到后期，逐步融合了其他流派的观点而倾向于综合。魅力型领导、变革型领导、灵性领导等新的领导理论在强调各自领导方式的同时，也显示出特定领导者特征对领导有效性具有的重要影响和贡献。这些新型领导范式逐渐与原来的特质理论相向而行，成为领导特质理论继续向前发展的新动力。

（一）魅力型领导的特质

一般认为，魅力型领导（charismatic leadership）理论是对传统领导特质理论的继承和发展。“魅力”一词源于希腊文 charisma，意思是“非凡的、神授的天赋”。魅力型领导的名词本身就包含了鲜明的特质色彩。

豪斯于20世纪70年代中期提出超凡魅力型领导模型，他基于对政治领袖和宗教领袖的分析研究，提出魅力型领导因其具有特殊的个人特征和行为方式，能够对下属的情感、自我概念、价值观、态度和行为产生超乎寻常的影响。魅力型领导的这些重要特质包括：

1. 品德特征：模范遵守社会道德与行为准则，具有坚定的道德观和高尚的个人品格，朴素清廉，利他为民，成为理想的道德示范与角色榜样。

2. 性格特征：正直公正，忠于自己的信念，内心很少冲突和动摇；强烈的自信心和坚韧性，长久坚持自己的信念；影响他人的强烈欲望和支配性；敢于冒险并富有自我牺牲精神。

3. 认知与行为特征：富有远见，睿智聪慧，突出的概念建构能力和洞察力；超凡的言语表达能力，清晰地表达目标和愿望，富于感染力和吸引力，表达对追随者的高度信任。

4. 体貌特征：与众不同的体态和容貌，特殊的嗓音，符号式的动作或姿态等。

尽管魅力型领导也注重引导追随者的价值观和理想信念，激励和支持下属的目标行为，维系与追随者的情感联系，但是魅力型领导更多的是依靠自身具有的超凡特质来影响和感召下属，激发下属的忠诚、信任和追随。因此魅力型领导主要是一种基于特质的领导模式。

（二）变革型领导的特质

伯恩斯和巴斯等人倡导的变革型领导（transformational ledership）强调以领导者的高尚道德和崇高目标来激励追随者。变革型领导有两个重要特征：一是重视对意识形态和价值观念的引领和改变。在变革型领导模式中，领导者的首要任务就是提升被领导者的意识——自我觉醒的意识，更高追求的意识，高尚道德的意识等。只有改变被领导者的意识，激发并提升组织成员的需求层次、道德水平、价值观念、责任感、奉献精神和工作潜能，才能实现组织的发展与变革。能否成为变革型领导者，在很大程度上取决于领导者对意识领导的重视程度和能力水平。二是领导者的示范和榜样作用。领导者的引导和激发固然重要，但是如果领导者自身不能成为高尚品德的拥有者和崇高目标的实践者，变革型领导的光环将不复存在，其特殊的影响力也会大打折扣。因此对于被领导者来说，变革型领导也是充满超凡魅力的（但是不能认为超凡魅力型领导都是变革型的）。

虽然目前还没有充分证据表明变革型领导到底是特质领导论还是行为领导论，但是大多数学者更倾向于将变革型领导看做一种有效的领导模式或行为方式，如为追随者确定目标和愿景，调动他们对组织愿景的认同，鼓励追随者独立思考问题和仔细解决问题，对下属给予人性化关怀等。尽管如此，变革型领导还是具有明显的特质基础。变革型领导中的魅力因素本身就是一种特质或至少受到特质的强烈影响。与魅力型领导一样，人们也容易将变革型领导看做具有特殊品质、能够改变他人和世界的人。许多变革型领袖人物——毛泽东、曼德拉、甘地、罗斯福等人，他们的变革型领导模型都伴随着鲜明的个人特征，如对信念和目标的执著与韧性、强烈的自信心、卓越的洞察力、高尚的个人品德等。这些特质同样赋予了变革型领导强大而特殊的影响力。

（三）灵性领导的特质

灵性领导（spiritual leadership），又称精神性领导，也是指领导者所具有一些独特的个人特质，这类特质对群体成员具有精神和心理上的引导力和吸引力。灵性领导与宗教领导的性质、特征、形式和目标有些相似，但灵性领导更多地是指世俗和现实社会中的普通领导模式。在一些特定的组织或常规组织的特定发展阶段，灵性领导的影响力是无形而巨大的，其对组织的引领和带动作用也是无可替代的。

灵性（spirituality）的含义广泛，不同的研究领域和研究视角对其会有不同的理解和认知。一般认为，灵性是一种对生命及生活目标的感悟和追求。灵性虽然抽象、无形，但却是引领个人内在生命的不可或缺的力量。在超个人心理学中，灵性代表的是人内在的超理性和超越性，代表超个人生理、情绪及理性层次的更高追求。因此，灵性领导重视抚慰追随者的精神世界，关爱跟随者的内心感受，宽容跟随者的个体差异，唤醒跟随者的内心体验，营造一种彼此关爱、共享、尊重与认可的组织氛围，使人们之间产生归属感、信任感、满足感和主人翁意识，实现自我与组织的融合，从而实现个体的成长与进步，实现个体内在心灵需求与工作意义的互动，最终转变成持久的组织凝聚力。

灵性领导珍视个体的内心平静，关爱个体的内心体验，宽容个体的独特差异，唤醒个体的内在生命，以激发跟随者的创造力，提升跟随者的心灵层次，使跟随者的灵性思想与组织的价值观念相融合，不断超越自我，走向组织卓越。灵性领导的核心特质包括：

1. 平静。灵性领导明白自己内心需要什么，从而过滤心灵的杂质，约束自己的私欲，排除心中的杂念，尽心尽责地做自己该做的事情，进而获得一种由内而外的平静和充实。

2. 关爱。灵性领导使跟随者感到亲切、温暖和友好，获得心理安全感，只有在关爱与利他情感中，领导才能走入跟随者的心灵深处，激发他们加入灵性之旅，追求共同理想。

3. 宽容。灵性领导以一种更为广阔的视野，积极倾听和理解不同的声音，尊重不同跟随者的独特性，欣赏不同跟随者的不同观点，对每个跟随者都抱以积极而热切的期望，激发跟随者的创新精神。

4. 唤醒。灵性领导崇尚平静、关爱、宽容的内心世界，唤醒跟随者的内心体验，丰富人的生命情感，重铸人的精神个性，提升人的精神境界，进而不断激励跟随者追求自我超越和组织卓越。

为了能对灵性领导者的特质有所了解，有研究者（Elkins & Hedstrom et al, 1988）设计了灵性导向问卷（spiritual orientation inventory），用来描述和评价灵性个体具有的要素，对于了解灵性领导的特质很有借鉴意义。问卷包括的一些维度也体现了灵性领导的重要特征，如超越现实、强调生活的意义与目的、赋予生活使命、生命的神圣性、非物质的价值观、利他主义、理想主义、痛苦意识、灵性成就等。

第二节　领导者的胜任特征

从一定意义上讲，胜任特征与领导特质是一个问题的不同提法，两者都在描述领导者的有效的、综合的特征，只不过胜任特征源自对工作绩效的预测和评价，而领导特质出于对有效领导的描述，前者用来分析研究工作绩效的有效预测源，后者用来探讨哪些特质可以促进和影响领导有效性。实际上在领导行为层面，工作绩效和有效领导在概念上是相通的，工作绩效往往作为有效性的重要测量指标之一。所不同的是，胜任特征不单针对领导者，它还适用于所有的职业人群。

一、胜任特征的含义

20 世纪 60 年代后期，以哈佛大学戴维·麦克兰德（D. McClelland）教授为首的研究小组，经过反复深入研究，发现传统的学术能力和知识技能测评并不能充分预测工作绩效的高低，在人才测评中真正发挥作用的是那些诸如成就动机、人际理解、团队影响力等的因素，即可称之为胜任力或胜任特征（competence 或 competency）。1973 年，麦克兰德教授发表了题为《测量胜任力而非智力》的文章，主张用胜任力测量取代传统智力测量。尽管现代人事心理学研究不断证实了以智力为核心的认知能力对领导行为的重要作用，但是更深层次的或者更具综合性的胜任特征无疑成为领导者特征的重要研究内容。麦克兰德为美国外事局甄选驻外联络官的工作已经成为胜任特征研究在公共管理领域应用的典范。他通过行为事件访谈技术得出了驻外联络官的三项核心胜任特征，即“跨文化的人际敏感性、对他人的积极期望和快速进入当地政治网络”。

由于研究视角不同，关于胜任特征的含义存在许多不同观点。其中，斯班瑟（Spencer，1993）对胜任特征的定义被后来的研究者广泛引用。斯班瑟认为，胜任特征是指动机、自我概念、社会角色、态度、价值观、知识、技能等能够可靠测量并可以把高绩效员工与一般绩效员工区分开来的任何个体特征。由此可见，胜任特征不是普通的素质或能力，而是与工作岗位相关、对工作绩效产生积极影响并能够导致优秀绩效的那些素质和能力。

胜任特征的构成可以用冰山模型来描述——知识和技能是冰山的水上部分，是相对较为表层和外显的个体特征，被称为基准性胜任特征；而自我概念、特质、动机和需要则是个性中较为隐蔽、深层和核心的部分，是冰山隐藏在水下的部分，被称为鉴别性胜任特征。也有研究将基准性胜任特征界定为胜任岗位工作所需要的基础性特征，将鉴别性胜任特征定义为获得高绩效所需要的个性化的深层次特征。

胜任特征的实际应用是通过胜任力模型来实现的。胜任特征模型（competencies model）是指担任某一特定的任务角色所需要具备的、由特定职位要求的优异表现组合起来的、包含多种胜任特征的结构，它描述了有效地完成特定工作所需要的知识、技能和其他特征的独特组合。对于特定岗位的领导者来说，构建量身定做的胜任特征模型是领导者培养、考核、晋升及发展的基础。常用的胜任特征建模方法是分析某一岗位上高绩效成员与一般绩效成员的关键行为，寻找他们在哪些特征上存在差异，从而确定岗位胜任特征的构成。

二、企业领导者的胜任特征研究

国内外围绕领导者胜任特征的研究主要是针对企业管理者进行的。然而大量关于企业领导者的胜任特征研究并没有得到统一的结论，相关领域的元分析和概括性研究就显得尤为需要。

塔布斯和舒尔兹（Tubbs & Schulz，2006）把全球性企业领导人的胜任特征模型概括为七个维度：对组织大环境的了解，良好的工作态度，领导能力，交流能力，改革与创新能力，领导变化的能力，以及团队精神与追随者导向。这七个维度包括了50项具体的胜任特征，分成指向管理他人、指向管理具体事务、指向个人素质三种类型。

1. 个人指向（4项）：行为符合伦理规范；有效的口头陈述能力；学会重点集中；表现出恰当的情绪智力。

2. 他人指向（24项）：有效使用补偿；宽容及尊重多样性；对自己和他人表现出恰当的自信；激励他人；建立信任；根据环境要求调整领导方式；授权；评价他人；指导他人；表现出敏感性及同理心；扮演恰当的角色模型；主动倾听能力；没有任何防御表现；娴熟的语言技巧；娴熟的身体语言技巧；有效的面谈能力；有效的谈判能力；在组织中营造改革气氛；鼓励人们使用和发展其创新能力等。

3. 事务指向（22项）：了解组织情况的行为表现；看到不同选择之间的细微差别；系统理论的应用；技术的有效使用；对目标的敏感性；有明确的愿景；能

够克服逆境；废除过时的或无效的规则；改进并形成创造性的决策；采用新异但有效的观念；避免过于依靠经验而优柔寡断；学习重组；营造转换型的改变；建立持续学习的文化；建立产生和保持变化的支持机制；在变化过程中管理；建立变化的中介机构；鼓励结构变化；使用无过错的问题解决方法；建立尊重团队合作的文化；管理（影响）上级领导等。

斯班瑟等人（Spencer et al，1993）也提出了企业家的胜任特征模型。该模型包括六个基本维度：

1. 成就动机：主动性、捕捉机遇、坚持性、信息搜寻、关注质量、守信、关注效率。

2. 思维和问题解决：系统规划、问题解决。

3. 个人成熟：自信、具有专长、自学。

4. 影响力：说服、运用影响策略。

5. 指导和控制：果断、监控。

6. 体贴他人：诚实、关注员工福利、关系建立、发展员工。

其中，能够区分优秀企业家与一般企业家的胜任特征有七个：主动性、捕捉机遇、坚持性、关注质量、自信心、监控和关系建立。

同领导特质强调与领导有效性的关联性一样，胜任特征侧重对工作绩效的贡献。在我国，胜任特征研究成为有效领导特征研究中最为活跃的领域。一些学者针对企业管理者的胜任特征构成开展了大量有价值的实证研究，取得了较为丰硕的研究成果（见表2－4）。

表2－4　我国企业领导者的胜任特征

研究项目	研究方法	研究对象	胜任特征
时勘，王继承，李超平（2002）	行为事件访谈	通信业高层管理者	影响力、组织承诺、信息寻求、成就欲、团队领导、人际洞察力、主动性、客户服务意识、自信和发展他人
王重鸣，陈民科（2002）	结构化访谈、开放式量表	企业高级管理者	1. 管理素质：价值倾向、诚信正直、责任意识、权力取向； 2. 管理技能：协调监控能力、战略决策能力、激励指挥能力和开拓创新能力
仲理峰，时勘（2003）	行为事件访谈	中小型家族企业高层管理者	威权导向、主动性、捕捉机遇、信息寻求、组织意识、指挥、仁慈关怀、自我控制、自信、自主学习、影响他人等11个因素

（续表）

研究项目	研究方法	研究对象	胜任特征
王垒，陈怡等（2004）	访谈、问卷	多种行业的企业领导者	道德魅力，管理技能，团队技能，目标有效性等四个维度共18个基本要素
柯翔（2006）	深度访谈、问卷	国有企业高层经营管理者	控制力、解决问题能力、自信力、追求成就、对权威遵从、团队合作能力、人际省察力、影响力等八个因素

三、党政领导者的胜任特征研究

国外对中高级公务员的能力结构开展了很多研究，提出了许多核心能力框架。这些能力框架主要是由基于岗位的通用能力所构成。国外针对中高级公务员的胜任特征建模研究并不多见。胜任特征建模多是围绕教育、军队、非营利性机构的管理者和领导者来开展。国内学者根据我国领导者人群的实际情况，开展了许多针对党政领导者的胜任特征建模研究（见表2－5）。

由于党政领导人群的绩效考评结果很难在研究中得到应用，因此大部分针对此类人群的胜任特征模型没有采用有效绩效组与一般绩效组的组间比较方法，而是以访谈和问卷来获得员工对领导者胜任特征的通用性知觉模型，是一种内隐领导模型，这其中既包含了基准性的胜任特征，也包含了鉴别性的胜任特征，更为确切地讲，应该是一种基于特征人群的、通用的能力与素质模型。党政领导在我国领导者人群中具有很强的代表性，建构党政领导者的胜任特征模型对于中国国情下的领导心理学研究与实践具有重要的理论和应用价值。

表2－5 我国党政领导者的胜任特征

研究项目	研究方法	研究对象	胜任特征
赵耀（2005）	问卷	中央国家机关人事干部	完成任务能力、机关业务能力、人际交往能力、个人素质能力、管理能力等五个维度
郑学宝，孙健敏（2006）	问卷	广东省县级党政领导正职	四个维度：知识、能力、素质和个性特征；45个基本要素
王登峰，崔红（2006）	访谈、问卷	副科到正厅级党政领导干部	三个一级维度：管理能力、人际能力、自律能力；七个二级维度：工作能力、自我约束、政治素质、领导能力、学习能力、协调能力和以人为本等；21个基本要素

（续表）

研究项目	研究方法	研究对象	胜任特征
谷向东（2007）	访谈、问卷	特大城区区属单位党政处级正职	分析思维、综合思维、业绩导向、组织洞察、团队合作、团队领导、运用职权、影响力等八个要素
胡月星（2009）	问卷	基层党政领导干部	沟通协调能力、自律性、执行能力、识人用人能力、分析认识能力、敬业性、个人特质、决策能力等八个核心胜任特征

从以上有关企业领导者和党政领导干部胜任特征模型的研究可以发现，各种模型中胜任特征的概念并不统一，胜任特征的数量与规模也杂乱无章。这与领导人格特质的研究非常相似。虽然所建立的胜任特征模型是基于特定组织和岗位的，但是目前国内开发的各种模型之间基本不具备可比性，不同研究得到的胜任特征很少存在交集，或者说只有很少的相同的胜任特征在不同研究结果中出现。即使是名称相同的胜任特征，其在不同研究中的内涵也很有可能彼此不同。这一现象可能与胜任特征的概念与框架不统一有关，也可能与研究方法及研究路径的差异有关。从国内研究中发现，很少有研究者采用斯班瑟的胜任特征词典作为统一的概念框架。由于该词典主要是基于国外文化、行业和组织背景编制的，对我国领导情境的适用性存在问题。因此，应该尽快编制符合我国文化、行业和组织背景的胜任特征词典。基于统一胜任特征概念框架的建模结果才有比较和研究的意义，这方面的探索和研究应该成为领导心理学今后发展的重要内容。

第三节　领导者的心理素质

领导者的心理素质一直是领导研究与实践关注的问题。早在 20 世纪初期，人们就开始关注领导者具有哪些重要的心理特征。领导特质理论在经历了伟人模型的误区之后，仍旧没有放弃人格特质与有效领导之间关系的研究。一些新兴的领导理论和学说也日益重视领导特质的积极作用，强调领导者人格的感染力和影响力。在我国，对领导者心理素质的关注多与领导人才的评价与选拔密切相关。具备良好的心理素质和精神状态，是领导者胜任和担当岗位职责的基本要求。因此，从心理素质的视角来看待和研究领导者特征具有重要的理论和实践意义。

对领导者所需要的心理素质进行分析和研究，关键是要搜集心理素质与领导有效性之间的关联证据，提炼出跨越不同职业情境、对有效领导具有积极影响的关键性心理素质。

一、领导者心理素质的界定

严格来讲，心理素质（psychological quality）并不是一个心理学概念。尽管我们可以在国内文献中查阅到很多关于各类人群心理素质的研究，但是在心理学的教科书和专业词典当中却没有“心理素质”这个词。此外，心理素质还是一个本土化概念，国外并没有与心理素质相对应的专门术语，也没有将心理素质作为一个整体概念加以研究和评价。因此，心理素质是一个源于实践、中国特色、非正式的心理学术语。

从人类健康的生物—心理—社会模式来看，心理素质是与身体素质和社会适应性相对应的。人们在对人的认知、情感、意志、人格特征、心理健康等心理品质进行综合概括或简单替代时常使用心理素质一词。但是不同的研究者对心理素质所概括或包含的内容有不同的理解和指代。对于领导者所需要的心理素质，基本上存在两类认识。一类是广义的心理素质，认为心理素质包含认知、情感、意志、个性倾向性与个性心理特征、心理健康等各种心理品质，几乎涵盖个体的所有心理现象。另一类是狭义的心理素质。主要是将价值观和能力素质从广义的心理素质中剥离出来，将心理素质限定在情绪、意志、个性及心理健康等方面。

特殊职业人群所需要的心理素质对于科学界定领导者心理素质具有很好的借鉴作用。较为典型的是飞行员的心理素质。我国歼击机飞行员的心理素质测试主要包括空间知觉、短时记忆、知觉运动、注意分配等关键认知能力，和外向敢为性、稳定理智性、忧虑多疑性（负相关）、刚毅进取性和自信沉着性等关键个性特征。其主要内容是以狭义的心理素质为主，同时还包括一些特殊心理能力，并不包括一般的认知能力。领导实践活动对领导者心理素质的要求也主要来自这种狭义的概念，心理素质更多的是指对有效领导具有直接、积极影响的各种非能力心理特征，主要包含情绪稳定性、责任心、自信心、成就动机、自我认知等因素。

关于领导者心理素质的界定，需要注意以下几个方面的问题。第一，领导者的心理素质主要是指对于跨越不同职业情境、各类领导岗位都具有重要影响的共性的或核心的心理素质。通过中间变量（如职业情境）对领导绩效发生作用的心理特征不属于领导者共性的心理素质，这并不意味着此类心理素质不重要或不存在。第二，心理动力特征、认知能力以及专业能力不属于心理素质范畴，这样可以在概念上将价值观、能力、技能以及专业经验和心理素质做出明确的区分，在领导干部选拔与评价实践中这种区分是非常必要的。第三，领导者的心理素质应该是领导绩效与成长的充要条件，具有这些心理素质，能够促进领导者的绩效与成长；不具备这些心理素质，则会对领导者的绩效与成长产生负面或消极影响。因此，领导者的心理素质是那些与有效领导有关的共性的、核心的、关键性的心理品质与特征。

二、领导者心理素质的取证

国内关于领导者心理素质的研究主要是论述心理素质的重要性，同时也涉及关键心理素质的内容结构。但大多是描述性的或基于主观判断的。比如多数研究都认为领导者应该具有沉稳平和、奋发有为、积极进取、乐观自信、果敢坚定的心理状态。这些描述性的分析和判断为探索领导者所需要的心理素质提供了参考，是构建中国当代文化背景下领导者心理素质内容结构的重要资料来源。但是单纯依靠这些描述性分析还是远远不够的，因为它们大多缺乏心理素质与有效领导之间关联的实验证据，还需要通过相关的实证研究来验证两者之间的关联性。

（一）人格特质的相关研究

人格是心理素质的基础，是心理素质中最稳定的成分。在领导心理学研究中有很多关于人格特质与工作绩效之间关系的研究。这些研究给出了特定的人格特质与有效领导关系的证据。我们可以从与有效领导存在关联的人格特质中提取具有普遍意义的心理素质。

从许多关于人格与绩效的研究中我们可以发现，自信心、情绪稳定性、外向性、开放性、认真性、坚韧性（抗逆力）、适应性等特质在各项研究结果中比较多地出现。但是需要注意的是，人格中包含了一些反映个体心理活动指向或风格的特质，比如外向性。这类心理特征会对领导绩效产生积极影响，但是缺少这类心理特征也不会对有效领导带来普遍意义的消极影响。不过大五人格模型中的外向性是包含多种因素的，除了热情、活力、乐群之外，还有积极情绪的成分。因此在国外大多数实证研究中，外向性与有效领导总是存在正相关。在提取领导者心理素质的研究中，应注意分析心理特征的概念和内涵，尽量选择那些单维度的或者具有明确含义的心理特征。

（二）心理资本的相关研究

进入21世纪以后，积极心理学逐渐引起人们的关注。在概念上和实践中，心理资本（psychological capital）与有效领导及其所需要的心理素质存在很大关联。心理资本的概念最早出现在经济学、投资学和社会学等文献中。与其他心理品质不同的是，心理资本的提出和阐述是建立在积极心理学的背景和框架内的。卢森斯（Luthans）等人采用中国员工样本，将心理资本定义为个体在成长和发展中表现出来的一种积极心理状态，具体表现在自信心（自我效能感）、乐观、希望和韧性四个方面。实际上，心理资本就是那些积极的心理素质，或者是心理素质的某些积极取向。对中国样本的研究结果表明（仲理峰，2007），希望、乐观和坚韧性三者构成的心理资本对工作绩效、组织承诺和组织公民行为具有积极的影响作用。由此可见，积极心理资本中的某些因素也是领导者应该具备的重要心理素质。

（三）情绪智力的相关研究

情绪的有效识别和管理是良好心理素质的重要标志之一。戈尔曼（D. Goleman）的情绪智力理论提出了五个方面的情绪能力——自我意识、自我调节、自我激励、移情和社会技巧。前三种能力都与心理素质有关。研究发现，管理者的情绪智力是管理绩效的重要影响变量。情绪智力反映了在社会情境下的觉察和理解他人、探察情感反应的细微变化以及应用这些知识并通过情绪管理和控制去影响他人的能力。正因为如此，情绪智力对于有效的领导和团队绩效来说是一个非常关键的、重要的影响素质。国内关于管理者情绪智力的研究（张辉华，凌文辁，2008）表明，中国文化背景下管理者的有效情绪智力包括四个因素——关系处理、工作情智、人际敏感和情绪控制，主要表现为理解、管理、控制情绪的能力以及与情绪相关的心理和行为特征。从中我们可以发现，情绪智力中的核心成分与领导者所需要的心理素质是密切相关的，主要是情绪的稳定性与合理管控。

（四）关于领导者的心理健康

国内很少见到心理健康与有效领导的关系研究，但是在领导责任和工作压力日趋增强的今天，心理健康对于领导干部的重要性已不容置疑。一些研究甚至将心理素质等同于心理健康。近些年来，领导者人群中由于心理健康状况恶化导致精神崩溃的个案偶有发生，因心理亚健康致使工作倦怠和不能胜任岗位职责的情况也时有所见。考虑到领导者的特殊社会角色，积极的心理与精神状态会对有效发挥领导职能起到很好的促进作用，异常的心理健康状态则会对领导效能造成负面影响。因此，心理健康是领导者心理素质的重要基础和平台。一般来讲，心理健康是一种社会适应良好的精神状态，而心理素质是指个体所表现出的稳定的行为与心理特征。心理健康状态本身并不是心理素质的构成要素，而领导者保持和维护自身心理健康的素质或能力才是心理素质的重要内容。在这方面，情绪稳定性、意志坚韧性、乐观归因等都属于保持心理健康的心理素质。不过在领导考核、选拔与培训中，领导者的心理健康经常被看做干部具有良好心理素质的重要方面。心理健康状况出现异常，也就谈不上具有良好的心理素质。因此应该将心理健康看做领导者心理素质的重要关联要素。

三、领导者心理素质的构成

在对已有研究进行综合分析的基础上，可以将领导者的心理素质界定为对领导绩效具有积极促进作用的非能力心理特征，主要包括情绪稳定性、坚韧性、果敢性、认真性、清正性、自信心以及心理健康状况等因素。与对心理素质的一般性描述不同，对心理素质的提取应该建立在实证研究的基础上，具有较高的可靠性和有效性。当然，还可以通过案例分析、传记研究等定性研究方法对领导者所需要的心理素质作进一步的深入研究，不断完善和丰富领导者心理素质的科学内涵。还需要进行探索性和验证性因素分析，确定领导者心理素质的合理结构和相互关系。

1. 情绪稳定性（emotional stability）是指领导者在长期应激情境中能始终保持情绪的冷静和镇定，其中包含了情绪智力的情绪控制成分。大五人格理论中的神经质（neuroticism）与此维度正好相反，主要与负面情绪有关。神经质特质可以被看做情绪稳定性的异常表现。

2. 坚韧性（hardiness）是指一个人在逆境、冲突、失败、责任压力或不确定状态中保持领导效能的能力。儿童心理研究中的心理弹性（resilience）与坚韧性存在很大交集，也可能是相同心理素质的不同研究取向。心理弹性更多地指向适应性特征。坚韧性主要表现为抗逆力。

3. 果敢性（determination）是指领导者勇于决断、刚毅坚强的意志品质。这方面的实证研究并不多见。但是在危机应对与处置过程中，领导者的果断决策和坚强意志无疑是非常必要和重要的心理素质。

4. 认真性（conscientiousness）是指对行为目标的执著追求、坚持和努力。主要体现为事业心、责任感和有恒性。许多实证研究都表明，认真性是有效领导的重要心理资源。需要注意的是，认真性可能与坚韧性存在相关，一个是对组织目标的坚持，一个是在逆境中的坚持。

5. 清正性（integrity）是指领导者所具有的正直、公正、清廉、无私的心理品质，其中包含了认识自我和把握自我的能力。清正性与领导者的价值取向存在一定关联性，但也应该看到，不同价值取向的领导者可能都具有良好的清正性。将清正性看做一种心理素质，符合当今领导实践的规律和要求。

6. 自信心（self-confidence）是指领导者相信自己能够战胜困难、实现预定目标的一种情绪状态，是一种对自身能力与价值的客观认识和充分肯定的积极体验，其中包含了领导者的自我效能感、乐观归因、理性认知等积极心理特征。

7. 心理健康（mental health）是指个体良好的认知、情绪和社会适应状态。在这种状态中，领导者能够发挥自己的能力，能够应对正常的生活压力，能够有成效地从事工作，并能够对其所在群体或机构作出自己的贡献。一般可通过心理卫生综合评价量表来测评领导者的心理健康状况，也可以根据领导者人群的职业特点，编制适用于领导者的心理健康评价工具。

除了上述心理素质之外，一些研究也发现其他心理素质与领导绩效存在积极相关，但这类心理素质一般要通过中间变量起作用，比如开放性或外向性，在营销、宣传和公共关系情境中对工作绩效具有明显的促进作用，而对于其他职业领域的领导者来说这种积极作用可能并不显著，甚至会与工作绩效存在负相关。以上这些领导者心理素质主要是那些跨越不同职业情境、共性的或核心的心理品质。这些心理素质对于大多数领导岗位都是必要的，对于领导者更好地担当岗位职责具有积极的重要的促进和保障作用。

明确领导者心理素质的性质和内容，对于领导者的评价与成长具有重要的实践和导向意义。尽管领导者的心理素质是相对稳定的，但也是可以塑造、培训和发展的。对领导者的心理素质可以进行更加科学、有效的测评，比如用于考核评价的心理素质测评，需要更多地采用情境判断测验和投射测验的方式，避免考评中出现社会称许和作伪问题；用于教育培训的心理素质测评，可以沿用传统的自陈式量表或问卷，在不设防的情况下，让领导者对自身心理素质的特点和状态作出客观评价。

第四节 领导者的品德特征

许多新型领导理论在强调领导者人格魅力和精神激励的同时，也非常看重领导者的道德示范作用对有效领导的贡献。古今中外为世人所称颂的政治、军事和教育领袖，无不都是人类高尚品德的楷模。既然与领导行为的有效性存在积极关联，领导者的品德特征也应该是领导特征的重要方面。当然，关于领导特征的许多研究成果也包含了很多品德的成分，如正直、正义、忠诚等，但是对领导者品德特征的专门研究还是非常必要的。

在领导者品德的研究中，我们常见到两个既相互联系又有所不同的概念——品格（character）和道德（moral）。品格更倾向于个体内在的自觉和追求，而道德更侧重于外在的约束和要求。然而在概念上和实践中，品格与道德往往是交织在一起的。

一、领导者的品格

在关于领导特质的研究中，我们发现，许多实证研究的结果证实了人类一些优秀的品格或品德是领导者特质的重要组成部分。比如在前面介绍的关于领导特质的实证研究中，正直、忠诚几乎在大部分研究结果中都有呈现。

巴斯（Bass，2008）在他的另一部领导手册中曾经指出，领导者的品格包含了领导者本人的伦理和道德信念、观念和行为，与正直、公正、公平等各种美德特质（virtuous traits）密切相关。在巴斯的概念中，品格和品德十分接近，更侧重于领导者的道德成分。汉纳和艾沃里奥（Hannah & Avolio，2011）将领导者的品格定义为领导者的内在品质，如优秀的人格特征、价值观、道德观和内外统一性等。而怀特和奎克（Wright & Quick，2011）则认为，品格不是人格，也不是价值观，他们提出了基于品格的领导（character-based leadership）的概念。品格领导体现了变革型领导、服务型领导、伦理型领导、精神性领导、以价值观为本的领导和真实型领导（authentic leadership）等多种领导模型中的品格与道德成分。品格领导的核心特征是领导者内化的道德观，或者说将外在的道德要求内化为内在的品格追求，领导者对社会行为规范的遵从不再是基于外部力量（如来自同伴、组织和社会）的约束和压力，而是出于内化的道德信念。

我们可以将品格看做一种高尚的素质或特质，一种符合人类社会共同价值的思维或行为方式。尽管品格并不是有效领导的必要条件，而且现实生活中的许多领导行为与过程看上去同领导者的个人品格与价值观并不存在直接的关联，比如为组织确定更为有效的发展目标，领导者的优秀品格在这一过程中可能并不直接发挥显著的作用，但是领导者必须具备与制定和实现这一目标所需的能力相匹配的重要特质，比如要能够获得追随者或下属的尊重和信任。可见，品格的力量就不言而喻了。可见，品格是有效领导必须具备的内在特质。

汉纳和艾沃里奥重点探讨了品格对于领导的重要性。他们提出，品质和胜任特征都是有效的和可持续领导的原始基石。与前面提到的胜任特征相比，人们对领导者品格的研究与其重要性相比显得十分不相称。因此，汉纳和艾沃里奥提倡对领导者品格的构成以及领导品格与领导绩效的关系给予更多的关注。

二、积极心理品格

美国积极心理学创始人之一的塞利格曼（Seligman）和彼得森（Peterson）于2004年出版了具有划时代意义的著作——《优秀品格和美德：手册与分类》（*Character Strengths and Virtues*：*A Handbook and Classification*），它是21世纪以来积极心理学最具代表性的著作。经过多年的调查和总结，通过问卷、调查、访问、咨询等方式，塞利格曼和彼得森总结提炼了人类个体的24项优秀品格，具备或培养这些品格，人们就可以更好地利用自己品格的优势来提高工作效率，获得幸福感。领导者如果具备了这些优秀品格，对他/她个人的健康生活和工作绩效都是非常有益的。当然，现在还缺乏积极心理品格与领导绩效的相关实证研究，不过从这些积极心理品格的提炼过程来看，领导者的积极心理品格对领导有效性的影响是客观存在的。比如，塞利格曼和彼得森认为，这些积极心理品格是被人类世界上大多数文化所认可的，类似个体特质（traitlike）那样具有一定的稳定性，而且具有道德价值（morally valued），拥有这些品格能够使人感到满足而充实，可以帮助人们获得事业和生活的成功。

《优秀品格和美德：手册与分类》将这24种积极品格概括成了六大类：智慧与知识、勇气、仁慈、正义、自制和超越自我。

1. 智慧和知识（wisdom and knowledge），包括创造力、好奇心、开放思维、热爱学习。喜欢用非传统的方式思考问题和工作，对各种未知的事情很感兴趣并勇于探索新事物；能够客观并理性地过滤信息，不会很武断或很草率地下结论；渴望拥有新知识和新能力；善于寻求和利用其他人的经验与观点来解决自身的问题。

2. 勇气（courage），包括真实、勇敢、坚持和热情。表现为诚实、正直、真实；敢于面对风险和危险，即使感到恐惧也不会退缩；坚持不懈，有恒心，做事不会虎头蛇尾；通常精力充沛，外向开朗，充满热情，无论做什么事情都会竭尽全力。

3. 仁慈（humanity），包括友善、爱、社会智能（social intelligence）。表现为富有同情心，经常帮助别人并且从中得到快乐；非常重视和珍惜与别人的亲密关系；容易识别自己和他人情绪与情感的变化，能够准确地找到自己的位置，具有很好的社交技巧，能够充分利用自身的优势和兴趣。

4. 正义（justice），包括公平、领导力和团队精神。不会使自己的偏见影响任何决定，给任何人以同样的机会；擅长组织和协调团队活动，属于有效而仁慈的领导者；尊敬领导和同事，认真做好分内的事，遵守并严格执行团队规范。

5. 自制（temperance），包括宽恕、谦虚、谨慎和自律。适度地控制自己的需求，适度地表达自己的思想与感情；会宽容他人，不会报复，给别人第二次机会；为人低调，不张扬，不强势，不装腔作势，不过分看重自己的得失与成败；细心，慎重，有远见，会控制自己暂时的冲动而达到长远的目标；清晰地知道什么是对与错并能依此行事。

6. 超越自我（transcendence），包括欣赏美和完美、感恩、希望、幽默和宗教信仰。懂得欣赏每个领域和情境中的美及美好的事物，欣赏他人身上的优点和品德；随时表达他们的谢意和感激之情，珍惜生命和生活，不会把好事当成理所当然；认为好事总会发生，对未来保持持续的乐观，积极地筹划未来但又兴高采烈地生活在现实环境中；喜欢为别人带来欢笑，从中感到快慰；知道自己在大千世界中的位置，拥有一致并深刻的信仰，相信每个人、每件事都有高深而重要的意义。

塞利格曼和彼得森在总结和研究这六大优秀品格的基础上，编制了测量优秀品格的调查问卷——优势问卷（VIA Inventory of Strength，简称 VIA – IS）。该问卷包括 240 道题，通过回答问卷中的问题（可以在塞利格曼的网站 www. authentichappiness. org 上填写问卷），我们可以总结出自己的优势品质，也可以利用这一公开问卷开展领导品格的研究。

三、领导者的道德品质

与品格相比，领导者的道德品质显然要明确很多，因为人们对道德的认知与评价由来已久且十分清晰，领导者正反两个方面的道德示范也经常呈现在社会生活中。道德是领导的核心问题，出色的领导者不但是有效的，同时也必须是合乎道德的。

（一）对领导者道德品质的要求

国内对领导者道德品质的研究主要是服务于领导者选拔任用的实践需要。党的组织部门历来坚持“德才兼备、以德为先”的选人用人标准，德和才共同构成了领导者的核心胜任特征。德是第一位的，是基础性的，这与国外关于领导者品德的认知是一致的，当然这里的“德”并不局限于狭义的基于社会行为规范的道德品质。

国内的组织人事机构对党政领导者的道德品质提出了明确的要求，将领导者的道德品质划分为政治品德、职业道德、社会公德和家庭美德等四个方面。政治品德主要指领导者在世界观、人生观、价值观等方面的总体表现，包括领导者应当具备的理想信念、党性修养、宗旨观念、大局意识，以及意识形态方面的现实表现，是领导者德的核心；职业道德主要指领导者作为国家公职人员在履行岗位职责时应当具备的职业修养和行为准则，包括对岗位职责的认识、工作态度、精神状态和开拓创新意识，以及事业心和责任感等；社会公德主要指领导者在社会交往和公共生活中应遵循的行为准则，包括在处理人与人、人与社会关系的总体把握；家庭美德主要指领导者在家庭生活中应遵循的行为规范，包括夫妻、长幼、邻里关系等内容。也有研究在以上四德的基础上提出第五个维度“个人品德”，指领导者个人在其道德修养和处世原则中遵循的行为准则。需要指出的是，这些关于道德结构的提法或划分主要是服务于对领导者道德品质的考察和评价，并没有得到实证研究的支持。但是，对于领导者所应具备的品德特征，社会上是有一些基本共识的。

此外，中共中央组织部于2011年出台了《关于加强对干部德的考核意见》，从考核评价的角度进一步明确了领导干部德的要求。提出重点加强对干部政治品质和道德品行的考核。政治品质是指领导者在政治方向、政治立场、政治态度、政治纪律、党性原则等方面的表现；道德品行是指领导者社会公德、职业道德、个人品德、家庭美德等方面的表现。这一提法与上面提到的五维度说是一致的。

（二）关于道德领导与伦理型领导

伯恩斯（Burns，2007）在其著名的《领袖》（*Leadership*）一书中提出了道德领导（moral leadership）的概念。伯恩斯认为，道德领导并不是对道德的单纯宣讲和说教，不仅仅是要求自己和下属模范遵从社会的行为规范。道德领导来自于并总是回归于追随者的基本欲求、需要、渴望和价值观念，是能够激发和满足追随者真正需要的社会变革型领导。道德领导最有效的形式就是激发追随者更高尚、更全面的价值观念，带领追随者满足他们更根本、更持久的深层需要。伯恩斯的道德领导概念更接近于变革型领导或以价值观为本的领导，更专注于解决实践中的领导问题。具有高尚的道德品质固然是道德领导的典型特征，但是如果单纯认为领导者成为道德楷模就可以引领组织变革、取得领导绩效的话，那就失去了道德领导应有的价值。道德领导与领导的道德并不是一回事，就像前面提到的品格领导和领导的品格也有区别一样。

实际上，伦理型领导（ethical leadership）更贴近我们一般认为的道德领导的概念。伦理型领导由一系列的个人特征和行为组成。伦理型领导者不但是道德的领导者，是一个合乎伦理的个人（ethical person），是高尚道德的追求者、实践者和示范者，同时也是道德伦理的管理者（ethical manager）。他们在组织中创造出较强的道德氛围，使下属关注道德，并影响下属的思想和行为。比如，为组织成员建立清晰的道德行为的期望；提供关于道德行为的反馈、指导和支持；意识到并且奖励那些支持组织价值观念的行为；设立道德示范或行为榜样等（范丽群，石金涛等，2006）。因此，伦理型领导更趋向于利用道德示范和道德领导来影响组织成员。其中，道德的领导者身上体现了领导者的道德特征、如正直公正、诚实善良、追求正义、平等谦和、遵守法纪、清正廉明等。

【建议参考资料】

1. BASS B M. Bass & Stogdill's handbook of leadership：theory，research and managerial applications［M］. 3rd ed. New York：Free Press，1990.

2. JUDGE T A，BONO J E，IIIE S，et al. Personality and leadership：a qualitative and quantitative review［J］. Journal of Applied Psychology，2002，87（4）.

3. 伯恩斯．领袖［M］．常健，译．北京：中国人民大学出版社，2007.

4. 孟慧，李永鑫．大五人格特质与领导有效性的相关研究［J］．心理科学，2004（3）：611－614.

【问题与思考】

1. 影响领导有效性的主要特质有哪些？
2. 人格特质如何影响领导呈现与领导效能？
3. 领导特质与胜任特征的共性与区别分别是什么？
4. 领导者应具备哪些重要的心理品质？
5. 领导者的品格与道德之间存在何种关联？

第三章　领导者的心理反应

【本章提要】

本章主要介绍领导者的心理反应，包括领导者的动机、领导者的压力与应激、领导者的去抑制化和领导者的心理健康等问题。领导者与被领导者的社会与组织角色不同，必然会存在心理上的差异。其中，领导行为的内在动力，领导压力的产生机制，权力影响下的心理与行为变化以及领导者心理健康反应等，都是领导心理学更为关注并区别于其他领导研究的重要内容。

【学习重点】

1. 领导动机的来源与内容
2. 领导者压力的影响因素
3. 权力去抑制化的心理机制
4. 领导者心理健康状况与应对

【重要术语】

动机水平　压力　应激　去抑制化　心理健康

领导研究探讨了许多关于领导特质与行为的重要问题，但对于领导者的心理反应却很少关注。实际上，作为领导者，由于权力、组织、角色和任务的作用，使得其与非领导者和被领导者之间存在很大心理差异。领导者角色会使领导者本人在心理功能方面发生一定的改变。成为领导者之后，个体的心理、情绪、行为方式甚至心理健康会发生哪些变化，这些都是领导心理学需要重点研究的内容。

第一节　领导者的动机

领导者的动机是影响领导成长和领导绩效的动力因素，也是领导者区别于被领导者的重要心理反应。成就动机（尤其是支配动机）是一种领导者特质，从而在一定程度上区分了领导者和被领导者，但是领导者本身的动机水平也是影响领导行为和领导绩效最基础的因素之一。同样作为领导者，有的人期望登上更高的阶梯，有的人渴望实现更高的目标，但是也有的人满足感水平比较低，对未来的期望并不高。领导者的动机水平对领导绩效与领导成长的影响是很大的。

一、领导者的成就动机

对领导者动机的研究一般采用两种方法，一是利用投射技术来揭示领导者对成就的潜在需要，二是采用问卷调查来了解领导者对成功和自我实现的意识。无论哪种方法，都从不同程度上反映出领导者对成功和绩效的渴望与向往。各种组织和团体的领导人都把成功和业绩视为重要的个人目标，同时，对成就和业绩的渴望往往是成功领导者的直接动力。

麦克兰德等人（McClelland & Winter，1969）在研究中使用主题知觉试验等投射技术得到的证据表明，对成就的需要是有效的领导者，特别是成功领导者、企业家重要的价值取向。他们通过在美国和其他国家的很多研究证实了对于成就的需要是经理人和企业家取得成功的前提。其他一些研究发现，越成功的管理者对于成就的需要和追求就越强烈。对成就的需求往往与对权力的追求并不一致，那些业绩出色的企业领导者对成就都有强烈的需要，而对权力只有适度的需要。普通人往往认为权力就是领导者的动机。并且为此寻找了合理化的理由，即获得权力越大，取得的成就也就越大。这看上去有些关联，但是领导者的内在动机是指向权力还是指向成就，在领导人群体中是有所区别的。不过总的看来，领导者的成长与晋升速度与他们对成就的渴望和追求有着直接的关联，越是能力强的领导者，对成就、归属感和胜任感的需求越高。成就动机强的领导者往往表现为，给自己制定明确并且具有挑战性的任务目标，在工作中表现出比较强的能力和技能，做事情不敷衍、有韧性，对挫折和压力的耐受性也比较强。这些出色行为表现的背后，就是成就动机在起作用。

二、领导者的动机水平

领导效能或领导行为的有效性与领导者的动机水平应该存在一定关联。一般说来，无论领导方式怎样，只要领导者越努力，通常下属的满意度和工作效率就越高。同样，无论在任何领导方式下，领导者努力越少，其下属的满意度和工作效率往往就越低。

一些实证研究也表明，高水平的权力动机和成就动机，与管理人员们的成功存在关联。反过来，许多身居要职或事业成功的领导者，都具有很高的权力动机和成就动机。迈因纳（Miner，1965）编制了用于测量管理动机的投射测验——MSCS 量表，这是一种句子完成测验。在这种测试中，被试是无意识的，通过完成一些句子填空来表达自己的意愿。该测验由 40 个项目组成，如“我发布命令……”“坐在桌子后面，我……”“我的父亲……”“在玩牌的时候，我……”等。其中 MSCS – H 专门用来测量行政机构中的管理角色动机，主要包括一些容易投射积极动机或高动机水平的句子。实验研究发现，在行政机构中晋升很顺利的首席执行官、常务副总裁和集团副总裁在 MSCS 测试中的得分比其他同年龄却职位略低的管理者要高很多（Berman & Miner），MSCS－H 表得分越高，那么其行政职务就越高，表现就越好。这些研究从一个侧面证实，领导者的成功与较高水平的动机有着密切关联。领导者的成功往往成为领导动机的强化物，越是成功的领导，其动机水平也就越是水涨船高。实际上我们从身边的真实例子中也不难发现，对青少年委以班干部等“领导角色”，会激发学生的进步动机，领导者的角色似乎能够带来更高水平的成长或成功需求。这在一定程度上也能解释为什么一些领导者对职位和职务的追求是无止境的。

三、领导动机理论

有研究者（Chan，1999）提出了一种领导动机理论（motivation to lead，简称 MTL），用来描述领导动机的内涵和类型。根据这一理论领导动机就是“一个具有突出个体影响的领导者或想要成为领导者的个体决定是否参加相关培训、承担相关角色和责任以及为此付出的努力程度和坚持程度的内在动力”①。该理论认为，领导动机的程度与领导行为有着密切关联，即在个体认知因素、非认知因素的共同作用下，领导动机高的个体更可能成为一个优秀的领导者。或者反之，优秀的领导者，其领导动机的程度也比较高。在这里，领导动机不是独立存在或单独起作用的，它是作为中介变量或调节变量，对领导行为的有效性产生影响，与领导动机一起发挥作用的，还有领导能力以及领导者的个性、价值观、自我效能感、职业需求等非认知能力。

领导动机理论还将领导动机概括为情感认知型（affective identity）、社会规范型（social-normative）和非功利型（noncalculative）等三种主要模式。情感认知型领导动机是指个体喜欢领导角色并视自己为领导者。情感认知型的领导者个性外向、富有竞争意识和成就动机、领导经验丰富并对自己的领导能力很自信。社会规范型领导动机是指个体受社会责任和义务激励而产生的动机，他们也具有丰富的领导经验，对自己的领导能力充满自信。非功利型领导动机是指个体成为领导者不是基于领导交换，更多的是其价值观在起作用。

领导动机理论专门关注了领导动机的影响因素。其中主要包括：1. 非认知能力，包括个性、价值观以及在此基础上的自我效能感；2. 过去的领导经验，以往的领导经验越丰富，特别是积累的成功经验越丰富，越有助于提高个体的领导动机，成功经验形成了对领导动机的有效强化；3. 情感智力，问卷调查表明情感智力与情感认知型和社会规范型领导动机存在很强的相关性，也就是说，能够管理好自己的情绪有利于促进领导动机的提高；4. 多元文化，不同文化对领

① 申晓月，胡中锋．领导动机理论：一种新的领导理论［J］．上海教育科研，2011（7）：34.

导动机有着不同且重要的影响，这其中可能会通过内隐领导观念来对领导动机产生作用。

第二节　领导者的压力与应激

应激（stress）是领导者在压力状态下常见且普遍的心理反应。与被领导者相比，领导者无疑承担了更多的责任，任务的广度、强度、难度和韧度都比普通的下属或员工高很多。而且一般认为，领导者的职务越高，其任务的这四个方面的属性就越强，因此，领导者的压力感也就越高。

在一些研究文献中，常将压力和应激两个概念混为一谈。实际上，压力是应激的来源，因此也成为应激源（stressor）。应激是个体对外界刺激的反应，既包括心理反应，也包括生理反应。任何生物体，都会对外来刺激作出反应。刺激是否构成压力，是否使个体感受到压力，感受到什么样的压力，是良性的动力还是负性的压力，这与个体对外界刺激的认知、个体的人格特点、特定的生活和工作环境都有密切关联。然而，不管压力的作用和意义是正面的还是负面的，在面对压力的时候，由于个体主客观因素的不同，都要伴随不同的生理和心理反应。这些生理和心理反应往往更多是消极的、痛苦的，轻者紧张、焦虑、担心、头痛、胃痛、腹泻；重者沮丧、忧郁、绝望、失眠、溃疡、免疫力丧失。因此，压力对于人的生理、心理和社会生活都会造成严重的负面影响。

当然，领导者的压力并不是灾难性的，与压力相伴随的是领导者的习得或与生俱来的抗压特质，许多领导者的坚韧性或抗逆力要强于基层领导或普通部属。对一部分领导者来说，压力是动力和挑战，会调动其潜能和觉醒水平，激发其职能和行为反应；而对另一部分领导者来说，压力会导致应激，出现负面情绪、挫折感、防御、逃避以及不良生理反应。压力下的个体更倾向于求助于非理性的直觉反应，这种反应能够满足个体迫切的个人情感需要而非真实的客观需求。长期承受压力可能会引起心理健康异常，会影响领导决策的理性和质量，继而对领导绩效产生负面的影响。

一、应激的机制与来源

加拿大医学家和心理学家汉斯·塞利（Hans Selye）对人的应激状态进行了深入的研究。他认为人面对压力产生应激现象是个体对环境刺激的一种生物性的防御性反应。他提出了著名的"一般性适应综合征"（general adaptation syndrome，GAS）概念，简单而精辟地揭示了生物体面对外界压力的应激过程。这一过程包括警觉、抵抗和耗竭三个阶段。

1. 警觉阶段：当人初步遇到压力源，身体会自行调动保护机制来应对压力，出现警觉性生理反应。此时会有大量激素进入血液，更多葡萄糖和氧气进入脑部、骨骼肌和心脏里。个体出现血压升高、心跳加快、身体紧绷等状态，机体迅速调集能量和注意力来对抗压力。此时，压力应对曲线会逐渐升高，由原来的松弛状态上升为紧张状态。

2. 抵抗阶段：如果压力持续存在，警觉反应的生理反应将消失，代之以各类腺体的分泌，个体以高于常规抗压水平的状态和能量来抗衡压力。如果压力长时间存在，机体的生理平衡将会被打破，造成体内资源过度消耗，亚健康状态出现，伴随各种心理问题。如果压力消失了，机体会恢复到警觉前期。如果压力持续存在或强度加大，则转入耗竭阶段。

3. 耗竭阶段：此时个体无法再利用各种激素和能量，资源和能力消耗殆尽，有可能出现身心倦怠和崩溃，导致不同程度的心理和生理疾病，甚至失去生命。

《科学美国人》杂志上曾发表过这样一个实验研究，名为“猴子经理的溃疡”。实验者将两只身体条件相近的猴子关在两个相邻的笼子里。一只是实验猴，一只是对照猴。外界可以通过装在笼子里的传感器对两只猴子随机实施电刺激。实验猴的笼子里面有一个特殊的装置，在电刺激来临之前会亮一盏红灯。实验猴很快在红灯和电刺激之间建立起条件反射，只要红灯亮起，很快就要遭受电击了，必须关掉红灯的开关才能躲避电击。而对照猴没有此项特殊装置，只是偶尔会遭到电击，自己对此也无能为力。正式实验进行了 20 天，实验猴就因为严重的消化道溃疡死掉了。心理学家分析，“猴子经理”为了免遭电击，整天高度紧张，神经紧绷，背负了沉重的精神压力，对其身心造成了很大损害。

由此可见，在很多情况下压力本身并不可怕，对压力的过度感知和应激反应才是造成心理健康异常的主要原因。也就是说，压力一旦成为心病，成为精神负担，成为心理压力，其负面作用就开始显现了。那么，面对同样的压力源（如工作任务、环境变迁、生活事件、日常琐事），为什么有的人没有心理压力，有的人感受到很小压力，有的人却感到压力难以承受？心理学上对此有不同的研究，认为压力的感知和形成可能与多方面原因有关。

一种理论认为压力是个体与环境不匹配的结果。也就是说，压力是个体因素和环境因素相互联系和作用的结果。在许多情况下，压力的产生是个体的知识、能力、个性及行为方式与组织的工作要求、组织文化的不匹配或不适应造成的。当这种不匹配发生时，个体的效能感有可能降低或减弱，压力也会随之产生。现实中我们也会发现，领导团队之间出现不匹配时，如性格不合或领导风格差异显著的时候，其中的个体会感觉不适。

另一种理论认为压力是缺乏自我控制和社会支持的结果。有科学家对工作要求（任务负荷及难度）、控制（专业能力与决策权力）和支持（来自组织的支持）之间关系进行实验研究发现，高要求、低控制、低支持会降低领导者的工作激情和动机，使个体感受到更高的压力；同样是在高要求条件下，提高控制和支持水平，可以增强领导者的学习和发展的动机，降低其对压力的感知程度。也就是说，高控制和高支持可以抵消高要求对身心健康的消极影响。

还有一种理论认为，压力是个体认知评价的结果。在许多情况下，领导者对所处环境或所承担任务有可能产生的威胁作出评价。首先对情境事件的重要或威胁程度作出评价，然后对可利用资源（自身能力和外界支持）的应对程度作出评价。经过两次评价之后，如果觉得自身难以应对这些外在威胁，就会产生对压力的感受。

二、领导者的压力来源

领导研究表明，领导者的压力主要来源于组织，或者说与普通人面临的不同压力主要是来自组织的压力。这些压力来源存在以下几种情况：

一是角色模糊。角色模糊是指对任务目标缺乏明确认知，工作需求表现出不确定性。当任务目标和完成任务的途径以及对任务结果的认识变得不明确时，或者这些不确定性逐渐增加的时候，领导者会出现沮丧、担心或者不安，这些初步的负面应激会随着不确定性的延续和增强而逐渐转变成为焦虑或抑郁，压力感就应运而生了。

二是角色冲突。角色冲突是指领导者之间或者领导者与下属之间的任务边界存在冲突，或者领导者面临不可兼顾的任务目标。有的文献中将角色冲突视做领导者角色模糊的一种情况，不过两者之间还是存在一定差别。领导者面对角色冲突时会产生一种茫然感和挫折感，有些不知所措，对动机水平比较高的领导者来说，这种压力感会带来相应的应激反应。这种不顺畅的心理反应会降低工作动机，甚至成为人际冲突的隐患。

三是角色超载。所谓角色超载，通俗说就是工作负荷超过个体的生理与心理特质的限定。领导者的角色超载是一种较为普遍的现象，从国外的研究来看，对角色超载的认识不尽一致。的确有研究发现真实的工作超载是会产生压力感的。然而，也有调查研究并没有得出工作超载必然对领导者产生压力的结论。实际生活中我们也会发现，一些领导者面对工作超载却乐此不疲，好像他们天生就具备挑战超负荷工作的特质。此外，还有一些研究发现，一部分角色超载是领导者自找的，他们总是习惯于利用最短的时间做最多的事情。这些人有着习惯性的时间紧迫感，因此通常都处于高压力状态。

四是角色期待。角色期待包括定量的指标性考核和定性的下属对领导者的期望和需求。当领导者的可利用资源（物质资源和人力资源）不足，或者自我效能感下降的时候，角色期待的压力就变得特别明显。中国党政领导干部的考核评价体系规定了很多具体的绩效指标，其中一些目标是逐年攀升的，但是与之相对的领导者的个人能力和资源能力却不是能够在短时间内快速增长的。这些高不可攀的任务目标给各级领导者带来的心理负担是客观存在的。此外，当领导者得到外界正向评价时，倾向于给自己确立更高的任务目标，这是领导者的一种自然的成就动机反应。但是由于不具备相关能力，或者存在意想不到的其他困难而无法实现目标时，行为人就很可能感受到压力。

当然，领导者面临的压力不仅仅来自组织，也来自生活事件、人际冲突、价值观矛盾等方面。在这些方面，领导者与被领导者并无太多差异。同时，领导者面对压力时并不必然产生负性的应激反应。换句话讲，一些领导者面对组织中的各种角色问题并没有产生压力感。实际生活中我们也不难发现，对一些政府和企业的高级官员来说，超强的工作负荷以及没有时间与家人和朋友在一起，这种情况是很正常的，是他们生活的一部分，或者就是他们的一种生活方式。辛苦工作和时间延长并不足以产生压力。一项研究发现（Anonymous，1968），一个对 179 名公司总裁和董事会主席进行的商业管理调查结果显示，平均每位高管每周工作约 63 个小时，但他们从未觉得负担过重，尽管 70% 以上的人都认为他们没有足够的时间去仔细思考和认真计划。不过也有许多研究发现，大量的工作负担、行政事务和人际交往影响了领导者的工作效率，领导者的压力更多的是来源于领导者认为绩效标准不可能实现或者任务对自己来说过于困难的自我评价。

三、压力与领导行为

国外有关压力与领导行为关系的研究并不多见，但一些研究成果很值得借鉴。一方面，一些特定的领导行为更容易产生压力；另一方面，有些领导行为可以缓解和转化压力。这里所说的领导行为并不是压力管理的特定技术，而是领导者本身的行为方式或风格。

比如，一些研究表明领导会促成压力。一方面，领导者更易于自我施压。通常我们也会发现，A 型人格（易感受压力）的人比 B 型人格的人更多的被任命为领导者，尤其是执行层的领导者或管理者。同时，上级领导者对下级领导者或下属的监督、指令、催促、责备往往成为重要的压力来源。实验研究表明，领导者的“催促”和“监督”指令，如“快点工作”，“再精确点”，“你可以干得更多”，“快点，我们没有多少时间了”等，会产生压力的生理征兆，如实验对象的舒张压和收缩压都有所升高，这样的领导行为也会造成被领导者对领导者的敌视和焦虑情绪。此外还有研究发现，变革型领导中的智力激发，会增加下属的压力感和工作倦怠感。另一方面，无效的或放任的领导也会给下属带来压力。一个团队或组织，在持续压力下的生存和发展，必然紧密依赖于强有力的领导。有效的领导能够维持团队和组织的整体性、动力以及目标指向。如果领导无效或是放任领导，团队成员的工作兴趣和合作精神就会减弱，成员之间的派系争斗和争执也会增加。这些无效领导包括政治智慧的缺乏，不明智的政策和权谋，断断续续的工作以及冗杂的组织架构。

人们更多地是关注哪些领导行为可以减少或阻止压力产生。一般认为，在压力环境下，任务导向和人际导向的有效组合对于克服和应对压力更为有效。在一系列的实验室研究中，任务导向和人际导向得分都很高的领导者，在应对压力时是最为有效的。关于任务导向和人际导向哪个应对压力更为有效，这方面的研究结论是不一致的。有的研究认为，在压力情境而非常态下，任务导向型的领导者比人际导向型的领导者工作做得更好，团队的压力感受更低一些，这与压力管理的问题解决导向相一致。压力的克服主要还是要靠完成任务、解决问题、实现目标。但是也有很多研究认为，高 LPC（最难共事者量表）得分的人际为本的领导者，在高压力情境中能发挥出更大的舒缓压力的作用，这可能与压力管理的情绪调节导向有关。因为在压力环境中，人际导向的、支持性的、考虑周到的领导者通常有助于促成团体和组织的和谐与融洽，这种良性关系有助于人们缓解压力感受。

总之，支持型的领导有利于提高下属对工作和领导者的满意度，但是仍需要更多的指导型行为来减轻客观压力本身，比如将工作更好地结构化，明确任务的目标，分清角色和职能，减少角色冲突。

第三节 领导者的去抑制化

在多数情况下，人类个体是有理智和理性的。绝大部分领导者的智力或认知能力都处在平均水平或较普通人更高一些。在正常情况下领导者应该也可以管理自己的行为。但是，当领导者习惯于行使权力，或者领导者的群体核心角色在本人及他人心里根深蒂固的时候，领导者对自身行为的自我约束和抑制就会减弱。这是领导者的一种较为普遍的心理反应，值得我们认真审视和研究。

领导者的去抑制化现象（disinhibition）主要表现为行动导向、丧失约束和客体化等问题。美国斯坦福大学的格林斯基等人（Galinsky，Gruenfeld & Magee，2001）重点探讨了领导者角色的这些去抑制化现象及其心理机制。在麦基和格伦费德等人看来，领导者的心理反应主要来源于权力，对权力的行使与掌控会使领导者出现独断专行、丧失约束和脱离群体等问题。

一、行动导向

所谓行动导向是指领导者在高度集权的情况下表现出很高的自主行动的意愿，许多领导者更习惯自我决策并付诸行动，而不是与组织成员充分协商。尤其是当任务目标出现不确定性、组织的发展前景存在问题的时候，领导者往往会自然而然地或者处于角色需要地主动采取行动，而把组织成员甩在身后。

行动导向存在正反两方面的效应。一方面，行动导向符合被领导者对领导者的角色期待，被认为是一种果敢和强有力的特质，从而被一些人追捧甚至依赖；

另一方面，行动导向也表现为独断专行或一种行为冲动，可能会导致决策失误和组织受损害。如果一个人习惯于自己独断，冲动决策，这样的领导方式无疑是无效甚至有害的；同时，如果这种独断专行不是为了实现组织和团队的目标，此类行动也就导向了集权和腐败。

格林斯基等人（Galinsky et al，2003）以《从权力到行动》为题发表了权力与行动的实验研究。研究结果证实了权力与行动定向之间存在关联。比如，权力大的被试比权力小的被试更倾向于主动提出报价意向，更倾向于在故事完成任务中描绘出主动行动的情节，更倾向于自主地改变环境条件。

这些实验表明，拥有权力的领导者在情境不明朗的情况下，更有可能自主地采取行动。有权力的领导者有一种行动冲动，使得他们专注于目标和任务，更倾向于忽视可能阻碍或不利于实现目标的一些重要信息。麦基和格伦费德等人认为，有权力的领导者更倾向于行动定向，他们更少与他人协商，也更少去权衡各种方案，更倾向于按照自己脑子里出现的行动方案果断地或是冲动地付诸行动。当组织任务需要快速行动而且信息比较少的时候，这种导向可能是有效的；但是当情况不明、信息多变并且需要审慎协商时，这种导向就值得质疑了。

综合来看，行动导向的利弊还是要看其是否符合组织的利益，但是我们认为，总体上讲这种领导行为方式是弊大于利的。虽然我们将其看做领导角色的一种心理反应，是在权力影响和作用下领导者的一种去抑制化现象，但是无论是谁，行动长期不受约束总不是件好事情。领导者和组织应该留意这种行为导向，并进行适当的管理和抑制。

二、丧失约束

麦基和格伦费德等人将领导者的去抑制化狭义地描述为不能抵制各种诱惑。实际上，行动导向也是一种更为广义的去抑制化，还存在一些正面效应。而领导者自我约束的丧失是行动导向的深化和泛化，则完全失去了正当性和有效性。

一些研究证实了领导者角色在权力作用下存在解除自我抑制、影响自我调节的现象。比如权力对饮食控制、性行为、自我调节行为的影响。拥有权力的人更倾向于主动甚至放纵地消费稀缺的食物（Ward & Keltner，1998），更容易激发那些性动力较强的个体的主动性和攻击性，更难于做到自我管制和约束。我们可以从道德的角度来解释这些问题，但是从心理学的角度来观察和研究，丧失约束的确是在权力的作用和影响下，领导者角色出现的一种心理反应，尽管这种反应不是在每一个领导者身上都必然出现的，但是它为人们试图通过去抑制化来解释各种职务腐败和犯罪行为提供了有益的心理学视角。

吉普尼斯（Kipnis，1972，1976）对权力能够腐蚀个体的现象进行了实证检验。研究表明，在角色扮演的活动中，相比没有权力的领导者，在授权以外还拥有额外权力的领导者会通过运用更多的影响策略，来降低对下属的绩效评价，增加对下属的控制。还有研究表明，权力的效应取决于个体的社会关系取向，在拥有权力的条件下，面对资源分配的任务，团体取向的参与者更少自私自利，而交易取向的参与者会更加自私（Chen，Lee-Chai & Bargh，2001）。

麦基和格伦费德等人认为，拥有权力的领导者在增强行动定向的同时，也会面临对诱惑的反应和控制能力的削弱。他们利用行为趋向系统和行为抑制系统的工作机制很好地解释了这一现象。当人的行为趋向系统被激活的时候，权力会强化对目标的追求，行为趋向系统会引发正向效应，使权力拥有者更多地关注于目标实现后的激励而不是惩罚，从而做出果敢且不受约束的社会行为。有趣的是，因为拥有权力，领导者的行为趋向系统总是容易被激活，行为抑制系统总是被抑制；因为不拥有权力，被领导者的行为抑制系统总是容易被激活，而行为趋向系统总是容易被抑制。这一原理很好地说明了为什么领导者行为同时存在亲社会和反社会两种特征和结果，而被领导者总能站在道德的高地，期待出现完美的领导者，或是妖魔化大权在握的人。

三、客体化

与行动导向和丧失约束相伴随的另一种去抑制化现象叫做客体化，即拥有权力的领导者表现出疏远下属的意愿和情绪。由于拥有权力的人对组织、团队和其他成员的依赖性减小，更多地追求和关注行动的结果，因而较少关心其他人对其行动的评判，也更少在意其他人的内心体验，很少去理解其他人的所思所想，因为这些因素不太可能影响其行动的发展和延续。

客体化是一种自然的领导心理现象。麦基和格伦费德等人将客体化定义为“工具性地看待他人的过程，其看待他人的方式取决于他人是否具有有用的各种特质，而不是将其作为独特的人类来理解其所具有的各种特质。客体化尤其涉及缺乏对他人内心体验或人类品质（如感受、信仰和偏好）的关注，更倾向于从客观属性的角度看待其他人（如物理属性和物质特征），并且将其他人看做实现目标的工具（即作为达到目的的手段）。虽然权力并不必然会减少领导者对其他人的总体关注，但是更确切地说，权力会使领导者减少对其他人的利益、感受、信仰、期望和独特内心体验的关注，而这些都是人类的重要品质”①。

国内近年来广泛倡导领导干部要深入群众，走群众路线，但总是效果不彰。其中既有领导选拔和考核体制的问题，也有领导角色带来的心理学问题，即权力可能使领导者远离被领导者，除非他（或她）本身就是一个关系导向的人。

---

① 梅西克，克雷默．领导心理学：新视野及其研究［M］．柳恒超，刘建洲，译．上海：复旦大学出版社，2010：261.

权力的客体化效应更被认为是一种社会剥夺现象。一些研究表明，拥有权力的个体更倾向于从自身角度看待世界，更倾向于忽视目标对象的体验，更倾向于刻板和主观地看待他人，更倾向于不去关注个体的独特品质，更倾向于将绩效和功劳归功于自己。这些客体化效应对于领导者来说是非常危险的。如果领导者在权力使用过程中逐渐丧失了对各种去抑制化现象的敏感性，就有可能影响领导行为的有效性，对组织和团队造成损害，也有可能会阻碍领导者自身的成长。因此，权力给领导者带来的心理反应值得我们认真关注和研究，并在现实工作中尽量加以识别和规避。

需要指出的是，上述许多研究都是在实验室条件下进行的模拟研究，其结果的概括化一定会受到实际领导情境的影响，但是我们在真实的领导过程中的确能够感悟到一些领导者身上存在的行动导向、丧失约束和客体化等去抑制化现象。另外，并不是所有的领导者都存在去抑制化的心理反应，其中的中介变量可能包括领导者的价值观、特质、行为方式和道德品格等。

第四节　领导者的心理健康

领导者是一个较为特殊的职业群体，承担着重要的社会责任和繁重的工作负担，精神上面临着种种挑战、冲突和诱惑，身体上得不到有效的调适和放松，长时期承受精神上的压力和负担，其心理健康必然会受到一定程度的影响。如何科学认识和合理干预领导者的心理健康，是领导心理研究需要特别关注的问题，也是领导实践特别需要加强的领域。

一、对心理健康问题的基本认识

心理健康是指个体具有正常的认知、情绪、意志过程和良好的社会生活状态。提高领导者心理健康水平的一个重要前提是科学、客观、准确地认识和把握干部人群心理健康的总体状况。

领导者的心理健康一直受到社会各界的关注，但是人们对这一问题的认识存在很大的偏差。有媒体曾经报道，针对不同年龄和层级领导干部的精神健康检查表明，近一半的领导者存在精神不健康倾向。更有人推断，存在各种心理障碍和疾病者占党政领导干部总人数的 80% 以上，并且该比例还有逐年上升的趋势。然而，判断特定人群的心理健康状况应该依靠对心理健康的科学认识和实证研究，任何主观臆断和推测都是不真实、不科学的。

心理健康是一个较为复杂和模糊的概念，尽管许多文献都对心理健康下过定义或作过描述，但是到目前为止并没有一个公认的定义。不过，我们可以从世界卫生组织（WHO）的界定来领会和理解心理健康的基本内涵。世界卫生组织在其《组织法》中明确提出，“心理健康是指这样一种健康状态，在这种状态中，每个人能够实现自己的能力，能够应付正常的生活压力，能够有成效地从事工作，并能够对其社区作出贡献”。

现代心理学和精神医学对心理健康也有一些基本认识。首先，心理健康是一种持续的心理状态。这里有两个关键词——持续和心理。不能因为存在短暂或一过性的心理不适就认为自己心理健康存在问题，不能因为自己身体患有疾病就怀疑自己心理也出了问题。其次，心理健康状态的最低标准是没有精神障碍或精神疾病，至少在患有精神障碍或精神疾病期间不能认为是处于心理健康状态。但心理健康并不仅仅是没有精神障碍或疾病，一些人长期处于心理亚健康状态，在此过程中也不能认为是心理健康的。再次，心理健康状态不是指心理或精神上的绝对完美，不是指马斯洛提出的那种自我实现的高峰体验。实际上大部分个体在日常生活中处于一种平静的、愉悦的心理状态，尽管偶尔也会遇到各种烦恼，也会存在暂时性的焦虑或一过性的情绪低落，但从总体上还是属于心理健康的。

对心理健康的认定一般是基于对心理健康异常程度的判断。心理健康异常按照严重程度可以划分为心理问题（心理不适）、心理亚健康、心理障碍或精神疾病三个基本状态（见图 3－1）。心理问题是指个体经常遇到的心理困扰或心态不佳，一般由个人工作或生活中的应激事件引起，如婚姻危机、子女成长、人际纠葛、就业升职等问题。对于大多数人来说，心理不适持续的时间不长，影响程度轻微，随着应激问题的解决，心理状态也会恢复平静。心理问题只是一种轻度的心理健康异常，不属于心理障碍或疾病。心理亚健康是介于健康和疾病的一种灰色状态。和生理亚健康状态一样，心理亚健康也是一种非健康、非疾病的心理状态。处于心理亚健康的个体会时常感到焦虑烦躁、情绪低落、精神不振、身体乏力等，在行为上出现冷漠、自闭、逃避甚至攻击等不良反应。许多人的心理亚健康状态也会持续很长时间，对日常工作和生活带来不同程度的影响。但是心理亚健康也不属于精神疾病，因为它一般不符合精神障碍的症状标准，临床上也没有亚健康这种障碍类型。而且绝大部分心理亚健康问题都可以通过自身调节和心理干预来解决。在领导者人群中，心理亚健康的一种典型表现是职业倦怠。心理障碍或精神疾病是具有临床诊断意义的、较严重的心理健康异常，一般伴随显著的认知、情感和行为的改变，伴有痛苦的情感体验或（和）心理、生理功能的损害。临床上的各种心理障碍或精神疾病都有明确的诊断标准和症状表现。

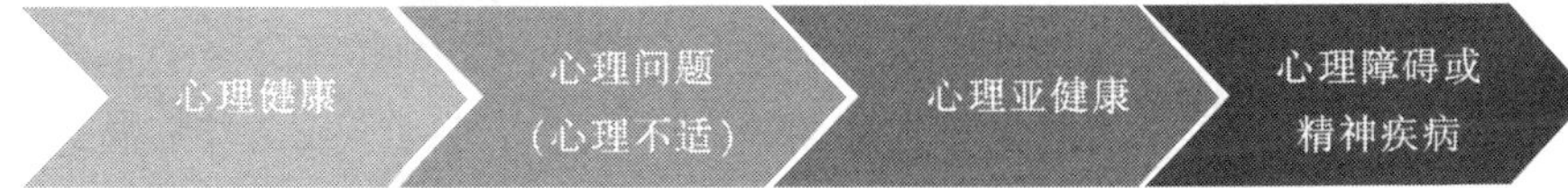

图 3－1　领导者心理健康情况的基本分类

科学认识人类的心理健康问题，对于准确把握领导者的心理健康状况至关重要。一些社会媒体将领导者人群中存在的心理问题或心理亚健康当做心理障碍或精神疾病来看待，在一定程度上夸大了领导者心理健康异常的严重性，模糊了对领导者心理健康问题的基本认识，需引起研究者的关注。

二、我国领导者心理健康状况的实证研究

尽管社会上对领导者心理健康状况的关注很多，但到目前为止，这方面的实证研究并不多见。近年来关于领导者心理健康的研究大多集中在党政领导干部人群，少部分研究关注到军队离退休干部和地震灾区干部，被试范围有所扩大；在所采用的研究工具方面，仍集中在症状自评量表（SCL－90）、明尼苏达多相个性测量表中文版（MMPI－2）、卡特尔十六种人格因素测验（16PF）以及一些自编心理健康问卷上。因此，样本量和测评工具仍然是近几年领导心理健康研究的局限之处。

对领导心理的测查研究大多得到一致的结果，即领导干部的心理健康状况总体上优于普通人群，但是也存在一定程度的心理健康问题。例如，郑日昌、赵世明等人采用综合测量与评定方法，针对领导者的核心群体——厅局级领导者，开展了为期三年的纵向测查和研究。测查对象为参加领导者常规教育培训的厅局级学员。参加测查的总人数为401人，其中男性348人，占86.8%，女性53人，占13.2%；年龄分布为48±5岁；大学本科学历占51%，硕士研究生以上学历占49%，学员来自全国30个省、直辖市、自治区和中央国家机关。被测查者的性别、年龄和地域分布比较符合中高级领导者人群的总体状况，测查样本与结果具有很好的代表性。所采用的测评工具是由中国科学院心理研究所提供版权的（MMPI－2）、自主开发的领导者心理健康量表和国际上通用的16PF。采用以上三种不同类型和功能的心理测评工具，目的在于全方位、多视角地了解领导者的心理健康状况。其中MMPI－2用来筛选心理障碍或精神疾病，领导者心理健康量表用来测查领导者人群中存在的心理健康异常问题和症状表现，16PF用来分析与心理健康相关的人格特征。

综合测评结果表明，中高级党政领导者的总体心理健康状况是良好的。但样本人群中有将近30%的领导者存在至少一种以上的心理健康异常症状或问题，三个标准化测评工具都证实了这一点。这些问题主要表现为强迫倾向、自我意识偏差、焦虑情绪和社会适应不良等，多属于轻度的心理问题或心理亚健康情况，虽不会必然导致心理障碍或精神疾病，但在一定程度上影响着领导者的工作和精神状态。此外，该人群中确有少数人存在较为严重的心理障碍或精神疾病，多表现为心理生理异常，比例在5%—6%左右。

其他一些调查研究与上述结果基本相同。即从总体上看，各级领导者的心理是健康的，绝大多数领导者表现出坚定执著、乐观自信、沉稳平和、奋发有为等良好的精神状态。但也要看到，确有少数领导者因为心理负担过重而出现焦虑、

抑郁等问题，甚至有个别领导者心理严重失调，导致精神崩溃。研究结果有助于我们形成对领导者心理健康状况的基本判断和认识。

1. 领导者心理健康的总体状况是良好的。与其他职业人群相比，尽管领导者队伍面临更大的工作和社会压力，但是没有证据表明领导者的心理健康状况比其他职业人群更差。不宜因社会媒体对领导者心理危机事件的过度关注和渲染，就对领导者心理健康的总体状况产生消极或悲观的看法。

2. 领导者的心理健康问题需要引起高度重视。尽管领导者人群的心理健康状况总体上是良好的，但是仍有三分之一的领导者存在心理健康异常问题，5%—6%存在心理疾病的在岗领导者迫切需要临床治疗。近些年来，领导者人群中由于心理健康状况恶化导致精神崩溃的个案偶有发生，因心理亚健康致使工作倦怠和不能胜任岗位职责的情况也时有所见。此种情况如不能得到及时干预和控制，不但会降低领导者的生活质量，也会严重影响领导者的精神状态和工作效能。

3. 领导者的心理健康状况应该得到进一步改善。考虑到领导者具有的特殊社会角色和肩负的重要社会责任，应采取必要的干预和保障措施，不断提升领导者队伍心理健康的总体水平。从对领导者人格特征的分析研究来看，绝大多数领导者具有稳定、坚韧、乐观、自信等积极的人格特征，具有消极人格特征的人只在少数。也就是说，领导者心理健康具有很好的人格基础。如能充分利用领导者教育培训的规模优势，采用科学的态度、方法和手段，完全有可能在提升领导者整体心理健康水平的同时，使领导者中的心理健康问题得到有效控制和解决。

三、领导者心理健康的干预机制

2008年1月，卫生部、中宣部等17个部门联合印发了《全国精神卫生工作体系发展指导纲要（2008年—2015年）》，提出按照“预防为主、防治结合、重点干预、广泛覆盖、依法管理”的原则，建立与“政府领导、部门合作、社会参与”工作机制相适应的国家精神卫生工作体系。与心理健康密切相关的精神卫生工作得到了政府和社会的空前重视。针对领导者人群的精神卫生工作就是要提高领导者队伍心理健康的整体水平，缓解心理健康异常对领导者队伍造成的消极影响。为此，需要建立一套教育培训、心理援助、危机预警三位一体的心理健康综合干预和保障机制。

（一）在教育培训中开展心理健康教育

当前，提高领导者心理健康水平的首要环节是增强广大领导者的心理健康素养，降低领导者接受心理健康干预的敏感性。所谓心理健康素养，是指保持心理健康和应对心理危机的基本态度、观念、知识和技能，是心理素质的重要内容。具有良好的心理健康素养，是保持心理健康的基础和前提，是人们维持心理弹性、抗衡心理困扰的重要支撑。心理健康素养的养成，既要靠领导者自身的重视和努力，也要靠外界的引导和辅助。从开展的领导者心理健康素养调查的初步结果来看，曾经接受过或打算主动接受心理咨询服务的领导者在领导者人群中只占很小的比例，多数人倾向于自我承受和压抑自己的焦虑情绪。这种现状对于及时缓解和解决领导者的心理健康问题非常不利，在一定程度上影响了领导者人群整体心理健康水平的进一步提高。因此，以提高领导者心理健康基本素养为目标，有组织、有计划地开展心理健康教育应成为实施有效心理干预的重要基础性工作。在这方面，领导者教育培训为在领导者人群中开展心理健康教育提供了最佳平台。

1. 领导者教育培训机构发挥主导作用

为适应新时期领导者教育培训的需要，领导者教育培训机构开始关注领导者心理素质的培养。心理健康素养是领导者心理素质的重要平台，是领导者素质健全和全面发展的重要标志，也是领导者切实履行职责，取得工作成效的内在品质要求。以往讲“身体是革命的本钱”，现在心理健康也是领导者的“本钱”。国内外对心理资本的研究表明，积极的心理品质对于有效应对压力和逆境具有很好的基础性作用。各级领导者教育培训机构应充分重视领导者心理健康素养的提升和培养。

心理学和精神医学的专业人才主要是分布在高校、医院和社会心理咨询机构。目前一些领导者教育培训机构在探索开展心理健康教育时也主要依靠社会师资。在引入社会师资开展心理健康教育的同时，要特别注意加强对领导者心理特征和心理规律的研究，这是增强心理健康教育针对性和有效性的前提。心理健康教育不同于其他专业领域的知识教育，具有一定的特殊性和敏感性。针对领导者开展心理健康教育，首先应该了解领导者人群中存在哪些心理健康问题，还要注意把握领导者对心理干预的敏感程度和接受程度，采用领导者能够接纳的方式和方法。在这些方面，领导者教育培训机构具有自身的独特优势和有利条件，在领导者心理健康教育中应该发挥更为重要的主导作用。

在领导者教育培训中开展心理健康教育具有很多有利条件。首先，2006 年颁布实施的《干部教育培训工作条例（试行）》将干部的健康素质与思想政治素质、科学文化素质和业务素质一同列为干部教育培训的重要内容，彰显出党中央对领导者生理与心理健康的关注与重视。当前，领导者教育培训非常重视培养和提高领导者的心理素质。领导者教育培训成为领导者提高自身素质的重要渠道，因此也就成为增强领导者心理健康素养的有效途径。其次，领导者教育培训强调面向各级各类领导者的全员培训，因此在教育培训中开展心理健康教育，可以在最短的时间内大幅度、大规模地提高领导者的心理健康素养，增强其应对心理健康异常问题的意识和能力。最后，领导者教育培训过程远离工作情境，降低了人们对心理健康问题的敏感性，能够提高领导者对心理健康干预的接受程度，因此非常适合开展心理健康教育和其他干预活动。

2. 将心理健康教育纳入领导者教育培训内容

在领导者人群中开展心理健康教育的一条重要途径就是将心理健康教育纳入领导者教育培训内容体系。有计划地开展心理健康教育培训，应该成为领导者教育培训机构制订教学计划、设置教学班次、设计教学内容的重要目标。在创新领导者教育培训内容的实践中，中国浦东干部学院注意引入心理健康教育课程模块，进一步丰富了现代领导素质的培训内容。

第一，针对领导者人群的职业和心理特点，初步制订《领导者心理健康教育教学大纲》。教学大纲是在领导者人群中开展和实施心理健康教育的指导性文件。教学大纲区别于传统意义上和国民教育中的教学大纲，主要是以领导者人群的心理健康问题为中心，突出知识性、应用性和科学性。教学大纲涉及态度和理念、方法与技能、反馈与训练三个模块，共 9 个专题，基本涵盖心理健康教育的主要内容。每个专题的内容可以独立构成 3—6 课时的教学内容。如果教学时间充裕，总教学时数应达到 48 课时（8 天）。也可以依据培训内容的重要性和关联性程度，对培训内容进行组合，安排 1—3 天的教学内容。教学大纲特别强调，应针对不同的教育内容，采取不同的培训方式。培训方式应符合成人教育的特点和规律，还要考虑到领导者人群的特殊性。

第二，自主选学、必修课程和专题培训班相结合。心理健康教育的教学活动以多种方式蓬勃开展。在普通主体班次中，采用自主选学的方式开展心理健康教育。在领导素养选修课程中，学员在心理健康课程上的选学十分踊跃。一些学员在课后提议应该将心理课作为全体学员的必修课。与此同时，在一些重点、长时班次，如中青班和城市发展专题研究班，心理健康教育已成为系列的必修课程。我们将教学大纲中的相应模块和单元分散到各周，先后开设心理素质测评、压力管理与情绪调节、心理健康基本素养等课程，使学员较为系统地掌握心理健康的基本知识和技能。此外，还为有需求的领导者群体集中举办心理健康专题培训班，将各种教学内容和形式集中在 3—4 天时间内完成，在发挥短期优势、放大培训效果的同时，帮助领导者解决某些心理健康异常问题。

第三，形成心理健康教育的组织和专业保障。心理健康既是一个敏感的问题，又是一个专业领域。在利用社会师资的同时，也要注意专业人才队伍的培养，建立专门用于心理调试的实验室，采用情境模拟、生物反馈、情绪调节等方式，为领导者营造一个良好的心理健康教育环境。不具备专业力量的领导者教育培训机构，应聘请了解领导者心理特点的专业人员开展心理健康教育。需要强调的是，领导者的心理健康教育不同于普通人群的心理干预，一定要本着以人为本、循序渐进的原则，科学设计课程内容，避免引起对心理干预的阻抗和排斥。

3. 提高心理健康教育的针对性和有效性

心理健康是一个相对比较敏感的话题。要针对领导者的实际需求和人群特点，开展形式多样、实用有效的心理健康教育。中国浦东干部学院探索并试验了“心理测评—团队训练—课堂讲授—个体辅导”相结合的领导者心理健康教育模式，在领导者教育培训的实践中取得了比较好的效果。

第一，实施心理健康测评。心理健康不同于生理健康。个体对心理健康的自我体验存在一定的模糊性和不确定性，需要借助科学有效的心理测验作出诊断和检验。心理测评是自我认知和心理干预的基础。通过心理测评，使领导者较为全面和系统地了解自身的心理健康状况，对自身的人格特征和健康问题形成客观认识。心理测评结果也为后续的心理健康教育活动提供了依据。需要强调指出的是，心理测评要严格遵循自愿和保密的原则，不提倡为领导者建立心理档案。

第二，开展团体心理训练。小组或团体形式的心理训练是心理健康教育的重要手段。参加团体训练的学员在专业人员的引导下，采用拓展训练、舞动辅导、音乐调试等形式，针对压力与应激、人际沟通、情绪调节等共性问题展开小组互动。团体心理训练可以帮助领导者树立沟通意识，消除沟通障碍，调整和改变不利于心理健康的思想观念和行为习惯，培养积极向上的精神状态。团体训练一般安排在培训前期，对后续的课堂教学和个体辅导起到很好的预热和破冰作用。

第三，开设心理健康课程。领导者心理健康教育的主要目标是提升领导者的心理健康素养，使领导者了解并掌握保持心理健康的基本知识和技能，树立良好的心理健康意识和观念。在这方面，课程讲授可以发挥主渠道的作用。心理健康教育课程要具有一定的针对性，注重心理保健基础知识和基本技能的传授，强调积极心理和精神面貌的培养。由于课时有限，课程内容应尽量精练、实用、有效。

第四，实施个体心理咨询。个性化的心理咨询既是团体辅导的重要补充，也是教学课程的补充和延伸。通过个体心理咨询，可以挖掘心理压力形成的深层次原因，合理释放和宣泄心理压力与负面情绪，有效缓解或解决个性化的心理健康异常问题。开展个体心理咨询的前提是领导者具有主动寻求和接受心理咨询的意愿，因此前期的脱敏环节必不可少。心理健康课程和团体心理训练都可以发挥很好的去敏感性作用。

（二）在组织机构中建立心理援助机制

可以采取多种方式对心理健康异常实施有效干预。这方面的实践路径已比较清晰，主要是依靠临床治疗和心理援助。由于心理健康知识在我国尚未普及，人们对心理健康问题还没有形成科学认识，加之领导者人群的特殊性，主动接受临床干预还是比较敏感和隐讳的事情。在这种情况下，在各级政府的组织机构中实施心理援助项目就成为对领导者实施心理健康干预的可行且有效的途径。

心理援助项目，也称员工援助计划（Employee Assistance Programs，简称

EAP)，是一种基于组织或机构的心理援助方案，由专业机构和人员向组织或机构提供定向的外包服务。通过专业人员为组织和员工提供诊断、评估、培训、指导与咨询，涉及员工的工作、生活和健康三大方面，帮助员工及其家庭成员解决各种心理和行为问题，目的在于保障员工的身心健康，提高员工在组织中的工作绩效，改善组织气氛与管理效能。实施心理援助项目的组织或机构，其成员发生任何心理健康方面的不适或问题，都可以向专业机构寻求帮助和服务。这样就可以大大缓解各种心理健康异常对员工工作和生活状态的干扰和影响，从而提高员工的工作效率和健康水平。EAP 最早起源于美国，发端于企业。鉴于其对组织效能和员工健康的积极作用，EAP 已在许多西方国家的政府机构中得到广泛运用。

我国早期开展的 EAP 服务也主要是面向企业。经过多年的探索和实践，EAP 专业服务机构已经逐渐发展成熟起来，相关的专业和服务标准也在制定之中，基本具备了向政府机构提供员工援助服务的条件和能力。由于心理援助不同于在医院或临床机构接受心理治疗，同时专业人员又是来自工作单位之外，而且更多的是提供远程的心理咨询服务，因此可以降低人们对心理健康问题的敏感和阻抗，增强主动接受心理援助的意识和意愿，为遇到心理健康问题的领导者提供很好的专业服务和社会支持。心理援助项目应该成为现阶段对领导者实施心理健康干预的主要手段。从 2004 年开始，上海市徐汇区、山东省潍坊市等地尝试将 EAP 引入政府机构中，为领导者提供心理援助服务，取得了比较好的成效。实践表明，心理援助可以为提高领导者心理健康水平、加强和谐组织与和谐社会建设发挥积极作用，值得大力推广和实施。

（三）在常规工作中实施心理危机预警

近些年偶发的领导者心理危机事件时常引起社会舆论的关注。心理危机（psychological crisis）是指在重大或持久的精神压力下，出现突发性的心理障碍或精神崩溃（比如抑郁症导致的自杀）。虽然只是少数个案，但其负面影响不容低估。防止心理危机事件的发生对于提高危机管理和健康水平都具有重要意义。而预防心理危机的关键在于做好相关的预警工作。

领导者的心理危机事件多发生在以下几种情况：一是重大自然灾害之后，一些领导者在自身承受巨大心理创伤的同时，还要面临繁重的工作压力，心理上容易出现突变或危机。二是重大责任事故或群体性事件之后，面临问责的领导者突然背负了很大的精神负担，抗逆力比较差的领导者有可能因无法承受导致精神崩溃。三是重大社会生活事件，如家庭婚姻危机、亲人突然亡故等情况，对当事人的心理和精神状态容易造成很大损害。四是特定工作时期，如新任岗位后对工作角色和组织文化不适应，或者是转岗、离岗后产生抑郁情绪。五是长期患有慢性疾病或精神障碍，尤其是抑郁症，具有比较高的自杀死亡率。

根据心理危机的发生和发展规律，可以有针对性地加以预防和应对。首先，相关部门应高度重视领导者心理危机预警工作，真正意识到领导者的心理健康，关系到党和国家事业的发展，关系到组织和社会的稳定。其次，要采取具体措施实施心理危机预警。比如，在发生重大自然灾害或责任事故之后，应对负有领导责任的相关人员给予特别关注，实施心理干预，开展组织谈话，提供社会支持，缓解心理压力。此外，要注意监测和记录重大社会生活事件的发生，对于出现此类问题的领导者应给予必要的组织关怀，适当调整工作节奏，避免工作与生活的双重压力，同时借助心理援助机制，帮助其度过心理危机的关键期。还可以尝试将心理健康检查纳入领导者每年一度的常规体检中，遵循自愿和保密原则，对存在心理健康异常问题的个人给予及时的健康提示和心理辅导。对已出现心理健康异常症状或长期患有心理疾病的领导者，如果出现明显的焦虑、躁狂或抑郁症状，要及时调整工作状态，实施必要的心理干预，防止意外和突发事件的发生。还应坚持和完善休假制度，保证领导者有足够放松休息、缓解压力的时间。

在注意把握领导者心理健康异常的关键期的基础上，针对已经出现的较为明显的异常问题，应及时开展心理健康干预。在一般情况下，可以通过社会上的心理咨询机构（或建立公务员心理援助机制）来缓解轻微的心理障碍。对于较为严重的心理障碍或精神疾病，应提示或引导领导者主动寻求专业的心理治疗。对由于应激事件导致的群体性心理健康异常，各级组织人事和领导者教育培训机构，应在专业人员的指导和配合下，及时开展特殊人群的心理抚慰和心理干预。

【建议参考资料】

1. 梅西克，克雷默．领导心理学：新视野及其研究［M］．柳恒超，刘建洲，译．上海：复旦大学出版社，2010.

2. CHAN K Y，DRASGOW F. Toward a theory of individual differences and leadership understanding the motivation to lead［J］. Journal of Applied Psychology，2001，86（3）：481－498.

3. GALINSKY A D，GRUENFELD D H ，MAGEE J C. From power to action［J］. Journal of Personality and Social Psychology，2003，85（3）：453－466.

4. 赵世明．厅局级领导干部 MMPI－2 测查结果与分析［J］．中国心理卫生杂志，2008（6）：474－474.

5. 赵世明．领导干部心理健康的干预和保障机制［J］．理论探讨，2008（4）：154－156.

【问题与思考】

1. 领导动机对领导绩效有何影响？
2. 中国社会文化背景下领导者压力的产生机制是什么？
3. 造成领导者应激反应的压力来源有哪些？
4. 权力或领导角色的去抑制化与职务腐败有什么关系？
5. 如何对领导者心理健康问题进行有效的干预？

第四章　领导者的行为

【本章提要】

本章主要介绍领导行为的基本结构，领导者的领导风格与核心领导行为等。领导行为是领导心理的外在表现，反映了领导者内心的价值取向和人格倾向。领导行为的基本结构主要由任务导向、关系导向和发展导向所构成。领导风格是由不同领导行为要素组合而成的，本章重点描述了颇具代表性的领导方格模型，不同的领导风格适用于不同的领导情境。核心领导行为是在大多数情境下都要用到或都会有效的主要领导行为，支撑这些核心领导行为的是领导者的相关素质、能力、技能、专业知识和经验。

【学习重点】

1. 领导行为的两因素模型
2. 领导行为的三因素模型
3. 领导风格理论与方格模型
4. 核心领导行为

【重要术语】

任务导向　关系导向　领导方格模型　指引行为　指导行为　支持行为　参与行为　强化行为

传统的领导学研究一般把领导研究分为特质、行为、权变和新模型四个不同的研究取向或发展阶段。作为领导心理学的一个重要的研究领域，领导者的行为与领导的有效性有着直接的关联，领导的特征、心理及过程也是通过领导行为呈现的。关于领导行为的研究可以说是繁杂而丰富的，虽然有领导研究的行为模式一说，领导研究也颇受行为主义心理学的影响，但是领导行为的理论体系十分庞杂，也不系统，大多数研究主要是围绕领导实践中的行为特征展开的，因此具有一定现象学的特点。从领导行为模式的基本构成开始，到领导行为的主要风格，最后再到领导者在领导过程中的核心行为，这些基本构成了领导行为研究的总体脉络。

第一节 领导行为的基本结构

关于领导行为的研究是从关注领导外在的行为表现开始的。不同的领导，其关注的焦点也有所不同。一些领导关注任务的完成和组织目标的实现，一些领导则关注与下属或上级建立高质量的合作关系，还有一些领导对任务和关系都非常重视，当然也有的领导采取比较放任的方式，放手让下属自己管理自己。

早期关于领导行为模式的研究主要关注领导特质以外的其他领域。第二次世界大战结束以后，受到心理学中行为主义学派的影响，一些研究者从关注领导者如何区别于被领导者转向观察领导者都在做什么，如何做，有哪些共性的特点和规律。尤其是詹金斯（Jenkins，1947）和斯托格迪尔（Stogdill，1948）两个历史性的回顾研究之后，人们愈发认识到领导行为研究的重要性。这期间有一些研究群体及其研究成果最富代表性。其中的几项研究为人们对领导行为模式的认识奠定了基础。

一、开拓行为与关怀行为

俄亥俄州立大学的研究是从领导行为描述的问卷调查开始的。既然要关注领导行为，就要对领导者的行为表现进行观察和分析。为此，以亨普希尔（Hemphill，1950）为代表的俄亥俄州立大学研究小组编制了著名的领导行为描述问卷（LBDQ）。最初，研究小组搜集了近 1 800 个描述领导行为的项目，来描述领导行为的不同方面，说明涉及领导外在表现的领域十分宽广。大多数的项目被归纳为几个分量表，经过针对不同行业和领域领导者的测评，最终确定了 150 个项目的领导行为描述问卷（Hemphill & Coons，1957）。后来，斯托格迪尔（Stogdill，1963）又编制了 100 个项目组成的领导行为描述问卷缩减版，即后来普遍使用的 LBDQ－Ⅻ。通过领导行为描述的分析研究，人们发现众多的描述领导行为的反应主要集中在两种最基本的行为模式上：

1. 结构行为（initiating structure behavior）：英文的原意为组织开拓或开拓结构行为，具有这类行为的领导者更倾向于关注组织任务和目标本身的实现，比如明确下属的工作任务、职责与目标，让下属知道什么应该做，什么不应该做。清楚地定位领导者与下属的角色关系，坚持任务和工作的评价或质量标准，不轻易妥协或拖延。

2. 关怀行为（consideration behavior）：领导者更倾向于与下属建立和谐的工作关系，比如平等地对待下属，维护下属的自尊，重视下属的福利和利益，愿意听取下属的建议并在重大决策之前征求下属的意见，强调友好关系、相互尊重和相互信任。

以上这两种行为模式基本上是相互独立的，不是一个连续体的两端，而是两个既相对独立又密切相关的连续体。正因为这两种基本的行为模式是相互独立的，所以领导研究者们基本公认这是两个最核心的领导行为模式，构成了领导行为的基本结构。但是后来的许多实证研究表明，结构行为与开拓行为之间也存在着比较高的正相关。《巴斯领导手册》中介绍了两种基本行为模式的相关研究。13 个运用 LBDQ 进行的领导行为研究中的 11 个研究报告了关怀行为与结构行为存在正相关。同样，用 LBDQ－Ⅻ 进行的 10 个研究中，关怀行为与结构行为之间相关的中位数达到了 0.52。而且当工作压力变得越强时，两者之间的关联度就越大。这是可以理解的，在富有挑战性和压力感的工作状态下，下属对这两种类型的领导行为都很需要。这些研究说明，这两个基本行为还是存在一定关系的。但是这并不妨碍这两类行为代表了完全不同的行为模式。就像人的身高与体重同样存在正相关一样，这两个变量也是相互独立的。实际上许多专家都强烈支持领导者要将结构行为与关怀行为二者有机地整合起来。领导者必须很善于决断、盯紧目标，但同时也要关怀员工，彼此相互尊重。

于是，将结构维度和关怀维度进行组合成为人们感兴趣的研究方向。1945 年由美国俄亥俄州立大学的斯多基尔、沙特尔在调查研究基础上提出了领导行为的四分图。这是早期的领导风格（方格）理论。他们将结构和关怀两个维度组合成为四种情况，用两维空间的四分图来表示（见图 4－1）。

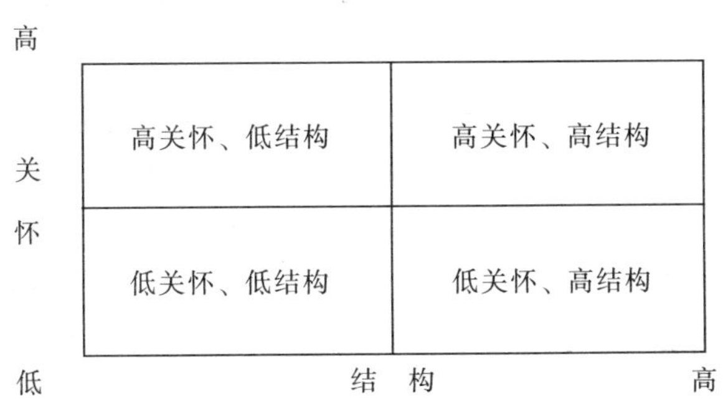

图 4－1　领导行为的四分图

低关怀、高结构的领导者，最关心的是工作任务和绩效目标；高关怀、低结构的领导者更关心领导者与下属之间的关系，重视互相信任和互相尊重；低结构、低关怀的领导者，一般对任务和下属都漠不关心，很难得到上级和下属的认可；高结构、高关怀的领导者对工作和人都高度关心，是人们期待的领导方式。

在关于领导行为模式的研究中，有一个方法论问题值得我们注意，即一部分研究是基于下属报告的理想或期望的领导行为，显然这是一些内隐领导观念，当今许多关于领导行为和胜任特征的研究都采用了这一研究方式。被试们报告的是关于领导者和领导行为的内隐看法和定势，而不是由 LBDQ 要求描述的特定领导者的行为。也就是说，问题的回答者描述的是他们理想化的领导者原型，而不是应该被描述的真实领导者。而另一部分报告采用了现场研究的行为观察方法，通过对实际工作中领导行为进行观察、记录、编码和统计，得出真实的领导行为特征。不过可喜的是，运用问卷调查得到的假想领导者的行为描述，其因素结构与真实观察领导者行为特征获得的因素结构高度相似①。也就是说，用 LBDQ - Ⅻ 描述假想领导者得到的因素结构，与在现场研究中对真实领导者描述得到的因素结构是高度一致的。

二、任务导向与关系导向

同样是关注和研究领导者的主要行为构成，同时期的许多其他研究也提出了相近似的结论和观点。比如密歇根大学的卡特赖特与赞德等人（Cartwright & Zander，1960）通过专门研究领导者在小群体中的行为表现，提出存在两种主要的领导行为——生产导向（production orientation）和员工导向（employee orientation）。生产导向的领导者更强调工作的技术或任务，而员工导向的领导者重视人际关系或组织氛围。密歇根大学研究小组当初得到的结论是，员工导向的领导者与高生产率和高满意度成正相关，而生产导向的领导者则与低生产率和低满意度存在关联。这显然与特定的时代背景、特定的领导情境有关。员工导向并不必然导致高效能和高满意度。随后，生产导向和员工导向分别为任务导向和关系导向所取代，成为在更大范围内或非生产型组织都可以通用的领导行为模式。

任务导向是关注结果的，成就需要的，结果导向的，促进工作及强调目标的。这类领导者对其角色、目标和行为的关注反映了他们对完成任务和做好工作特别感兴趣。纯粹任务导向型的领导者可能从心理上与其追随者保持距离，他们可能较为冷酷和无情，当伴随着对下属的不信任时，它可能表现为专制式的监督。成功的任务导向型领导者一般通过设定目标、分派任务和加强组织来提高团队的效率，实现组织目标。他们为下属制定组织体系，明确任务角色，解释要做的事情，建立明确的组织模式和沟通渠道，确定完成任务的方法。

关系导向是关心人的，维系关系的，以人为本的，促进互动的，重视员工和情感需求的。这类领导者更倾向于建立社会关系和情感联系，使其下属有信任感。较强的关系导向型的领导者特别重视下属的福利待遇，与下属保持很近的心理距离，显得和蔼可亲，充满友情。成功的关系导向型领导者一般通过维系个人关系，畅通交流渠道，授权给下属，为其提供能发挥潜能的机会，激励下属以其

---

① BASS B M. Bass & Stogdill's handbook of leadership: theory, research and managerial applications [M]. 3rd ed. New York: Free Press, 1990: 483.

能够或者乐于接受的方式完成组织或领导者交予的工作任务。

除了较为典型或极端的任务导向或关系导向行为之外，现实中还有很多更复杂的、混合的情况，即那些所谓的“多面手”——既表现出任务导向，又表现出关系导向。比如一些专制型的领导者可能习惯发号施令，催促和监督下属完成工作，但同时也可能会关注他们周边的关系和追随者的需要，表现出亲民和友善的一面，成为较为仁慈的独裁者；同样，民主式的领导者可能更喜欢与员工打交道，对保持良好的人际关系更为关注，但是他们也可能对任务和绩效同样关心，并且在建立关系的过程中重视推动任务的完成。

三、业绩导向与维系导向

在亚洲，对领导心理学作出杰出贡献的当属日本大阪大学教授、著名心理学家三隅二不二。三隅编制了描述领导行为的 PM 量表，他将领导行为分为 P 职能（performance，业绩导向）和 M 职能（maintenance，维系导向）。P 职能是完成团体目标的职能。为了完成团体目标，不仅要求领导者有周密可行的计划和组织能力，而且要求其对下级严格规定完成任务的期限，制定规章制度和各级职责范围，对执行情况进行检查等。M 是强化和维系团体的职能。由于 P 职能给员工造成压力，会使下属产生紧张感，甚至引起上下级的对抗。M 职能的作用就在于通过对下属的关怀和体贴，对下属进行鼓励和支持，消除人际关系中的不必要的紧张感，缓和工作中产生的对立和抗争，增强成员之间的友好和相互依存性，以维护组织的正常运行与发展，保证组织目标的实现。

三隅的贡献不仅在于他对基本领导行为的认可和补充，更在于他对基本领导行为有效性的深入研究。三隅在 1963 年到 1978 年期间，采用 PM 量表对工矿、冶金、造船、铁路、运输、化工、电力、银行、医院、学校、政府机构等十余种行业开展了大规模的领导行为调查，获得两种基本领导行为有效性的第一手资料。参与问卷调查的员工多达 15 万人。这些员工在不同的业绩导向（P）和维系导向（M）的领导者下工作。这些领导者被分为 P 类（仅 P 在中位数以上）、M 类（仅 M 在中位数以上）、非 P 非 M 类（pm，P 和 M 都在中位数以下）和 PM 类（PM，P 和 M 都在中位数以上）。PM 领导者的下属与 M 类和 P 类领导者的下属相比，其对领导者更持赞成态度；总体上看，P 类型领导者的绩效要高于 M 类型领导者；而最不令下属满意的领导者类型是 pm 类。维系导向的绩效总体不如业绩导向的绩效，这与西方其他实验室研究的结果有些不同，可能是因为这一研究结果存在日本社会文化因素的影响。表 4－1 中的数据很好地反映出基于日本文化背景的研究结果。

表4-1 日本工程项目经理的领导行为类型与其绩效的关系①

领导行为类型	样本数	百分比（%）	
		成功	失败
PM：P和M都在中位数以上	271	52	5
P：仅P在中位数以上	192	26	17
M：仅M在中位数以上	200	16	30
pm：P和M都在中位数以下	220	6	47

四、领导行为导向的三因素说

另一个与领导行为结构相关的重要问题是，是不是仅有这两种基本的行为类型？来自中国的著名心理学家凌文辁回答了这一问题。尽管凌文辁的三因素说还没有完全取代两因素模型，但还是在领导心理学领域受到了广泛的关注，并被许多研究文献大量引用。

凌文辁（1983）在三隅二不二PM理论的基础上，提出领导者除了具备P职能和M职能之外，还存在一个C（characters and moral）职能，即个人品德。这三种领导职能代表了领导行为的基本分类，分别起着不同的作用。P是针对工作和绩效的，表现为周密计划任务，精通专业知识，制定规章制度，协调各方面的工作等；M是针对员工的，表现为对下属体贴和关心，展现信任和尊重，激励并支持下属，以此来消解上下级关系中不必要的紧张感和对立情绪，维护组织的内部凝聚力；C是针对领导者自己，领导者要具有高尚的品德，表现为诚实正直、公平公正、廉洁无私、以身作则等，能使下属对领导者的高尚品德产生认同并内化为自己的行为，从而起到榜样或表率作用，促进领导效能的提高和领导者的自我发展。因此，我们可以将C称为发展导向。

凌文辁等人（1991）专门探讨了品德因素在中国领导行为的内容结构中所发挥的重要作用，从而为我国“以德为先”的干部选拔和任用机制提供科学的理论支持。他认为，一个领导者对组织和社会表现出高尚的道德操守和修养，成为组织和社会的表率。这种表率作用本身就能发挥统率和支配作用。领导者表现出模范的品德行为，一方面可使被领导者在工作中的不满得到缓解甚至解除，从而获得心理上的平衡和公平感；另一方面，领导者的模范表率行为，可以通过角色的认同和内化作用，激发被领导者的内在工作动机，使其努力地追随领导者去实现组织目标。榜样的力量是无穷的，领导者的模范表率行为对于被领导者来说，

① BASS B M. Bass & Stogdill's handbook of leadership：theory，research and managerial applications［M］. 3rd ed. New York：Free Press，1990：483.

是一种无声的命令，其影响力往往胜于命令、指挥、控制和监督。可以认为，品德因素对绩效达成和团体维系会产生一种增幅放大作用。

凌文辁、陈龙等人（1987）还编制了用于领导行为评估的、在中国的领导心理学研究中得到广泛应用的 CPM 量表。领导行为的 CPM 模式是在吸收和发展国外领导理论及方法的基础上，结合中国国情和特殊的文化背景建立起来的。因此 CPM 模式具有一定的中国特色，是领导心理研究中国化的一次成功的尝试。实际上，基于领导者个人品德的发展导向对领导有效性的影响历来得到领导心理学研究的重视，在领导实践中，领导者的个人品德也是影响被领导者、实现组织目标的重要因素。后来出现的各种新型的领导理论特别强调领导者的道德、品格和精神力量，也证实了 C 因素在领导行为框架中的重要地位。因此，与其说 CPM 模式是一个具有中国特色的领导理论，不如说该模式是对人类社会领导行为理论的发展和贡献，是一种具有普世意义的领导理论。

一些新型的领导理论强调领导者的超前意识和愿景行为，比如变革型领导、愿景式领导、以价值观为本的领导、精神性领导（灵性领导）等，认为领导者通过愿景、目标、价值观、精神理论来有效激励追随者。领导行为的显著特征是指向未来的。如果这一因素在更多的领导者行为中得到印证的话，就可以将这一因素命名为领导行为的未来导向。未来导向可能是高度任务导向与高度关系导向的结合，但是在一些政治和宗教领袖身上，这种面向未来的行为导向似乎与任务导向、关系导向的关联并不明显。因此，随着领导心理学的不断发展，今后有可能提出领导行为的四因素说——任务导向、关系导向、发展导向和未来导向。

五、基本领导行为的相关研究

对于两种基本领导行为的后续研究，主要集中在这两种基本行为的影响因素与领导效能上。

一般认为，领导行为类型与某些领导者特质有关。比如，与任务导向之间有显著相关的个性因素包括进取心和竞争性强，意志控制力强，为人较内敛、冷漠，不好交际，较为严肃，非常现实。任务导向型领导更容易表现出约束、进取、男性化、客观、好思索、能忍耐、有成就需求等。而与关系导向存在关联的个性因素包括人际敏感性比较强，乐于助人，富有情感，为人热情开朗，较为外向，自我满足度较高，愿意与别人亲近，接受他人的情感，包容别人以及被他人包容。男性的任务导向往往比女性高，个人成熟度、受教育程度、社会地位越高和专业程度越好的人，其任务导向也越高。不过现实生活中我们也会观察到，组织内部一部分中低层管理者的任务导向要高于高层管理者，这可能与工作压力尤其是考核指标有关。因此，领导行为类型的相关变量也存在情境性和权变性。

在国外，任务导向与关系导向的绩效比较研究在 20 世纪 30—70 年代非常盛行。文献中出现了大量关于领导行为绩效的研究，其中包括现场研究和实验室研究。这方面的研究大致分为三类。

一是领导行为导向与领导者评价的关系。比如在使用访谈和问卷来对领导者的工作效能进行评价研究时发现，在工作能力或专业能力不存在差别时，领导者的沟通能力和对员工的关注往往会得到被调查者的积极评价。或者说在一部分组织中关系导向的领导者会得到下属或员工更好的评价。现实中我们也会发现，那些能被提拔到更高职位的领导者或管理者，其同事或下属一般认为他们更善于处理人际关系，更容易接近，愿意支持下属，会让下属知道自己的角色和定位，同时能够采取各种方式在不同场合下积极激励自己的同事，而不是只顾监管和控制。人们在面对面的相互交往中有积极的情绪反应，诸如友爱、热情、通情、情感交流等，这些对领导者的认知和评价是很重要的。大多数人反感过分强调目标、方法、效率、效力以及没有人情味的苛刻标准。但是也有不同研究认为，在某些行业和组织中，任务导向的领导者会得到更高的评价。大量关于成就动机的研究也提供了相关证据，任务导向与领导者的成功密不可分。这种对领导者评价的权变结论恐怕还是与具体的情境有关，任务导向与关系导向在特定的场合和组织中都是有效的。

二是领导行为导向与员工满意度的关系。大多数来自现场研究和实验室研究的数据都显示，下属对他们领导的满意情况与领导者对关系导向的态度和行为有关联。一般认为，领导者和被领导者之间心理更亲近时，下属的工作满意度就更高。众多研究者通过对从事管理和监管工作人员、铁路工人、专业技术人员和科学工作者、飞机制造厂工人、护士、学生等人群的现场研究，都揭示出领导者的关系导向对下属的满意度有积极影响，同时还发现员工对高任务导向的领导者感到满意的同时，这些领导者的员工导向往往也很高。大多数实验室研究都证明下属的满意度与领导者的关系导向行为呈正相关关系。比如，以团队为中心而非以任务为中心的讨论会带来热情、友好的团队氛围；以团队为中心的讨论会给团队成员带来归属感、对别人的尊重、倾听和理解他人以及减少自我防御感；对于违反纪律的问题，员工导向的解决方案比按规定办事更能使当事人感到满意。与大多数对关系导向的支持相反，也有少数研究认为，领导者的指导甚至监管越具体，员工对领导者就越满意，因为他们不必担心自己该做什么、怎么做和何时做。不过总体看来，在关注任务目标的同时，如果更体贴员工的需求和感情，下属对领导者就会感到更满意，这是每个领导者都不能忽视的。

三是领导行为导向与任务绩效的关系。这方面的研究结果出现了更多的不一致。事实上，有大量研究证实了任务导向在生产型组织或操作性工作中与组织和员工的绩效存在正相关，因为从逻辑上也可以判断，任务导向与任务绩效更为接近，对任务绩效更能发挥直接的促进作用。但是人际关系型领导者对员工满意度的积极影响也会提高任务绩效，因此关系导向也会对任务绩效带来积极贡献。领导者行为导向与工作绩效的关系依旧是权变的、情境的，某些情境可能要求更多的关系导向型领导，而别的情境要求更多的任务导向型领导，可能在绝大多数情况下，最好是领导的两种导向都很强。似乎存在这样一种趋势，最成功的领导者任务导向和关系导向都很强，小有成就的领导者关系导向较低而任务导向较高，最不成功的领导者任务导向和关系导向都很低。

第二节　领导风格理论

领导基本行为模式的研究表明，任务导向与关系导向是两个相互独立的领导行为连续体。高度任务导向的领导者可以有很低的关系导向，也可以有很高的关系导向。同样，高度关系导向的领导者可以有很低的任务导向，也可以有很高的任务导向。这两种基本行为模式的特定组合就形成了特定领导者的领导风格。领导风格理论细致分析了任务导向与关系导向的组合结构及其基本特征，解释领导者在实现目标的过程中怎样把这两种行为结合起来影响下属，这对于了解领导者具体的、个性化的领导方式非常有价值。

前面提到许多研究都与领导风格理论有关。然而对领导风格作出详细类型划分的还属领导方格模型。

一、基本原理

1964 年，美国得克萨斯大学的布莱克和穆顿在《管理方格》一书中，首先使用方格图来表示领导行为的基本模式，称为管理方格理论。经过 1978 年和 1991 年的两次修订和再版，新管理方格升级成为领导方格理论。

方格理论将领导行为分为关心生产和关心人两大基本维度。关心生产（concern for production）是指领导者更为关心组织任务的完成，其基本行为包括设定任务目标、关心产品开发、关注生产过程和工作绩效。关心人（concern for people）是指领导者更为关心组织中的成员，其基本行为包括关注员工的需求和感受、在组织中建立信任、提供良好的工作条件、促进良好的人际关系等。这两个维度或因素不是互相排斥的，单有其中一种维度或因素并不能实现有效的领导。这两种维度或因素的结合可以有多种情况。领导者需要在特定的组织情境中在关心生产和关心人之间加以调节，找出最恰当的方式。

为此，领导方格把关心生产和关心人放在两个相互交叉的坐标轴上。横坐标代表领导者对生产的关心，纵坐标代表领导者对人的关心。两个坐标上分别画有 9 个等级，其中“1”代表最小关心，“9”代表最大关心。通过标注坐标系中的特定位置，可以找出与之相对应的纵坐标值和横坐标值，依此来确定特定的领导风格。领导方格图中共有 81 个小方格，代表关心生产和关心人以不同比例相结合的81种领导方式。其中有六种为最主要的领导风格：权威—顺从型（1，9）、乡村俱乐部型（9，1）、贫乏型（1，1）、中庸之道型（5，5）和团队型（9，9），以及由（9，1）型和（1，9）型融合而成的仁慈的独裁者型。

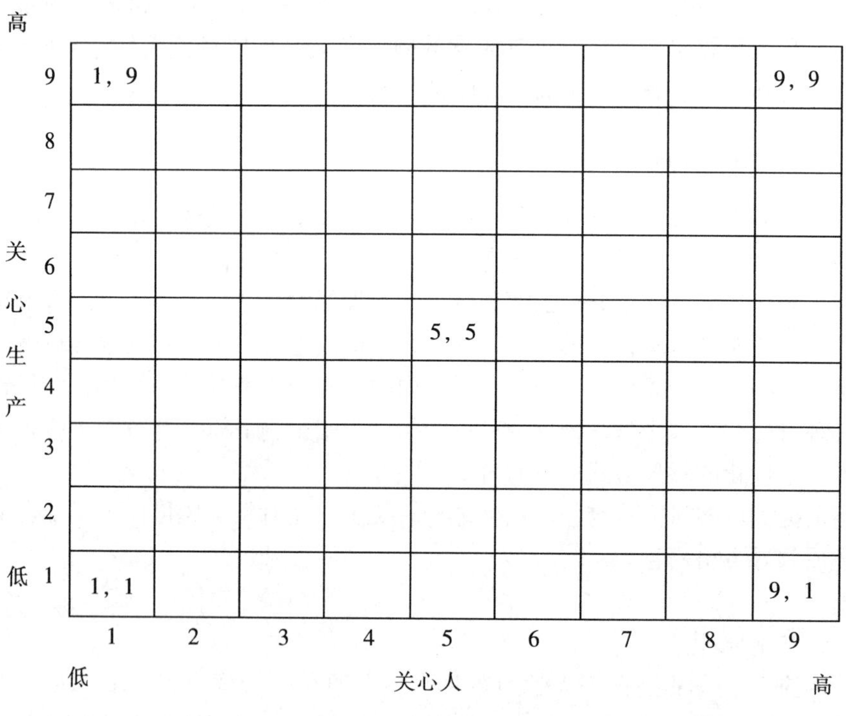

图4－2 领导方格模型图

二、风格类型

（一）权威—顺从型（1，9）

领导与下级是一种权威与顺从的关系。这种领导行为的基本假设是，领导者的指导和控制应该在组织的等级系统中自上而下地贯彻下去。领导者一般采用各种方式对下属进行控制和压服。

1. 领导者行为：（1，9）的座右铭是"当我具有足够的力量时，我能排除阻力和对抗而把我的意志强加于人"。领导行为的重点放在对工作和任务的要求上，不太关注人的需要和感情。领导者注重行使权力，树立权威，采用计划（明确规定任务目标和时间计划）、组织（指定和指示下属谁来做，做什么，怎么做，何时做）、指挥（保证下属按照自己的意志和指示行事）和控制（督促下属按照计划进度完成工作，发现偏差及时批评和纠正）等方式管理下属的活动，以便实现组织的工作目标，是一种纯粹任务导向的领导行为。

2. 下属行为：一些人感到很自然，觉得领导就应该这样，一些人虽然不满但屈从于压力并被动地服从，还有一些人则以各种方式表示抵制和反抗。在这种领导行为方式下，可能存在领导者与下属人际关系紧张的情况。

（二）乡村俱乐部型（9，1）

领导与下级是一种支持和理解的关系。领导者相信，下级的态度和对领导者的感情是最为重要的。这种领导行为强调的是满足人的需要，认为只要下属心情舒畅，工作任务就能完成好，而对指挥、监督、控制等重视不够，领导者采取各种方式对下属和同事表示关心和善意。

1. 领导者行为：（9，1）的座右铭是“如果我对人友好，他们便不会伤害我”。领导者向下属提出任务并委婉地表示信任，相信下属能够完成工作任务；乐于听取下属的意见并尽量提供帮助，经常与下属发生工作上和工作外的接触，注重情感交流；激励而非监督和控制下属的工作；把工作群体视为“一个快乐的大家庭”。采取这些行为的原因有两个方面，一是领导者相信下属的需要、情感和态度最为重要，二是这类领导者一般害怕失去下属的拥护和爱戴，尽力回避受到人们的抵制。这是一种纯粹关系导向的领导行为。

2. 下属的反应：一些下属获得领导者的信任和情感，觉得应该全力以赴地工作，做到“士为知己者死”；一些下属认为这种领导行为是支持性的和有帮助的，自己感到很安全，他们同领导者之间的关系很好，工作做到力所能及就好；还有一些下属认为这种领导行为平庸无奇，领导者不像领导者的样子，对领导者表现出轻蔑和忽视的态度，工作中经常拖延，甚至不愿意完成工作任务。

（三）中庸之道型（5，5）

领导与下级是一种温和的权威加支持的关系。秉承这种行为方式的领导者认为领导者在计划、组织、指挥和控制方面负有责任，但同时认为主要还是应该通过引导、鼓励而不是通过命令来完成任务，因此采取的是中庸的领导方式。

1. 领导者行为：（5，5）的座右铭是“如果我的想法、看法和行动像大家一样，而又稍稍过之，那我就是一个地位牢靠的管理人员”。一般是根据下属的意见来制订工作计划；在征得下属的同意后再分配任务；关注并检查工作完成的进度，体谅下属的困难，尽量减轻工作压力，或为下属重新安排工作环境；倾向于强调下属的优点并避免出现批评，鼓励下属在需要的时候来寻求领导者的指导和帮助。这是一种中间型的任务与关系导向行为。

2. 下属的反应：总体上比较满意，大部分成员感到安逸和愉快，很少对领导者产生敌意或要求离职，有些“小富即安”的感觉；但也有少数下属感到领导者缺乏权威，平庸和迟钝，没有挑战和激情，对工作失去兴趣和动力。

（四）贫乏型（1，1）

领导与下级是一种放任和消极的关系。这类领导者可能由于晋升无望失去动力，也可能由于个性因素对任务和人都很少关心，他们往往只为保住自己现有的职务，认为为同事或组织作贡献是多余的、无效的，认为对待工作的最好方式就是放任自流，因此采取了贫乏的、放任的领导行为。

1. 领导者行为：(1，1) 的座右铭是“不看坏事，不说坏事，不听坏事，这样你就保准不被人注意”。这类领导者往往采取消极的、不关心的和不参与的态度，比如领导者一般仅仅对任务作出宽泛的说明，尽可能不对目标或进度作硬性规定；表面上是相信下属的态度和能力，实质上是让下属自己承担责任和工作任务；人虽在场但从不采取什么实质性的行动；把那些非干不可的工作指定给他的下属去做，但不是以一种恰当的授权方式，而是放弃自己职责，听任下属发挥。这是一种既无任务导向又无关系导向的领导方式。

2. 下属的反应：许多下属受领导者这种消极态度的影响而采取同样的消极态度对待工作和同事，只要经济收入能够满足基本需求就这样混下去，因此工作效率低下，人际关系冷淡，组织体系濒于溃散；一些下属可能难以忍受这种无聊现状而离职。这种领导行为对下属和组织的发展都会带来极为不利的影响。

(五) 团队型 (9，9)

领导与下级是一种高度指导与支持的关系。这类领导者坚信“对任务的关心”和“对员工的关心”这两者之间并没有必然的冲突。他既重视工作目标的达成，又力求通过满足下属的需要和情感，争取下属的支持和参与来获得高质量的工作成果。因此这是一种理想型的领导方式。众多实证研究也表明，这类领导行为的有效性是最好的。

1. 领导者行为：(9，9) 的座右铭是“有了慎重、献身精神和多面性，我们就能真正解决棘手的问题。这就是管理的意义”①。这种领导者能够使组织的目标和员工的个人需求最理想、最有效地结合起来。领导者与下属一起确定工作目标和任务进度，明确每个人的工作职责、流程与规则；要求下属及时汇报工作中的问题，帮助下属扫除前进道路上的各种障碍，为下属提供工作和情感支持；让员工了解并内化组织的目标，学会自我指挥和自我控制；领导者与下属形成一个强有力的工作团队，大家为了共同的目标而努力。这是一种战斗集体型的领导行为，对领导者的素养和能力要求也最高。

2. 下属的反应：大部分下属都能够对这类领导行为作出积极的反应，组织成员在满足了自身需求的基础上，被领导者引导和激励出更高的工作愿望和动机，于是工作效率就有了保证。一部分习惯传统和平淡的下属会觉得不适应，这类高任务和高激励对他们而言是超负荷的刺激。与并不是所有的领导者都是这类理想的领导者一样，并不是所有的下属都是理想的下属。

(六) 仁慈的独裁者型

仁慈的独裁者型，又称家长型领导风格，在许多成功的企业和组织中常可见

---

① 华飞. 新管理方格 [J]. 读书，1985 (9)：139－150.

到这种类型的领导者。这类领导行为采用的是（1，9）和（9，1）的混合风格。与后两种典型风格不同的是，领导者所表现出的关系导向是为了任务导向的实现，仁慈背后是权威，或者权威中掺杂着仁慈。苹果公司创始人乔布斯被英国《卫报》评价为仁慈的独裁者，因为乔布斯生前表现出对控制的极端狂热，他带领苹果公司从1976年创立到30年后发展成为世界市值第二位的全球性企业。从公司的发展和领导的绩效来看，这种领导风格无疑是有效的，但也是很难复制的，对领导者本人的人格特质与价值观有很强的依赖性。仁慈的独裁者型与团队型有本质的区别，前者的出发点是组织目标和任务绩效，后者则兼顾组织发展与员工发展。

第三节　核心领导行为

核心领导行为是基于领导的基本行为导向之上的具体且主要的领导活动。核心领导行为体现了领导过程，是领导者在带领被领导者实现组织目标过程中所表现出的最普遍的行为或行动，其中包括指引、指导、支持、参与和强化等。任何有效的领导实践都离不开这几种核心的领导行为。而且这些核心领导行为是同一中观层面的领导活动，对于领导实践和领导过程最具有代表性。核心领导行为同底层的基本行为导向、上层的领导能力与技能三者共同构成了领导行为的整体框架（如图4－3所示）。

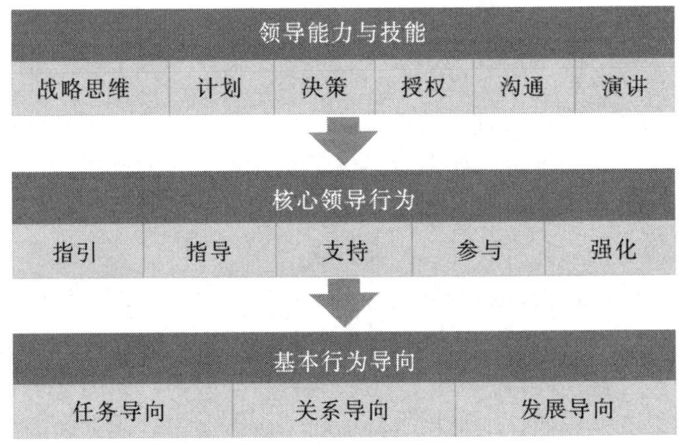

图4－3　领导者行为框架

在核心领导行为中，指引是用来传达对组织和被领导者有重大意义的目标和愿景，唤起追随者与实现组织目标相关联的内在需求和动机；指导是用明确具体的工作任务与绩效标准，制定相应的工作规则与程序，推动组织和被领导者完成工作任务、实现组织目标；支持是指理解和重视被领导者的需求与利益，建立相互尊重、和谐融洽的组织关系；参与是指领导者让被领导者参加决策与管理的过程，让被领导者发挥更多的替代领导作用；强化是指对被领导者与组织目标一致或不一致的行为作出反馈，奖励对组织有贡献的行为，提醒或惩罚被领导者需要改进的工作。

一、指引行为

（一）什么是指引

领导一词的直接含义就是引领。指引（guide）就是领导者指明符合组织与被领导者共同需求的长远目标，激励和带领整个组织和被领导者向着这一共同目标迈进。超凡魅力型领导、变革型领导、愿景式领导、以价值观为本的领导等许多新的领导模型都强调领导者的指引行为。指引是领导过程的起点，也是领导行为的最高境界，许多政治领袖都表现出超人的指引行为。我们很难想象一个没有理想、愿景和目标的领导者如何能将组织或群体带往更高的发展阶段。

（二）指引行为的构成

指引行为主要由三个维度组成。

一是明确目标。为组织确定长远的发展目标或愿景，主要是通过对组织发展方向和经济社会环境的准确判断，基于组织与组织内群体的共同需要，提出适合当前组织发展情境和未来组织发展需要的行动目标。指引行为的目的就是给被领导者和整个组织指明方向，明确目标是指引行为的起点。

需要特别强调的是，目标的确定需要符合被领导者的内在需要和价值观。组织目标不是由领导者个人的需求、理想和好恶决定的。指引行为能否为被领导者所接受，关键在于所确定的目标是否符合组织与组织内群体的共同需要，是否符合人类社会发展的共同价值。如果目标仅是领导者个人的理想而没有兼顾被领导者的真实需求和人本价值，那么即使在特定的危机情境中得到被领导者暂时的认同和追随，其指引行为的有效性也不会长久。

二是激励下属。让被领导者形成对组织目标和愿景的内在认同，激发其行为投入，主要是通过富于激情的演讲和其他各种激励方式，让被领导者理解、接受并将之内化为自己行动的目标，形成为领导者所指引的目标而努力奋进的强大动力。其中，用言语来表达目标是指引行为的主要方式，一些高效的领导者总是能够用充满激情和富于鼓动性的表述将被领导者带进实现目标的憧憬之中，即使口才不是非常优秀，也可以采用事先准备好的发言去打动被领导者，阐明下属的目标和角色。这一过程能够增加追随者对领导者的忠诚和尊敬，形成对目标的理解和认同。

美国著名的黑人民权运动领袖马丁·路德·金的《我有一个梦想》的演讲，就是这种以言语来激励追随者目标认同的真实写照。南非前总统纳尔逊·曼德拉是 1993 年诺贝尔和平奖获得者，他提出了在当时看来是遥不可及的建立非种族隔离社会的远大目标，他把他的目标与信念说给每一个愿意倾听的人，最终推动了这一目标的实现。激励被领导者认同目标是指引行为的核心过程。

三是行为示范。是指领导者通过高尚道德和行为塑造来引领追随者朝着自己所确定的目标迈进。领导者提出目标并合理表述，还不足以让被领导者信服和追随。被领导者要看到领导者与他所指引目标的关联。这种关联主要是通过领导者的率先垂范来实现的。首先，领导者的道德品质需要与所指引的目标相一致，实际上目标当中就包含了符合被领导者需求的道德精神成分，领导者自身的道德示范能够对被领导者的目标认同形成强大的助推力量；其次，领导者的自身行为需要与所指引的目标相一致，领导者需要把自己的行为塑造成下属可以效仿的榜样，通常领导者给自己设定非常高的业绩标准，形成对下属的高度期望和暗示，引导下属按照这一行为示范去效仿和努力。有时候，领导者也需要适当使用印象管理的技巧，展现对自己的自信和对下属的信任，更多地集中于进步和成功，更少地关注不足和失败。这些行为可以使被领导者产生对领导者的信赖、忠诚、服从和奉献，富于激情地投入领导者所指引的目标和使命中。如果说激励用言语来实现指引，那么榜样就是一种无声的指引。示范是指引行为的重要保证。

（三）领导者的相关素质与能力

支撑指引行为的是领导者的专业经验、战略思维、言语表达、自信人格和道德品质等因素。

领导者需要积累广泛的专业知识和经验，能够洞察情境变化和组织发展中存在的问题。目标的指引不是空洞的和虚无的，必须是脚踏实地的，领导者的专业经验是指引行为的重要基础。这方面的专业经验不一定是非常具体的基于任务的知识和能力。行业性的经验或者新信息的积累更为重要。

战略思维是设定目标和愿景的过程，反思、重构、创新和系统思维是战略思维的主要组成部分。反思是对过去经验的分析和综合，重构与创新是在反思基础上提出不同于过去经验的新思路和新方向，系统思维是对拟定的目标进行缜密而系统的研判，分析影响目标实现的内部和外部因素，使目标更为合理和周全。

言语表达能力是指引行为的载体，再有价值的目标也需要领导者以适当的方式表述给被领导者。突出的演讲能力对团队领导是非常有利的，因为在群体情境中领导者充满激情的言语更容易打动听众。当然，小范围的劝导和谈心也很重要，也需要高超的言语技巧。在很多情况下领导者的非言语行为也为指引提供强大动力。比如，领导者的自信、果敢、激情等人格特质对指引行为的贡献很大，领导者本人对目标的信念和坚持是让被领导者认同目标的起点和基础。此外前面提到过，领导者道德示范在指引行为中必不可少，引领目标的人必须是符合目标价值标准的人。

（四）指引行为的有效机制

指引行为体现了面向未来的发展导向，同时也是高度任务导向和高度关系导向的结合。在组织的任何发展阶段都需要领导者的指引行为。一个组织并不是经常需要制定长远目标，但是却总是在实现长远目标的道路上或过程中。当组织处于危机、变革和困境时期，指引行为尤其必要和重要。一个有效的或优秀的领导者，无论级别高低，无论组织大小，始终需要从战略上思考组织的未来，引领追随者朝着符合组织与成员需求的目标迈进。这也是领导者与管理者的重要区别。指引意味着方向，大多数人都期望能够对未来有所预见。对群体中的个体来说，领导者的指引行为是他们获得安全感和自尊、形成凝聚力和向心力的重要保证。

二、指导行为

（一）什么是指导

指引行为主要是针对组织的未来发展与长远目标，而指导行为（direct）则聚焦于具体任务的完成。指导就是通过为下属确定角色任务、制定行为规则、设计方案计划和监管任务进程等行动，推动组织任务目标的实现。指导行为聚焦于任务与过程，是最常见的重要领导行为。指导的目的是为了帮助个人或团队有效地工作。组织中出现执行力下降或绩效水平不高的情况，多与领导者的指导行为不足有关。

（二）指导行为的构成

指导行为主要包括以下具体活动：

一是明确任务。具体包括确定员工在组织或团队中的任务角色，告诉员工具体的工作目标，为了有效地实现这些目标，员工应该完成什么任务，什么时间完成，采取何种方式完成，完成的标准与效果是什么。明确任务是将任务结构化的过程。要让下属在头脑中形成一幅完成任务的路线图。有了这张路线图，下属就能够清楚地了解自己的任务角色，解除对工作的疑惑，消除工作压力。

二是确定规则。包括制定完成任务与组织发展所必需的各种制度、章程、规则、流程、标准等，指导和规范下属的活动，告诉员工应该做哪些事情，不应该做哪些事情；建立和维持与员工之间有效的沟通方式，让下属了解如何处理自身与组织中其他成员的关系；对各种规章制度进行必要的解释和说明。

如果说明确任务是领导者帮助员工建立基于任务的清晰框架，那么确定规则就是为所有成员创建基于组织的结构框架，是一种组织结构化的过程。在这个框架中，下属可以清楚地知道自己和领导及同事之间的关系，清楚地知道自己哪些行为符合组织的预期和要求，清楚地知道应该采取何种行动才能更高效地完成工作任务。此外，确定规则也是后面提到的强化行为的基础。当组织成员超越或破坏了规则的时候，领导者才有理由对当事者进行纠正。

三是过程监控。领导者及时发现和纠正任务进程中的偏差，为下属提供更多的信息和资源，运用他们的专业知识、工作经验和敏感性，帮助下属及时处理和解决工作中的问题，改进工作方法，提高下属完成任务的能力和效率。

在明确任务、确定规则之后，指导行为才刚刚开始。指导不仅仅是发号施令，还要解决实际问题。从这个意义上看，指导是一个过程，走动式的领导就是通过过程监控来实施指导和领导。许多国际大型企业的经验表明，基于过程的指导非常有效。有的领导者喜欢采用会议或通讯的形式来实施监控，这自然会起到一定的指导作用。一些领导者由于精力和时间有限，的确不能长时间亲临一线。但是多数经验表明，利用不同形式、针对不同层级的综合监控模式是最经济的，也是最高效的，其中最好能有一部分（哪怕是一小部分）时间分配给跨级别的直接监控。有效监控的标准是能够发现偏差，交换信息，解决问题。

此外，指导行为不一定完全依靠领导者的口头行为来实现，基于书面的或网络的指导有时候更为高效。

（三）领导者的相关素质与能力

与指导行为有关的素质与能力是领导者的专业经验、沟通能力、条理性、自信果断等。

工作任务的计划、布置、分配和监控都离不开领导者对任务的知晓度和熟练程度。与任务相关的专业知识和工作经验是指导行为的基础，这些经验往往是更具体的，基于任务、程序和情境的。除此之外，领导者还要注意搜集大量与工作有关的新的信息，以便更有效地解构任务和解决问题。

指导行为的大部分内容是信息传递，向下属说明和诠释任务及规则，需要领导者能够清晰地表达，有效地倾听，敏锐地观察，无论是言语沟通还是书面及通讯沟通，都能让下属清楚地理解并内化为行动，这是领导者必备的沟通技能。这里的沟通不同于指引行为中的演讲与激励，主要是将与任务有关的信息传达清楚。

对任务和组织的建构需要非常突出的条理性与逻辑思维能力。条理性是结构化的基础，领导者需要养成和具备对事物和队伍结构化的能力，能够习惯性地将工作任务解构成为彼此相连的各个组成部分，依此设计相应的工作模块及流程。这些是制订计划、分配任务的基础。在为下属明确任务时，还要注意任务与下属的匹配性，这也要基于领导者对下属能力与素质的合理判断。

众多的领导特质研究都认为，自信是重要的领导特质。在指导行为中，适度的自信及果断能够让下属更容易认同领导者的领导角色，更乐于接受领导者的指导。对自己有信心是有效指导的基础，在此基础上的果敢与决断是指导行为的重要特征。优柔寡断、裹足不前会严重损害领导者的指导力，指导力即是领导力。在组织或成员遇到棘手问题和困难时，领导者的自信及果断显得尤为重要，因为这符合下属对领导者的需求和期待。

（四）指导行为的有效机制

指导行为更倾向于任务导向，多发生在组织的日常运作中。组织中的任何阶层都需要上级对下级的指导或指示，在普遍存在的层级架构中就更是如此。指导行为的有效性基础在于，大多数下属在完成任务过程中都需要上级领导者的指导。尤其是在工作任务结构化水平不高的时候，指导可以使下属降低与任务中存在的困难、压力以及完成任务的不确定性相伴随的困惑、焦虑或畏惧，从而提高下级对领导者及工作的满意度，获得安全感和心理平衡。与此相反，在一个组织中，如果总是听不到上级的声音，下属就会产生迷失感和内心焦虑，对工作的压力感受会随之增强，对领导的满意度也会下降，即使在专业化团队中，纵向与横向的指导都是必不可少的。

指导与指挥、指示、命令、监管、控制有关，但指导不是简单地使用权力。传统观点或早期做法是将指导与威权相提并论，实施指导行为时将下属完全控制在领导者的权威之下，甚至与下属形成对立。有效的指导行为也包含了许多解决问题和支持下属的成分。可以说，指导行为是温和的威权式领导和绩效导向的支持行为的有机结合。另一种无效的倾向是过度指导，有的领导者喜欢亲临一线和事必躬亲，表现出更多的或较频繁的指示和控制。实际上，指导行为的适时和恰当十分重要。一般在任务的开始阶段、工作任务结构化水平不高、工作中遇到困境或压力等情境下，指导行为应该适时出现并且点到为止。

三、支持行为

（一）什么是支持

支持（support）是指领导者表现出尊重与关注他人的需要和感情，信任下属并鼓励其自主的工作行为；鼓励开放式的双向沟通，尊重并积极听取下属的建议和意见；满足下属的物质与情感需求，帮助下属提高专业能力，促进他们的职业发展。

支持行为源于领导者利他主义的个人态度与情感，这些态度与情感通过具体的支持行为表现出来。尽管被领导者或普通员工也会存在各种利他行为，但是领导者的这些利他行为是对下属的一种积极影响，有利于实现组织目标。判断支持行为是否有效也是以是否有利于实现组织目标为依据的。一些领导者的关系行为只是为了其个人的存在或利益，是一种自我支持，与组织目标无关，这样的行为不具有可持续的有效性。

（二）支持行为的构成

支持行为主要包含表示尊重、重视沟通、帮助下属等要素。

1. 表示尊重。对组织中的其他成员（不止是下属）保持一种友善、理解、关怀的态度，尊重下属的领导者待人友善，易于接近，和蔼亲民，这些都是通过一些具体的动作或表情呈现给下属的，如时常微笑，拍拍肩膀，主动打招呼，友好的手势与姿态等。尊重的引申就是信任，表现出对下属能力与人品的认可，认为下属是可以信赖的。无论是技术性的印象管理，还是发自内心的以诚相待，外显的行为都是必不可少的。然而印象管理只能是表面化的，效果是短暂的，也难以发生和维系对下属的信任及其他支持行为。

2. 双向沟通。在对下属尊重与信任的基础上，愿意从他人那里获得信息和支持。如果说指导行为更多的是领导者垂直向下传达信息，那么支持行为就表现为领导者与下属之间双向的信息交流，因为领导者相信下属的经验也是有价值的，这是以尊重和信任下属的态度为基础的。除了从下属那里获得信息之外，领导者也通过双向沟通从下属那里获得情感支持。沟通可以很好地改善领导者与员工之间的关系。因此，沟通既是领导者对下属施加影响，也是领导者从下属那里获得影响的重要过程。

3. 促进下属发展。领导者关心和重视下属的需要、福利、健康和幸福感，主动帮助下属提高专业能力、增加工作经验，为员工设计职业发展的目标和路径，让每个人都觉得自己有价值和希望。支持行为绝不是做表面文章或者权宜之计，其核心是以人为本，领导者对下属的支持是真诚的，发自内心的。支持行为背后的理由是只有真心尊重和支持别人，才能获得别人的真心尊重和支持。

（三）领导者的相关素质与能力

与支持行为相关的领导者能力与素质包括人际敏感、沟通能力与宜人性等。

对下属的有效支持需要较强的人际敏感性。人际敏感是情绪智力的重要组成部分，对于关系导向行为具有积极影响。人际敏感表现为领导者敏锐地感知和捕捉到下属的需要和情感变化，并适时作出适当的反应，这样使得支持行为具有非常好的针对性和有效性。如同样是体贴下属，人际敏感性强的领导者会从下属的言语或非言语行为中发现对方的真实需要，而不具备人际敏感性的领导者有可能仅仅做出表面化或技术性的问候，下属感受不到来自领导者的真实的支持。

宜人性是支持行为的重要人格基础。宜人的领导者特别容易获得下属的亲近和信赖，因为领导者传递给下属的谦逊仁和、和蔼可亲、热情体贴、乐于助人等，也会以同样方式由下属回报给领导者，这是一种情感和精神的交换。在许多情况下，宜人本身就是一种温情的支持，强势加亲民的领导者往往能得到下属和群众的拥戴，人们总是特别喜欢有能力又重感情的领导人。

良好的沟通技巧同样是提供有效支持的重要保证。支持在很大程度上是通过沟通实现的。有效沟通是领导者接受和体谅下属的关键。下属往往并不主动地向上级表达自己的需求、不满和想法，在层级或威权组织中尤其如此。领导者需要依靠各种正式和非正式的沟通来弥补感知不到的地方。支持中的沟通重在倾听，利用多种形式来引导下属谈论自己的想法，抒发自己的感情；沟通需要集中注意，倾听时一定避免分神和漫不经心，要紧跟对方谈话的内容和情感；沟通需要理解，洞察下属谈话的真实内涵并认同其情感，就是站在对方的立场上思考对方的问题，这同心理咨询与治疗中的共情较为接近；沟通还需要清晰表达，将领导者对下属的真情实感表述明白，让对方从心里感受到领导者传递给他的一份支持和温暖。

当然，领导者的业务能力在支持行为中同样重要。支持不是脱离实际问题的心理辅导。有效的领导者通常运用其专业能力为下属提供其所需要的知识、建议和帮助，而对员工最大的支持还是帮助他们解决工作中遇到的实际问题。支持不仅仅是情感上的，还有工作上的。

（四）支持行为的有效机制

显然，支持行为是基于关系导向的。随着以人为本理念逐渐深入人心，支持在领导行为中的比重将会越来越高。支持行为之所以有效，是因为它满足了人们渴望被爱、被关怀和被尊重的需要。除了家庭和亚群体，工作单位是组织中的员工获得社会支持的重要来源，其中领导者扮演了重要角色。员工由于工作压力、人际冲突、角色模糊等造成的不安全感和焦虑情绪，在领导者的有效支持下都能得到很好的缓解。领导者的支持使工作场所变得更有安全感和吸引力，下属回报给领导者的是组织承诺、配合、守纪、满意度等。的确，人们喜欢强有力的领导者，但是人们更喜欢干练而富有人情味的领导。

四、参与行为

（一）什么是参与

参与（participate）是领导者让组织成员以某种方式参与决策的过程。虽然具体的参与行动来自下属，但却是领导行为所致，这里强调了领导者的主导作用，因此是一种领导行为。与前面提到的人本观念相一致，现代领导的理念与行为开始向下属倾斜，根据不同的任务情境让下属参与到领导和组织行为中，以满足其平等、尊重的需要。事实也证明，这样的转变是有效的。领导并不意味着永远是领导者包打天下，或者换句话讲，让下属参与也是一种有效的领导方式。弗鲁姆和耶顿（V. H. Vroom & P. W. Yetton）的领导—参与模式解释了决策过程中领导行为与领导情境的权变关系，并将领导者的领导行为与组织成员的参与决策联系在一起。该模型强调，领导者在进行决策时，会有多种选择的可能性，而有效的领导决策应根据不同的情境让群体成员不同程度地参与决策。

（二）参与行为的构成

根据下属参与程度的不同，领导者引导下属参与的行为主要包含以下类型：

1. 协商。即从下属那里获得信息的过程。领导者与下属展开讨论，听取他们的意见和建议。可以是个别协商，领导者与内圈成员或任务相关人员磋商，询问他们对领导决策的看法和意见；也可以群体协商，领导者与全体下属展开集体讨论，每个人都有发表意见、提出建议的机会。可以是正式的协商，如召开会议或以书面方式征求意见，也可以是非正式协商，利用闲暇时间与下属漫谈或进行非正式谈话。协商的目的是为了搜集来自下属的信息，了解其需求，采纳其中合理的成分。

协商是参与行为的主流，大多数愿意让下属发挥能动作用的领导者喜欢以此种方式让下属参与到领导过程中。协商意味着领导保留最终决策权，然而在这最终的决策中融入了下属的经验与智慧。协商绝不是一种形式或过程，它是领导者发自内心地希望下属发挥他们应有的作用。其结果是对下属继续参与和负责投入的正向激励，对领导者的满意度也有积极影响。

2. 共同决策。即下属与领导者一起作出决策。下属不仅仅是为决策提供信息，而是更进一步，与领导者及其他成员共同讨论问题，大家一起分享经验，出谋划策，提出并评估各种可能的工作方案，并努力达成认识一致的解决方案。共同决策一般多发生在专业团队或特殊团体中。共享型领导就是基于共同决策的领导模式。

3. 授权。即让下属决策。授权不是简单地分派任务，而是由下属决定自身应做的工作，独立提出计划方案，独立评估问题并做出决策，对行动的结果负主要责任。领导者只有最小程度的指导和监督。授权看上去很具有吸引力，但应与下属的自我领导能力相适应。

（三）领导者的相关素质与能力

参与行为需要领导者具有突出的自我监控、洞察力和决断能力。

习惯自我监控的领导者重视从其他人那里获得反馈信息，诊断存在的问题，调整自己的行为，因此自我监督有助于领导者获得和保持来自下属和团队的参与。那些不喜欢审视自己的人也不习惯请别人帮助解决问题。自我监控对持久领导力的贡献是显而易见的。

洞察力是一种基于经验与直觉的观察能力和分析能力。领导者要从众多的意见和建议线索中发现有价值的内容，需要认真地倾听，精细地捕捉，在当前与过往之间建立联结；还要合理地判断决策任务与下属成熟度的匹配性，明确哪些任务需要协商，哪些需要授权，与谁协商或在多大范围内协商与授权更为合适。

参与是领导者主导的行为。参与不等于放任，授权也不意味着无领导或都领导。有效的参与行为往往更需要领导者的决断能力。决断是以自信、果敢和经验为基础的。无论何种形式的参与，领导者都要对最终的决策及其结果负责。然而决断不是武断，领导者要充分理解下属的需要和情感，包容那些情绪化的意见，即使没有采纳下属的意见也要给予合理的解释；要处理好下属的不同意见和认知冲突，肯定其中积极的成分，将大家的注意力集中在所讨论的问题上；要诚恳地表达自己的想法，适时作出最终的判断和决策。

（四）参与行为的有效机制

参与行为的出现与多种背景因素有关。首先，与以人为本的组织发展战略相适应。当今许多组织不再像传统制造业企业和威权性社会组织那样，领导者具有绝对的权威，组织成员仅是任务绩效的工具。如今人的发展成为组织目标的重要组成部分，领导者需要在支持行为的基础上更进一步，让组织成员参与到组织的发展决策中。其次，与员工的成熟度水平相适应，当今时代在许多组织和团队中，大多数成员都接受过高等教育，一部分员工具有了参与组织领导的素质和能力，同时，一些发达国家的普通教育鼓励个人积极参与团队活动，公正平等的理念深入人心，使人们产生了参与组织发展的需求和愿望。最后，与组织结构的变革（如股份制企业、志愿者团队、非政府机构等）有关，组织成员不再属于从属地位，对组织的发展具有了更多的法定的发言权和参与权。因此，作为一种新型的领导行为模式，参与行为无论是对于领导行为研究还是对于当代组织发展都具有重要的意义和价值。

参与行为虽然并不普遍，但却是有效的领导行为。参与型领导可以带来下属或团队的高绩效和高生产率，对下属的满意度也有非常稳定的积极影响，这包括了对领导者和工作的满意度。总体上说，多数下属会喜欢参与型的领导，而不是专制型的领导，因为每个人都希望被别人尊重，尤其是被领导者和所在组织的尊重，这份尊重会让人感受到自身的价值。此外，一个人的经验毕竟是有限的，包括下属在内的更多人的知识、经验和信息无疑会有助于提高领导者的决策质量。

五、强化行为

（一）什么是强化

强化（reinforce）是领导者对下属工作行为的反馈，用来激励积极的任务行为，消除与组织目标及规则不一致的行为。强化是最古老也是最常用到的领导行为。领导者对下属的影响有多重方式，但是影响的目的都是希望下属多做有利于组织目标实现的任务行为或非任务行为（如组织公民行为），少做或不做不利于组织目标实现的任务行为或非任务行为。在任务行为的前期，领导者可以为组织成员指引方向；在任务行为的过程中，领导者可以指导组织成员如何有效地工作，给予他们足够的心理与情感支持；到了任务行为的后期，领导者需要为组织成员提供具体的反馈，让那些积极的行为在今后的工作中得以延续和复现，让那些消极的行为减少或不再出现。

（二）强化行为的构成

即使组织中的奖惩制度都能够得到很好的执行，来自领导者的即时反馈还是令下属非常期待的。如果积极行为得不到领导者的认可和表扬，消极行为得不到制止和纠正，下属的心理会发生微妙的变化，久而久之，即使消极行为不会增长，积极行为也会逐渐消退。因此领导者需要对下属的特定行为作出权变的、即时的强化。强化行为主要包含两类反馈——正面反馈和负面反馈。

1. 正面反馈。是对下属积极任务行为的认可与奖励。有效的正面反馈包括对于工作表现出色的员工给予积极反馈，当面给予表扬，在集体中予以表彰，向上级领导汇报，给予物质奖励，提拔任用等。正面反馈一般是显性的或正式的，如当面赞扬或奖励；也可以是隐性的或非正式的，如拍拍下属的肩，赞许的眼神，专门请吃饭或邀请参加一般下属不能参加的活动等。这两种形式的正面反馈都会对下属产生积极影响，会有效地激励下属在今后的工作中继续重复被期望的行为。

有效正面反馈的重要特征是即时性和权变性。即时性是指在下属积极行为出现后的最短时间内给予积极评价或奖励，正面反馈延后或距离时间过长，会降低正面反馈的效果。权变性是指针对下属的特定行为积极评价或奖励，正面反馈不能过于泛化或频繁，如果领导者广泛使用奖励，下属会认为奖励是必不可少的，除了有奖励的工作外，很少会做其他没有奖励的工作，正面反馈就失去了效力。

2. 负面反馈。是对下属消极任务行为的否定与惩罚。有效的负面反馈包括对于工作表现不佳或违反组织规则的员工给予负面反馈，仅当面给予批评，在更多的下属面前批评，记录在档案中，给予物质上的惩罚，降级使用以及辞退等。同样，负面反馈也有显性与隐性之分，非正式的负面反馈包括故意讽刺、疏远、缄默、由第三方转达不满等，这些一般都属于轻度的或正式反馈之前的负强化行为。负面反馈的主要作用是使下属的消极或违规行为减少、消退或不再出现。

有效的负面反馈同样强调即时性和权变性，即当面、即时、针对下属的具体行为进行批评或惩罚。负面反馈需要一定的技巧才能达到阻止消极行为再次发生的目的。比如，负面反馈直接针对的是下属的特定行为，而不是针对下属本人；如无必要让其他人也吸取教训，尽可能在私下场合下进行；避免情绪化的态度或者使批评泛化；实施惩罚措施的同时应告知下属如何有效工作；确认惩罚措施与组织的相关规定相一致；允许下属表达他们的意见等。

（三）领导者的相关素质与能力

与强化行为相关的领导者素质与能力主要包括专业经验、果敢性与公正性。

领导者首先要成为任务领导的行家里手，才能对下属的特定行为是否符合任务要求作出准确的判断。尽管大多数与绩效标准不一致的行为很容易被识别或评判，但是只有懂得专业知识并富有经验的领导者才能发现完成任务过程中出现的偏差和问题，并及时作出反馈。当下属认为领导者深谙他们的工作时，不但会增强他们对领导者的尊敬，对领导者的奖惩反馈也会心悦诚服。

对消极行为给予批评和惩罚，需要领导者勇敢地承担责任。有的领导者出于情面而不能及时、直面下属的不良行为，不但失去了纠正问题的最佳时机，也对领导行为的有效性造成了伤害。能否有效地使用负性强化，在一定程度上反映了领导者的权威性和有效性。对不良行为或负性事件的缄默甚至纵容，并不能提高下属（尤其是当事人）对领导的满意度，这一结果往往与软弱领导者的初衷不一致。相反，那些果敢的领导者更容易得到大多数人的拥戴，如果处理得当，也会得到被惩罚者的认可。

公正与正直是有效领导的重要特质。由于强化针对的是下属的特定行为，在鼓励或阻止特定行为的同时，也直接触及了当事人和其他成员的利益，因此，领导者的公正与正直是强化行为取得预期效果的重要基础。任何丝毫的偏见、偏袒、情绪化都会使强化的有效性大打折扣，甚至起到反作用。在领导者采取奖惩措施之前，需要认真审视一下自己的立场和态度，如果其中掺杂了偏颇的成分，就需要小心行事。

（四）强化行为的有效机制

如何使下属的行为符合领导者确定的目标和方向，行为主义心理学很早就给出了答案，人的特定行为是在外部强化的激励下得以产生和延续的。从经典的条件反射理论到社会学习理论，都强调行为的外在强化机制，这对领导行为的有效性具有重要启发。

心理学通过实验研究证实了强化措施给人们后续行为带来的影响：如果特定行为得到奖励就会增加其发生的频率，如果一个行为没有得到应有的奖励，或者受到了惩罚，就会降低其发生的频率。奖惩强化反映了人类趋利避害的自然需求，即寻求快乐而避免痛苦。当下属的工作有助于实现组织目标时，领导者的奖励行为会给下属带来满意、自尊、成就感和更多的积极行为；当下属们的工作有碍于组织目标实现时，领导者的惩罚行为也会给下属带来不快并减少消极行为，以维系其安全感和自尊。

【建议参考资料】

1. BASS B M. Bass & Stogdill's handbook of leadership：theory，research and managerial applications［M］. 3rd ed. New York：Free Press，1990.

2. 豪威尔，科斯特利．有效领导力［M］．付彦，译．北京：机械工业出版社，2003.

3. 凌文辁，陈龙，王登．CPM 领导行为评价量表的建构［J］．心理学报，1987（2）：199－207.

4. 华飞．新管理方格［J］．读书，1985（9）：139－150.

【问题与思考】

1. 如何理解领导行为的基本构成？
2. 领导行为结构的三因素与四因素说是否成立？
3. 你自己或你的上级领导属于哪一种领导风格？
4. 核心领导行为的意义是什么？除书中介绍的之外，还有其他的核心领导行为吗？
5. 核心领导行为、领导素质与能力、具体的领导活动（如信息传达）之间是怎样的关系？

第五章 领导者与领导情境的交互作用

【本章提要】

本章主要介绍领导者与领导情境之间的交互作用。领导生命周期理论、情境领导理论、权变领导理论和路径—目标理论从不同视角描述了领导行为与微观领导情境（主要是组织内的任务特征和下属特征）的适应关系。领导者与宏观领导环境（主要是组织外的社会环境）的相互关系也反映出领导者与领导情境的交互作用。

【学习重点】

1. 各种情境领导理论的基本原理
2. 领导情境的基本构成
3. 领导行为与领导情境的适应关系
4. 领导者与领导环境的相互关系

【重要术语】

领导情境　领导生命　周期理论　情境领导理论　权变领导理论　路径—目标理论　领导环境

任何领导活动都是在一定的情境中进行的。领导情境对领导行为的影响是显而易见的，但有时也是潜移默化的。早期研究领导情境的作用主要是为了挑战甚至反对伟人理论，因此特别强调领导情境对领导行为的重要性。所谓时势造英雄说的正是这个道理。研究者们发现，伟大的领导者往往出现在社会动荡和发展变革的关键期。广义的领导情境涉及社会政治、经济、文化、国际形势、生产力发展水平、领导体制及制度等大的背景，我国学者习惯称之为领导环境；狭义的领导情境则包含下属的特征、工作及任务特征、组织类型与结构、团队发展水平等因素。西方领导学主要关注领导行为的组织与任务情境（situation），中国的领导研究更关注领导行为的自然和社会环境（environment）。领导情境是领导行为发生的背景、场所和平台。领导者通过领导行为与领导情境发生相互联系、相互作用。这种相互关系主要体现在两个方面。一是领导行为的目标和方式与一定的领导情境相适应，领导者需要通过对领导情境的评估和了解来选择、调整和确定相应的领导行为。二是领导行为会对一定的领导情境产生影响，利用、改变和创造情境来保证领导目标的实现。

第一节　领导生命周期理论

在关于领导行为与领导情境的交互作用研究中，领导生命周期理论（life cycle theory of leadership）从员工或下属的视角出发，最早提出了领导行为与领导情境的权变或适应性问题。员工或下属是领导行为最直接的情境因素，也是最主要的情境因素，因此比较早地为领导研究所关注。

一、基本模型

赫西（Hersey）和布兰查德（Blanchard）等人于1969年建立了最初的领导与情境的交互作用模型——领导生命周期理论。20世纪50年代末期，通过对领导行为描述问卷的开发和研究发现，员工或下属对问卷的反应主要集中在两种最主要的、相互独立的领导行为上，即结构行为和关怀行为。结构行为更关注组织结构与工作任务，关怀行为更注重领导者与员工、组织与员工的相互关系。

在领导行为描述问卷研究的基础上，赫西和布兰查德将工作行为和关系行为作为两类主要的领导行为，将这两种领导行为的高低组合形成四种与员工情境相适应的领导类型。赫西和布兰查德发现，采取什么样的领导行为，主要取决于员工或下属的成熟度。他们将领导行为与下属情境之间的合理互动关系界定为领导的生命周期模式（见图5－1）。

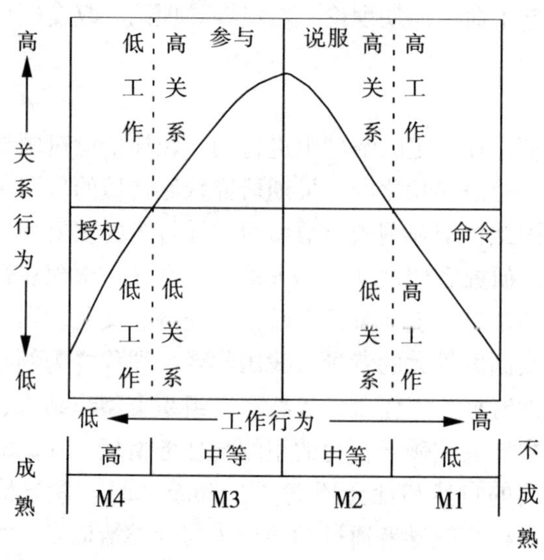

图5－1　领导的生命周期模式

在领导的生命周期模式中，作为情境因素的下属成熟度由低到高分为四个水平或四种状态（M1 到 M4），有效的领导行为随着下属的成熟度水平的变化而改变。赫西和布兰查德认为，依据下属的成熟度，选择正确的领导行为类型，就会取得领导的成功。

二、情境变量

赫西和布兰查德认为，员工或下属的成熟度是领导行为有效性的主要情境因素。所谓成熟度（maturity），是个体对自己的直接行为负责的能力和意愿。它包括两个要素：一是工作成熟度，包括一个人的知识和技能。工作成熟度高的下属受到过良好的教育和培训，拥有足够的知识和能力，经验丰富，能够不需要他人指导而独立完成工作任务。二是心理成熟度，指一个人做某事的意愿和动机。心理成熟度高的下属自信心强，工作积极主动。他们不需要太多的外部激励，而主要靠内部动机的激励。赫西和布兰查德将员工或下属的成熟度分成了四种状态或阶段，这四种状态的员工或下属在现实中还是比较典型的。

M1（不成熟——没能力、没意愿）：下属对于执行特定任务既无能力又不情愿，既不胜任工作也不愿意承担任务。

M2（初步成熟——没能力、有意愿）：下属愿意去承担相应的工作，但是缺乏执行特定任务的能力和技能。

M3（比较成熟——有能力、没意愿）：下属具备执行特定任务的能力和技能，但不愿意承担相应的工作。

M4（成熟——有能力、有意愿）：下属既有相应能力又有积极意愿承担领导交给的工作任务。

这四种情境属于个体员工职业发展的不同阶段，还是四种不同的员工类型，值得研究。实际上，代表工作成熟度的知识和能力都是逐渐积累的，可以是连续的，但是代表心理成熟度的工作意愿和动机却受多种因素影响，不一定是线性增长或连续发展的。

三、领导行为

根据下属不同的成熟度水平，领导者需要采取不同的适应方式，这样才能取得比较好的领导效果。赫西和布兰查德按照工作行为和关系行为的高低组合，形成四种与员工情境相适应的领导类型：

当下属成熟程度为第一阶段时，领导者需采用第一类型的领导行为——命令型领导方式（高工作—低关系）：领导者发出指令，命令下属应该干什么、怎么干以及何时何地去干。它强调指导性行为，通常采用单向沟通方式。

当下属成熟程度为第二阶段时，领导者需采用第二类型的领导行为——说服型领导方式（高工作—高关系）：领导者同时提供指导性的行为与支持性的行为。

当下属成熟程度为第三阶段时，领导者需采用第三类型的领导行为——参与型领导方式（低工作—高关系）：领导者与下属共同决策，领导者的主要角色是提供便利条件与沟通。

当下属成熟程度为第四阶段时，领导者需采用第四类型的领导行为——授权型领导方式（低工作—低关系）：领导者提供极少的指导或支持，让员工自我管理。

赫西—布兰查德领导生命周期模型强调了领导行为相对员工情境的适应性和灵活性。在员工成熟度的低级阶段，领导者需要采取高工作—高关系行为来对应这种低水平成熟度，用高工作行为来弥补下属能力的欠缺，用高关系行为来激发下属工作动机。当下属的成熟水平不断提高时，领导者不但可以减少对下属行为和活动的控制，还可以不断减少关系行为。到了员工成熟度的最高级阶段，领导者基本不需要做太多事情，因为下属愿意又有能力担负工作责任。如果领导行为与员工情境不相适应，就会降低领导效能，或者干扰员工的正常工作与情绪。

第二节　情境领导理论

情境领导理论（situational leadership theory）实际上是领导生命周期理论的延续和发展。在领导生命周期理论的基础上，布兰查德等人于 1985 年提出了情境领导模型，该模型被称为 SLⅡ模型。赫西等人于 2006 年又对该模型进行了修正。

一、基本模型

在布兰查德等人的 SLⅡ模型中，领导情境变成了员工或下属的发展水平。领导行为或领导类型随着员工发展水平的变化而改变。同样地，依据下属的发展水平，选择正确的领导行为或领导类型，就会实现领导的有效性（见图 5 –2）。在赫西等人于 2006 年修订的模型中，领导情境调整为员工或下属的准备度（follower's readiness），模型的结构保持不变（见图 5 –3）。

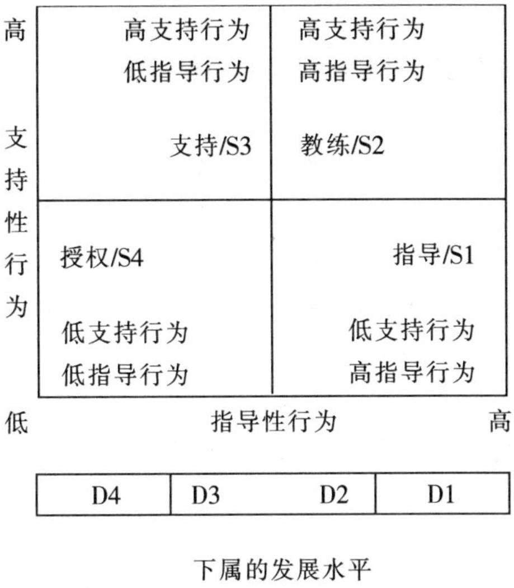

高	高支持行为 低指导行为 支持/S3	高支持行为 高指导行为 教练/S2
支持性行为	授权/S4 低支持行为 低指导行为	指导/S1 低支持行为 高指导行为
低	指导性行为	高

D4	D3	D2	D1

下属的发展水平

图5－2　布兰查德等人的SLⅡ模型

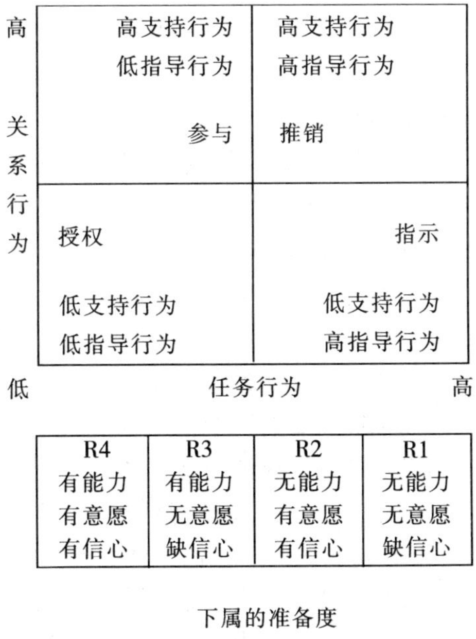

高	高支持行为 低指导行为 参与	高支持行为 高指导行为 推销
关系行为	授权 低支持行为 低指导行为	指示 低支持行为 高指导行为
低	任务行为	高

R4	R3	R2	R1
有能力	有能力	无能力	无能力
有意愿	无意愿	有意愿	无意愿
有信心	缺信心	有信心	缺信心

下属的准备度

图5－3　赫西等人的情境领导模型

二、情境变量

无论是布兰查德的发展水平，还是赫西的准备度，都与领导生命周期模型的成熟度变化关系不大。布兰查德的发展水平指的是下属完成特定任务的能力与承诺程度。所谓高发展水平，就是员工具备完成任务所需要的知识、能力和技能，同时也具备接受和完成任务的积极态度和意愿。这里特别强调的是，发展水平并不是指一般性的或概括性的能力与意愿，而是针对特定工作任务的发展水平。这样考虑更加符合实际，因为员工的能力和态度也是权变的，与工作的性质、复杂程度、结果存在很大关联，并不能一概而论地说低水平或高水平。从这一点上来看，SLⅡ模型还是有所改变和发展的。

赫西的准备度也是指下属完成相关任务的能力、意愿和信心状态，更确切地讲，是员工对于承担特定工作任务的准备程度。这种准备度也是随任务而改变的，对某项工作的准备度低，并不代表对所有或其他任务的准备度低。领导者需要在判断员工情境的前提下灵活地采用有效的领导方式。

三、领导行为

布兰查德等人的SLⅡ模型将与上述情境相适应的领导行为模式分为两大类：指导性行为（任务行为）和支持性行为（关系行为）。指导性行为主要与完成任务有关，明确下属实现目标所需要的工作责任和任务程序，包括告诉下属做什么、如何做、何时做，什么事由谁来做；支持性行为主要与对下属的社会和情感支持有关，包括沟通、鼓励、倾听、奖赏、激励、征求意见等。指导性与支持性行为进一步组合成为四个不同的类型。

1. 第一种类型（Sl）：高指导性—低支持性类型，这种类型也被称为“指导”（directing）。面对较低发展水平的员工，其相关的任务能力比较弱，工作意愿也不强烈，领导者需要将更多的精力放在指导性行为上，告诉并监督下属如何完成任务，实现目标，支持性行为所用不多。

2. 第二种类型（S2）：高指导性—高支持性类型，这种类型也被称为“教练”（coaching）。此时对应的下属情境是无能力、有意愿的员工，领导者既要关注任务和目标的完成，又要维护下属的社会情感需要，在不放松任务指导的前提下，需要采用更多的激励来发展与下属的情感关系。

3. 第三种类型（S3）：低指导性—高支持性类型，这种类型也被称为“支持”（supporting）。面对较为成熟的员工，任务能力基本具备，但是工作热情并不高，领导者需要更多地采用支持性行为，通过赞赏、倾听、征求意见和信息共享，来提高下属的工作意愿。至于任务指导则不需要过多提供，只需在下属需要的时候提供必要的帮助。

4. 第四种类型（S4）：低指导性—低支持性类型，这种类型也被称为“授权”（delegating）。面对的下属情境是最高发展水平的下属，能力强、热情高、信心足，领导者不需要指示，也不需要支持，最有效的领导模式是下属自己决定工作目标和完成任务的方式，减少对下属的各种干扰。

赫西在SLⅡ模型的基础上，将与下属准备度（R1 至 R4）相匹配的领导行为模式分别称为指示（S1）、推销（S2）、参与（S3）和授权（S4）。也是要求领导者首先要评估下属与特定任务相关的准备度水平。然后根据准备度水平采取与之相适应的领导行为模式，即最有可能产出最佳成果的任务行为和关系行为的结构模式。

一般认为，情境领导理论具有很好的实用性，在实际工作中比较容易找到对应下属情境。该理论的后续发展有两个突出特点：一是强调情境的特定性。下属在不同任务和工作上可能会表现出不同的发展水平或准备度，下属情境不是线性发展的，是随任务和时间而变化的。二是强调领导行为的权变性。领导者的行为模式要与下属所处的特定情境相适应，不能固定不变地采用一种模式对待某位特定的员工。但是也应该看到，员工对社会情感的需要是一贯的、持续的，有时候并不因为任务能力和工作热情的提高而降低社会情感的需要，因此在一定意义上讲，支持性行为是普遍且全程需要的。另一个重要的问题是，领导者与下属个体一对一的匹配往往是不现实的，在很多情况下，领导者需要与下属群体的发展状态相匹配。

第三节 权变领导理论

领导与情境的各种交互作用理论都强调领导行为与情境的适应性和匹配性。前面提到的情境领导理论认为，领导的有效性取决于领导者要针对不同的下属情境采用不同的行为模式，这种适应和匹配是领导者主动的、动态的适应和匹配。菲德勒（F. Fiedler）的权变领导模型（contingency model）也强调领导行为与情境的适应性和匹配性，但是这种适应和匹配是领导者被动的、相对固定的适应和匹配。权变领导模型认为，领导效力主要决定于为特定情境选择合适的领导者，或者改变情境以适应特定领导者的风格①。同时，权变领导模型强调领导的有效性取决于领导行为和领导情境交互作用的程度，任何领导方式在与领导情境相适应和匹配的情况下，都可能成为最有效能的领导方式。

一、基本模型

“权变”（contingency）一词的意思是随具体情境或具体情况而变化。也就是说，在权变领导模型中，在不同的情境中，不同的领导行为有不同的效果。菲德勒认为，任何领导行为模式都可能是有效的，其有效性取决于是否与所处的领导情境相适应；而领导行为的有效性程度取决于领导者的风格与情境相适应和相匹配的程度。

---

① 哈格斯，吉纳特，柯菲．领导学：在实践中提升领导力［M］．朱舟，译．6版．北京：机械工业出版社，2009：386.

菲德勒首先界定了领导风格。在领导行为研究的基础上，他将领导行为或领导风格分为任务导向和关系导向两种主要类型。为了实际区分这两种领导风格，菲德勒编制了著名的最难共事者量表（least preferred co-worker，简称 LPC）。

20 世纪 50 年代初，菲德勒注意到领导者的风格和领导者被下属接受的程度对团队的表现有很强的影响，加上其他一些观察研究，最终开发出最难共事者量表（见表 5－1）。最难共事者量表由若干组描述最难共事者行为与情绪状态的对词组成。领导者要设想一位合作起来效率最差、遇到困难最多的同事，并对这位最难共事者作出评价。通过让领导者指出与之一起工作的最困难的人的感受与特征，可以据此确定这位领导者的 LPC 分值。低 LPC 分值表明领导者对不满意的员工会很抵触，并且表明他非常需要任务的完成、赏识和回报。菲德勒将这种领导者描述为“任务导向型”。而高 LPC 分值则表明对不好相处的员工的态度更容忍些，也表明领导者很需要好的社会关系，这种领导者被称为“关系导向型”。中等 LPC 分值则意味着“社会中立”的风格。

首先，想象一个你最难与之共事的人，可以是现在与之共事，也可以是你过去认识的某个人。他并不一定是你最不喜欢的人，但应该是和他在一起时，你的工作会变得最困难的人。量表中得高分（高于 64 分）的领导者们被认为是关系导向型的，高 LPC 得分意味着对最难共事者的评价多是正面的、积极的，领导者建立和保持了密切的人际关系，主要受关系的激励。量表中得低分（低于 57 分）的领导者们则被认为是任务导向型的，低 LPC 得分意味着对最难共事者的评价多是负面的、消极的，低 LPC 领导者从完成任务和实现目标中获得满足，主要受任务的激励。中等得分（得分在 58—63 分之间）的领导者被认为是社会独立型的，不容易受到情境因素的影响和左右，既不过度关注任务，也不十分在乎关系，或者在完成任务和建立关系之间能够很好地平衡自己。

表 5－1　最难共事者量表（LPC）

愉快的	8	7	6	5	4	3	2	1	不愉快（正向计分）
友好的	8	7	6	5	4	3	2	1	不友好（正向计分）
拒绝的	1	2	3	4	5	6	7	8	接纳的（反向计分）
紧张的	1	2	3	4	5	6	7	8	放松的（反向计分）
疏远的	1	2	3	4	5	6	7	8	亲近的（反向计分）
冷漠的	1	2	3	4	5	6	7	8	热情的（反向计分）
支持的	8	7	6	5	4	3	2	1	敌对的（正向计分）
无聊的	1	2	3	4	5	6	7	8	有趣的（反向计分）
好争论	1	2	3	4	5	6	7	8	和睦的（反向计分）
悲观的	1	2	3	4	5	6	7	8	乐观的（反向计分）
开朗的	8	7	6	5	4	3	2	1	内向的（正向计分）

（续表）

造谣的	1	2	3	4	5	6	7	8	忠诚的（反向计分）
不可信	1	2	3	4	5	6	7	8	可信的（反向计分）
细心的	8	7	6	5	4	3	2	1	粗率的（正向计分）
阴险的	1	2	3	4	5	6	7	8	亲切的（反向计分）
随和的	8	7	6	5	4	3	2	1	拘束的（正向计分）
虚伪的	1	2	3	4	5	6	7	8	诚实的（反向计分）
仁慈的	8	7	6	5	4	3	2	1	严酷的（正向计分）

然后，菲德勒又界定了领导情境，包括职位权力、任务结构、领导者—成员关系等三个维度。权变领导模型认为，LPC 得分所代表的领导风格与以下情境变量存在对应关系，这种对应关系表现为表 5－2 的模式。

表 5－2　菲德勒的权变领导模型

领导者—成员关系	好				差			
任务结构	高		低		高		低	
职位权力	强	弱	强	弱	强	弱	强	弱
情境类型	1	2	3	4	5	6	7	8
LPC 得分	低分			高分				低分
领导行为	任务导向			关系导向				任务导向

二、情境变量

权变领导模型的情境变量要比情境领导理论复杂很多，从单一的下属情境发展到多元因素——领导者—成员关系，任务结构和职位权力。这三个因素从不同侧面代表了领导情境对于领导者的有利程度或可控制程度。

1. 领导者—成员关系（leader-member relations）。主要是指领导者与成员之间的关系是积极的还是消极的，积极关系表明下属对领导者是信任、忠诚和拥护的，消极关系则相反。好的领导者与成员关系意味着领导情境对于领导者是有利的，下属是可控的。

2. 任务结构（task structure）。任务结构是指工作任务的明确程度和组成成员对工作任务的职责要求的了解程度。当工作任务本身十分明确，并且组织成员对工作任务的职责和要求也十分清晰时，领导者对于领导情境是有利和可控的，反之则削弱领导者对任务的控制和影响程度。高度结构化的任务对领导者有利，结构化差的任务则对领导者不利，能够降低领导的有效性。

3. 职位权力（position power）。职位权力是指领导者所拥有的权威和权力的大小或强弱。职位权力是由领导者对下属所拥有的实有权力所决定的。领导者拥有明确的、比较强的职位权力时，组织成员会更服从他的领导，这种情境对领导者就更加有利。反之则对领导者不利，影响其领导的有效性。

从总体上看，对领导者最有利的情境具有好的领导者—成员关系，任务明确具体，职位权力强；而对领导者最不利的情境是领导者—成员关系差，任务不明确，职位权力弱。一般认为，在以上这三个情境因素中，领导者—成员关系对领导者和有效领导的影响最显著，任务结构居次，职位权力最弱。现实生活中我们也会发现，良好的领导者—成员关系可以弥补任务结构或职位权力的不足。相反，职位权力再强，如果没有好的领导者—成员关系，领导行为的有效性也会大打折扣。因此，被领导者或组织成员的关系在领导情境中还是居于最重要位置。

三、领导行为

针对不同的领导情境，权变领导模型也开出了有效领导行为的处方。当领导情境非常有利（第 1、2、3 种类型）或非常不利（第 8 种类型）的时候，任务导向型的领导者（低 LPC 得分）更加有效，要为这样的情境配备任务导向型的领导者。当情境处于中等有利（第 4、5、6、7 类型）情况时，关系导向型领导（高 LPC 得分）更加有效，要为这样的情境配备关系导向型的领导者。

1. 任务导向型适合的情境：高关系、高结构、强权力（1），好关系、高结构、弱权力（2），好关系、低结构、强权力（3），差关系、低结构、弱权力（8）。

2. 关系导向型适合的情境：好关系、低结构、弱权力（4），差关系、高结构、强权力（5），差关系、高结构、弱权力（6），差关系、低结构、强权力（7）。

从领导权变理论中我们不难看出，领导的有效性取决于领导风格与三个情境变量之间的相互作用。其中，任务导向的领导者更适合情境最适宜和情境最不适宜的情况，而关系导向的领导者则更适合情境适宜程度中等的情况。的确，面对高度非结构化的任务情境，领导者的指导和控制（任务行为）可以解决该情境下的模糊和焦虑问题，所以任务导向的领导方式更能得到员工的认可甚至依赖。因此，任务导向的领导者可能更适合于职位权力弱、任务结构程度低并且领导者—成员关系比较差的情况。但是在环境适宜程度中等的情况下，关怀导向的领导者是最有效的，因为在这类情境中，需要建立更好的领导者—成员关系，现实中这类情境是很常见的。

领导行为与情境的这些匹配关系是权变领导模型的理论假设，其内在机制并不十分明确，也没有得到实证研究的证实。受到质疑和批评最多的是用最难共事者量表来界定和区分领导风格。首先，显而易见的是该量表缺乏最起码的表面效度。与最难合作的人的关系如果是积极的，可能本人更倾向于关系导向，这在逻辑上是合理的，但实际工作中人们对最难合作的人的评价往往是消极的，消极评价的领导者却不一定更倾向于任务导向。因此，选择一个更有效和更可靠的领导风格测量工具可能对确定领导模型是必要的。其次，权变理论强调领导风格与特定情境相适应，但并不提倡领导者改变自身的风格去适应不同的情境，不主张面对不同的情境来改进自己的领导风格，而是希望通过改变情境来适应领导风格或使领导行为更加有效。因为在菲德勒及其同事们看来，领导者的风格是基于人格的，是基本稳定和不变的，领导者需要通过改变情境来使自己的风格发挥更大的效力。

四、权变理论的扩展

菲德勒的领导权变理论强调要根据上下级关系、任务结构、职位权力等领导情境的组合来选择和对应不同的领导行为，要通过调整领导者所处的环境以适应其行为方式，这样才能保证领导的有效性。而一些扩展的权变理论则突破了菲德勒的被动适应模式，认为领导行为应根据环境的需要而变化。领导—参与模式就是其中的典型代表。

（一）领导—参与模式的基本模型

领导—参与模式（leader-participation model）由弗鲁姆和耶顿于 1973 年提出。该模式主要关注决策过程中领导行为与领导情境的权变关系，并将领导者的领导行为与组织成员的参与决策联系在一起。这种模式认为，领导者在进行决策时，会有多种选择的可能性，而有效的领导决策应根据不同的情境让群体成员不同程度地参与决策。不同于经典权力理论的模糊适应关系，领导—参与模型是高度结构化和规范化的，它提供了根据不同情境类型以确定参与决策的类型和程度的一系列规则，这些规则由一个相对较为复杂的决策树模型来表示，其中包含了 12 种情境变量和 5 种领导行为（参与类型）。

（二）情境变量

弗鲁姆等人提出的 12 项权变因素，详述如下。

1. 质量要求：这一决策的质量要求有多么重要。
2. 承诺要求：下属对这一决策的承诺有多重要。
3. 领导者的信息：领导者是否拥有充分的信息作出高质量的决策。
4. 问题结构：决策需要解决的问题是否结构清晰。
5. 承诺的可能性：如果是领导者自己作决策，下属是否会接受并作出承诺。
6. 目标一致性：下属认为解决此问题是否与组织的目标相一致。

7. 下属的冲突：下属之间对于决策是否会形成不同意见并发生冲突。

8. 下属的信息：下属是否拥有充分的信息参与高质量的决策。

9. 时间限制：是否有时间上的约束限制了下属的参与能力。

10. 地理分布：把分散在各地的下属召集在一起的代价是否太高。

11. 时间紧迫性：对领导者来说在最短的时间内作出决策有多重要。

12. 员工发展需求：对领导者来说为下属发展提供最大的机会有多重要。

弗鲁姆建议采用五分量表或是与否的方式对以上 12 种领导情境变量作出评估，依此来决定采用什么样的领导行为类型。比如，当领导者拥有的信息不够充分或下属对领导决策的承诺十分重要时，就需要成员更多的参与；当需要在最短时间内作出决策同时下属召集的代价又很高时，就不适应更多的下属参与。弗鲁姆等人的研究表明，与这个模型一致时，决策成功的可能性就会很高；而与这个模型不一致时，决策成功的可能性就会降低。

（三）领导行为

与以上 12 种情境变量相对应的 5 种领导行为是：专断Ⅰ型（AⅠ），专断Ⅱ型（AⅡ），协商Ⅰ型（CⅠ），协商Ⅱ型（CⅡ）和群体决策型（GⅡ），具体描述如下：

1. 专断Ⅰ（AⅠ）：领导者使用自己手头现有的资料独立解决问题或作出决策。

2. 专断Ⅱ（AⅡ）：领导者从下属那里获得必要的信息，然后独自作出决策。在从下属那里获得信息时，领导者可以向下属告知或不告知要解决的问题，下属的任务只是向领导者提供必要的信息而不是解决方案。

3. 协商Ⅰ（CⅠ）：领导者与有关的下属展开个别讨论，听取他们的意见和建议；然后领导者所作出的决策可能受到下属的影响，也可能不受到下属的影响。

4. 协商Ⅱ（CⅡ）：领导者与所有下属讨论有关问题，收集他们的意见和建议，然后领导者所作出的决策可能受到下属的影响，也可能不受到下属的影响。

5. 群体决策型（GⅡ）：领导者与全体下属集体讨论问题，大家一起提出并评估各种可能的方案，并努力达成一致认识的解决方案。

在 1988 年出版的《新领导》一书中，弗鲁姆对五种领导风格的阐释有所变化，但基本内容一致，只是表述更准确。具体的变化为：AⅠ改为裁决式，AⅡ改为个别磋商式，CⅠ改为群体磋商式，CⅡ改为推动和促进式，GⅡ改为授权式①。

---

① 齐燕．领导参与模型：弗罗姆［J］．财经界·管理学家，2007（7）．

弗鲁姆还专门绘制了领导决策树，从问题质量开始，依次展开 12 个情境变量的排列组合，最终对应最有效的 5 种领导行为之一。由于这种算法太过复杂，研究者们还专门编制了计算机程序，简化了领导行为与情境变量的对应关系。

领导者—参与模型的最大特点是权变关系的复杂性和领导行为的适应性。与其他权变及情境理论相比，领导者—参与模型考虑的情境变量更为细致和烦琐，也更加贴近实际，因此具有很好的应用价值。尽管决策树看上去比较复杂，但这正符合领导行为尤其是领导决策的多变量特点。与领导者—参与模型相比，其他情境模型显得太过简单和笼统。领导者—参与模型的另一个特点与下面提到的路径—目标理论相同，都反对把领导者的行为方式看做固定不变、被动适应的，而是强调领导者可以也应该根据不同的情境调整自己的行为和风格，这才是领导者存在的意义所在。

第四节　路径—目标理论

路径—目标理论（path-goal theory）最早由埃文斯（M. G. Evans）在 1970 年提出。他在一篇题为《管理行为对路径—目标关系的影响》的文章中首次提出了管理行为的路径—目标模式。豪斯（R. J. House）、德雷斯勒（G. Dressler）和米切尔（T. R. Mitchell）等人对这一理论进行了补充和完善。与其他研究领导者与领导情境相互关系的模型一样，路径—目标理论也强调领导者行为与情境变量的相互适应。不过，这种模型强调领导行为的主动性，更侧重于研究领导者对下属的激励行为。该理论认为不同类型的领导行为应该与不同的任务特征和不同的下属相适应，领导行为对下属的激励是否有效，取决于情境变量中的两大因素——下属特征和任务特征。

一、基本原理

路径—目标模型的理论基础来自于管理学中的期望理论。期望理论认为，下属的态度取决于他的期望值与实现期望的概率的乘积。依据此理论，路径—目标模型认为，领导者的有效工作就是尽可能提高下属在工作中能够得到的报酬和奖励，给下属带来必要的利益和满足；尽可能为下属指明通向目标的途径，帮助下属清除通向目标的各种障碍，使得下属在获得合理的工作回报的基础上，相信自己经过努力能够顺利地完成任务。即通过增强支撑下属工作态度的两大因素，来达到激励下属的目的。

因此在路径—目标理论中，有效的领导者行为针对不同的下属特征和任务特征，建立实现组织目标的工作路径，其中包括确认员工的需要，提供合适的目标，提供必要的指导。在这里，情境、路径、目标构成了该理论的基本要素。这些基本要素通过相互之间的适应关系，形成了路径—目标理论的基本框架（见图5-4）。

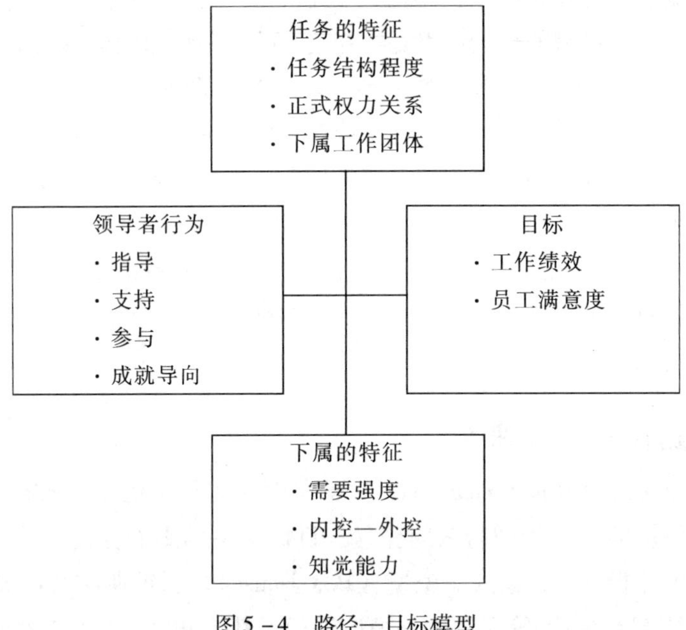

图5-4 路径—目标模型

二、情境变量

路径—目标理论将领导情境分为任务和下属两个维度。任务特征与下属特征共同决定了采用哪一种适当的领导者行为才能有效地激励下属，实现组织目标。相对于其他情境理论，该模型的情境因素划分更为合理，与之相匹配的领导行为也更为明确和具体。

（一）任务特征

任务特征包括任务的结构化程度、组织内部正式的权力关系、下属的工作团体等要素。一般说来，如果一个组织的任务目标十分清晰，工作程序与结构明确，权力系统比较完善并赏罚分明，组织成员具有很好的团队规范，在这些情境下，下属完成任务的路径就比较明确，他们对完成任务的信心就比较强，对顺利实现目标的预期也比较高，与之相适应的领导行为就较为弱化，领导者的发号施令就显得多余。如果目标、流程、责权、规范都不是很明确，那么下属对完成任务的信心和预期就比较低，因此就需要领导者高度的介入，帮助下属扫清前进道路上的这些障碍，承担起指导、支持甚至威权的角色，这样下属才能感到踏实和满意。因此，领导行为应该是与情境中的任务特征相适应的，其重要功能就是帮助下属将通往任务目标的路径打通，使下属建立起自信心和满意度，从而更好地实现组织目标。在这当中，领导行为与任务特征之间并不是简单的对应关系，下属特征在领导行为与任务特征中间发挥着重要的中介或调节作用。

（二）下属特征

下属特征包括对归属感的需要强度、个性特征中的控制偏好、对自身完成任务能力的感知等因素。这些特征与任务特征一起决定了下属需要哪种类型的领导者及领导行为。一般说来，具有强烈归属感的下属更需要领导者的支持与关怀，而对待归属感比较弱的下属，领导者的指令可能更加有效。领导者为他们指明目标、路径和规则，会使这类下属减少不确定性和挫折感，从而提高对领导的满意度。

人格理论将个体对控制外界事物的感知类型分为内控型和外控型两种。内控型的下属相信自己具有对工作和生活的掌控能力，往往将成功归结于自己的努力和能力，将失败归结为偶然；而外控型下属更多地相信外界力量对自己工作和生活的影响，如机会、偶遇、命运或其他什么人，他们往往将成功作外部归因，而将失败作内部归因。显然，对于那些内控的、自信的下属，过多的领导干预可能会起到反作用，而对那些外控的、无助的下属，为他们指明方向、确定程序、清除障碍等领导行为，正是这类下属所需要的。

还有一种下属特征与控制偏向有些近似，对自身所具有的完成任务的能力的感知在一定程度上与控制取向有很大相关。自我效能感强的下属不太需要领导者的指导或干预，领导者低姿态的协商或邀请下属一起来参与决策，更能提高他们的满意度和成就感；而自我效能感比较弱的下属则更需要领导者为他们指明方向，铺好道路。

当然，在很多情况下，下属特征与任务特征是交织在一起的，二者共同决定着哪种类型的领导行为更适合与之相对应的领导情境。这样的复杂关系和交互作用，是路径—目标理论的一大特点，也更符合实际情况。在组织发展的初级阶段，目标和任务往往是不确定或多变化的，知识型组织的成员更多的是内控和自信的，这时候是多一些领导好还是少一些领导好，是需要更多的指导还是需要更多的支持或参与，并不像理论或模型指出的那样简单。

三、领导行为

路径—目标理论并没有像菲德勒的权变领导模型那样给出与任务特征和下属特征组合类型相对应的领导行为，而是针对不同的任务特征与下属特征，将领导行为分成以下四种类型。这些领导行为基本涵盖了领导过程中的主要或核心领导行为。

1. 指导型领导（directive leadership）：领导者对下属需要完成的任务内容、工作程序、行为规范和绩效标准等作出明确说明或规定，包括对下属的希望、意见和要求。实际上，使用指导一词并不十分准确（但在许多文献中已经约定俗成了）。这里的指导更确切地应该是指示，即下达命令，指明任务，严格管理。指导型领导基本上是一种任务导向或绩效导向的领导。

2. 支持型领导（supportive leadership）：领导者更关注下属的需求和福利，更倾向于尊重下属，平等地对待下属，对待下属态度友好、谦逊、平和，对下属表现出充分的关心和理解，在下属需要帮助时及时伸出援手，让下属感到工作是愉快的。支持型领导基本上是一种关系导向或员工导向的领导。

3. 参与型领导（participative leadership）：领导者邀请下属一起参与决策，同下属一道进行工作探讨，征求他们的想法和意见，将下属的建议融入团体或组织的决策中去，将下属看做组织决策的共同责任者。参与型领导是一种决策共享式的领导。

4. 成就导向型领导（achievement-oriented leadership）：领导者为下属确定很高的绩效标准，其前提是这类领导者对下属的态度和能力高度信任，相信下属有能力制定并完成具有挑战性的任务目标。领导者会鼓励和要求下属不断改进工作，将工作做到尽善尽美。

路径—目标理论认为，领导者应该在预先评估领导情境的前提下，选择与情境相适应的领导行为。后来，豪斯又对领导行为类型进行了扩充，在以上四种行为类型的基础上，又补充了四种领导行为，分别是工作促进、决策的群体取向、工作群体代表与建立关系网络、以价值观为本的领导。

在现实中究竟采用哪种领导方式，要根据下属特征与任务特征的交互作用和相互关系，权变地采取相应的领导方式。按照豪斯的概括，无论是面对什么样的领导情境，领导者都需要认真履行以下这六种重要职能：唤起下属对工作业绩或成就的需要和期望；对完成工作目标的下属增加报酬，兑现预期；通过教育、培训、指导，提高下属实现目标的能力及其对能力的感知；帮助下属寻找达成目标的路径；帮助下属清除前进道路上的种种障碍；利用各种机会和途径增强下属对工作和领导者的满意度。领导者所做的这一切都与提高下属的满意度有关，而下属的满意度是提高组织绩效的基础或前提。

第五节　领导者与领导环境

和西方领导学关于领导行为的心理和组织情境的研究不同，中国的领导学研究更关注领导行为的自然和社会环境。因为任何领导活动都是在一定的环境中进行的。领导环境是领导行为发生的背景、场所和平台。无论是领导情境还是领导环境，都是对领导者及其行为产生重要影响的外界因素。在关注微观的领导者与领导情境的交互作用的同时，更要研究宏观状态下领导者与领导环境的相互作用。

领导者与领导环境是相互联系、相互作用的，这种相互关系主要体现在两个方面：一是领导行为目标和方式要与一定的领导环境相适应，领导者需要通过对领导环境的了解来选择、调整和确定相应的领导目标与领导方法；二是领导行为会对一定的领导环境产生影响，利用、改变和创造环境来保证领导目标的实现。正是因为我国领导行为与领导环境之间存在的这种紧密联系，领导环境研究在整个中国领导心理学研究中始终占据十分重要的位置。国内关于领导环境的研究主要集中在领导环境的特征、类型与构成变量，领导行为与领导环境的交互作用等方面。

一、领导环境的概念、特征与类型

领导者通过领导行为与领导环境之间存在着相互联系、相互作用的关系。领导环境对领导行为的影响和作用在中国社会和文化背景下显得尤为突出，因此成为国内领导学研究的重要领域。

（一）对领导环境的界定

大多数学者都认为，领导环境是领导活动发生的自然和社会环境的总和。不同的研究者从不同的视角出发，提出了自己关于领导环境的定义，使得领导环境的概念逐渐趋于丰富和充实。归纳起来，主要有以下两类代表性观点。

1. 从领导过程的构成要素出发

此类观点认为，领导环境与领导者、被领导者共同构成了领导活动的最基本要素。领导环境是除领导者自身因素之外，一切对领导活动及其目标发生影响的时间、空间条件和物质、精神因素的总和，它包括自然环境和社会环境。领导行为不能不受到客观存在的物质世界乃至人们精神世界的影响和制约。只有更好地认识、适应、利用、改造、创造环境，才能高效地实现组织目标。

2006 年版的第三版全国干部学习培训教材《领导环境与领导文化》也将领导环境列为重要培训内容。该教材认为，领导环境是指制约和影响领导活动的各种客观因素的总和，它与领导者、被领导者共同构成了领导活动的最基本要素。该教材从宏观和微观环境对领导行为的影响这一角度，论述了领导环境的共同性和差异性。提出任何领导活动都是在一定的环境中进行的，这种环境既包括社会大环境，也包括领导组织内部的小环境。其中，领导者和被领导者的双向互动也形成一种特定的微观环境。从大环境上看，同一时期的领导者们所处的环境往往大体上是相同的，但领导者所处的具体小环境则各有各的不同。至于领导者与被领导者互动中形成的微环境更具有特殊性。从某种意义上讲，每个领导者所面临的环境都是共性与个性的统一，因而实质上每个领导者所面临的环境都是个别化的。

2. 从系统论和生态学观点出发

也有研究者（张晓峰，2005）从系统论的观点出发，提出领导系统是一个由许多相互关联的部分组成的用以实现特定功能的整体。在这个整体中，各部分之间相互关联，共同组成一个系统来实现组织目标。这种观点认为领导系统是一个开放系统，与外部环境之间相互联系、相互作用、相互影响。任何组织都是一个开放系统，领导组织也不例外。在一个开放系统中从事领导活动，不仅要受到内部环境的制约，也受到外部环境的影响。只有把领导活动置于一定的环境中进行考察，才能在此基础上进行正确的认识和处理。由此可见，领导环境对于领导活动是十分重要的。

运用生态学的理论与方法对领导活动进行研究，便是把领导环境凸显出来的显著标志。任何领导活动都是在一定的环境中展开的，没有脱离一定社会环境的领导活动存在。因此，领导环境对于领导有效性的影响，就成为领导研究的一个重要内容。领导环境成为研究领导活动的一个重要变量，即任何领导活动都是在一定的环境中进行的。领导的有效性程度，不仅取决于领导者自身的行为取向，还取决于他所依存的社会环境。

（二）领导环境的特征

一般认为，领导环境的内涵是一个随着时代发展而不断变化的概念，但是领导环境的某些基本特征是相对稳定的，这对于了解和认识领导环境对领导者及其行为的影响和作用非常重要。这些基本特征包括以下几个方面。

1. 客观性。领导环境是独立于领导主体之外的一种客观存在，是不以任何人的意志为转移的，具有其自身发展变化的规律。认识领导环境的这个特征，有利于领导者从实际出发考虑和处理问题。

2. 变异性。在不同的时空条件下，不同性质、不同领域的领导活动的具体环境，各有其不同的特点。也就是说，环境因素并不是绝对的，它会随时间、空间以及其他因素的发展变化而变化。

3. 综合性。领导环境是由多方面的具体环境构成的，同时这些具体环境又总是包括一系列内容和构成要素，它们相互制约、相互影响。领导环境是多种因素综合作用的结果。

4. 复杂性。领导环境是由多样性、多层次、多情况的具体环境构成的，复杂多变，因地因时。不同的领导者与环境的不同组合，在领导活动中也会产生不同的结果。

5. 可塑性。领导环境是客观的，但并不是说人们在环境面前无能为力，领导者不仅要认识环境，还要利用环境和改造环境，推动环境朝着有利于领导活动的方向发展。环境的这种可变性要求领导活动必须顺应环境发展变化的大趋势，并且在此前提下，有效地利用和改造环境。

6. 可预见性。领导环境的发展是动态的，也是有规律的，所以是可以预见的。领导者绝不能用形而上学的眼光去认识环境，而应当用辩证的、动态的、长远的眼光去认识环境的发展。特别是领导者要善于观察环境并引导被领导者认识环境及其发展趋势，既按客观规律办事，又鼓舞士气，激发干劲，完成改造环境的使命。

（三）领导环境的类型

领导环境的类型是指用不同的标准、从不同的角度对各种领导环境进行分类研究而形成的类别。研究领导环境的类型，有利于把握领导活动的外部因素，更好地控制领导行为，掌握领导管理的运行规律，提高领导行为的有效性。

从领导环境基本的性质分析，一般将领导环境分为自然环境和社会环境。自然环境是指领导活动中遇到的自然界的境况，其中包括天文气象方面的环境、地质地理方面的环境、生物方面的环境等。社会环境是指领导活动中遇到的社会方面的境况，其中主要包括国内外社会的政治环境、经济环境、文化环境、教育环境、科学环境、技术环境乃至军事方面的环境。自然环境、社会环境又有层次、交叉、叠加的类别之分，如经济环境，就有国际的，国内的；宏观的，中观的，微观的；部门的，行业的，地区的。从领导环境的影响范围来分析，将领导环境分为组织内部的环境和组织外部的环境。组织的内外部环境同样也有自然的、社会的诸多环境因素。从领导环境对领导活动的影响效果或助益性来分析，分为顺环境和逆环境。凡有助于领导活动正常、高效进行，有助于实现组织目标的环境因素，均可视为顺环境；凡不利于领导活动的进行，不利于实现组织目标的环境，则为逆环境。还有一部分环境因素，对领导活动既不产生良好影响，又不产生不良影响，学者们称之为中性环境。此外，从领导者对环境因素的影响力来分析，分为可控环境、不可控环境和部分可控环境；从环境因素的存在时态分析，可分为过去的环境、现实的环境和潜在的未来的环境等。

以领导行为与过程发生的组织系统为参照，也可以将领导环境分为内部环境和外部环境。内部环境就是组织内部诸要素，包括行业类型、组织结构、职位权力、任务特征、领导者特征与风格、领导团队、群体特征、下属特征等要素。这些要素的相互组合和交互作用将直接影响领导者行为的有效性。外部领导环境是组织系统之外的、对领导活动有直接或间接影响的各种因素的总和，如政治、经济、文化、社会、生态等多种要素。与内部领导的微观、局部和特定影响不同，外部环境从宏观上影响着领导的观念以及领导活动的性质和方式。在当今社会和实际生活中，外部领导环境也是复杂多变的。任何一个组织都是存在于不同类型的外部环境中，并不断与之相互作用、相互影响和相互制约。这种组织与外部环境的相互作用和影响过程日趋复杂，表现形式更是多种多样。为了保持领导活动与外部环境的平衡与协调，保证组织的发展和目标的实现，透彻分析外部环境的构成要素及其类型显得十分必要。

二、领导环境对领导的影响和作用

研究领导环境的真正价值是在于正确认识领导行为与领导环境之间的相互影响和作用，探索有效实现领导目标的方法和途径。这方面的研究是从两方面展开的，一是领导环境对领导活动的影响和作用，一般认为领导环境是决定领导有效程度的重要变量；二是领导行为对领导环境的适应和改变，有时候改变领导环境本身就是领导行为的目标。

（一）领导环境对领导者的影响和作用

有学者（张晓峰，2003）分析研究了领导环境作为领导活动的一个基本要素，如何对领导活动产生影响。通过列举大量古今中外的战争研究文献，将领导环境对领导者的直接作用归纳为以下几方面。1. 领导环境是领导者的工作基础。环境为领导者进行领导活动提供了舞台和客观条件。领导者与被领导者的矛盾运动，以及他们结合起来共同进行的改造客观世界的活动，都依赖于一定的环境，并在一定的环境之中进行。离开了环境，领导活动就失去了存在的时间、空间、条件和依据，因而也就失去了存在的可能性和现实性。2. 领导环境是领导者的作用对象。领导者从事任何领导活动的目的，归根结底就是带领被领导者去认识环境、利用环境、改造环境。同时领导活动也是在对客观环境及其规律的认识基础上进行的。3. 领导环境影响领导者的工作成败。领导活动中人的主观能动性的发挥是受客观环境影响和制约的，也就是说，领导活动的成败不仅取决于领导者能动作用的发挥，还取决于客观环境的优劣。4. 领导环境影响领导者的情绪。不同的领导环境将产生不同的领导心理状态，良好的顺利的环境，有助于振奋领导者及组织成员的信心；不良的不利的环境则会产生相反的影响。领导环境直接影响领导行为的取向和过程。5. 领导环境影响领导者的作风和素养。领导者的作风和素养，在领导活动中有着重要的作用，它主要体现在领导者身上。良好的领导环境，有助于形成良好的领导作风。

（二）领导环境对领导过程的影响和作用

另外一些研究者更多地注重领导环境对领导过程的影响，认为领导环境的影响主要体现在以下几方面。1. 领导环境是领导活动的前提条件。领导活动与领导环境是有着密切关联的，任何领导者都必须重视环境这个变量。因此，领导者首先要考虑的是适应环境，而不是与环境“对着干”。2. 领导环境影响领导方式。领导方式是主观见之于客观的东西。任何领导方式的确定都不应是随心所欲的。它应根据领导环境的情况和组织任务目标而确定。3. 领导环境影响领导职能的运用。不仅领导的职能活动的具体内容受环境的影响和制约，而且各种职能发生作用的方式、方法、特点及范围也要受到环境的影响和制约。4. 领导环境影响和制约着领导方法和艺术的运用。领导者往往要综合运用行政的、经济的、法律的、思想政治工作的及现代领导和管理的方法，要运用诸多的领导艺术形式。所有这些方法的采用都要受环境因素的影响和制约。5. 领导环境是领导决策的科学依据。领导决策是在一定的环境中进行的，发现问题是决策的起点，而问题是在环境中存在的。因而不能认识环境就不能发现问题，而不能发现问题就不能科学决策。

（三）领导环境对领导效果的影响和作用

领导环境对领导活动的影响，可以分为有利影响、不利影响和双重影响三种基本情况。1. 领导环境的有利影响。有利影响又可分为两种情况：一种是由于环境的作用而使正确的领导决策得到了强化，从而有利于正确的领导目标的实现。另一种是由于环境的作用而阻碍了错误的领导行为的实施，从而淡化了错误的领导行为可能导致的不良后果。这种环境的影响表面看来似乎影响了某个领导目标的实现，但实际上却有利于领导活动的正常开展，因此，也属于有利的领导环境。2. 领导环境的不利影响。不利影响也可以分为两种情况：一种是由于某些环境因素阻碍了正确的领导行为的实施，从而影响了领导效能的提高，妨碍了正确的领导目标的实现。另一种则是某些环境因素可能会诱发错误的领导行为，或是有助于错误的领导行为的贯彻实施。3. 领导环境的双重影响。除了有利影响和不利影响外，领导环境对于领导活动还有一种双重影响，它们既是有利影响，又是不利影响，既是机遇又是挑战（张伟超，2003）。

（四）领导环境对领导行为的作用机制

领导环境的作用机制是指领导环境影响领导行为的方式或途径。一般认为，领导环境对领导行为的影响，最终是体现在影响领导效能的高低上的，而这种影响是通过一定的机制来实现的。为更深入地认识领导环境的影响，就必须进一步地认识这种影响的具体机制。大体说来，这种机制可包括以下四个方面。1. 环境因素通过影响领导者和组织成员的心理状态和各方面的素质而影响领导效能。领导环境是领导系统的生存空间和发展空间。领导者及其成员在一定程度上都是环境的产物，他们的思想活动和心理状态都会受到环境因素的影响，尤其是环境因素对他们的情绪有直接的影响。良好的顺利的环境，有助于振奋领导者及组织成员的信心，使其心情舒畅、愉快轻松；而不良的不利环境则可能会使领导者及成员产生厌倦感、危机感和恐惧感等，从而影响组织领导效能的发挥。2. 环境因素通过影响领导过程而影响领导效能。环境因素对领导过程的影响大体上可以归纳为两个方面。一是对决策的影响。决策必然要受环境的制约，决策者必须充分考虑环境因素，才能使决策方案具有现实性和可能性。二是对领导活动的影响。领导活动是否畅通无阻，在很大程度上取决于环境对领导执行活动的支持、参与程度。外部环境的支持可以使领导活动得以顺利实现，外部环境的消极或反对则会阻碍领导活动的实施，从而影响领导效能的提高。3. 环境因素通过影响领导体制和机构建设而影响领导效能。环境因素，特别是其中包含的政治因素，在不同的社会制度下，因产生的领导职能不同而必然会导致不同的领导体制。而政治体制对领导体制的决定和影响则更为明显。另外，即使是在相同的时期，也会因不同类型的行业企业而产生不同的机构设置。4. 环境因素通过影响领导方法和领导艺术而影响领导效能。在领导活动中，领导者往往要综合运用行政的、经济的、法律的及思想政治工作等方法，要运用诸多的领导艺术等进行决策。虽然领导者可以任意选用某种领导方法和领导艺术，但选择的正确与否并不取决于领导者的主观意愿，而是取决于它是否适应一定的现实环境需要。领导者一定要善于根据环境的变化而审时度势地选择相应的领导方法和领导艺术，从而有效地提高领导效能实现的程度（张伟超，2003）。

三、领导者对领导环境的适应与优化

更多的研究者关注的是如何通过认识领导环境，探索和发现领导环境的作用规律，最终适应和改变领导环境。领导环境的制约和影响作用是不容忽视的。然而领导者在领导环境面前，绝不是无能为力和任其摆布的。只要领导者能够充分发挥主观能动性，科学地认识领导环境，努力适应、利用和改造环境，就能实现领导环境的优化，从而达到提高领导效能、实现领导目标的目的。学者们主要从以下两个方面来分析研究领导者对领导环境的能动作用。

（一）对领导环境的认识和适应

对领导环境的认识和适应是领导活动的基础条件。大多数研究关注的是如何有效地认识和适应客观环境。有研究（张伟超，2003）提出了认识环境的主要途径，强调要树立环境意识、重视环境问题的分析；要提高领导主体对环境的认识能力，领导主体必须要全面提高自身的素质和修养水平；要善于捕捉、收集、处理环境信息，把握环境变化规律。在适应环境方面，张伟超强调领导主体要善于应对、主动变革，从而保持组织与领导环境的动态平衡，不断调整领导观念和领导行为；要充分有效地利用领导环境的变化所带来的机会和有利条件，同时尽量减少或避免不利环境的影响，从而保持领导组织的活力。

也有研究分析了领导者对环境的认识过程，提出合理性认识的几个方面。第一，辨识与选择。领导者必须首先对与领导活动有关的环境信息进行收集，据此掌握环境变化的程度以及和决策目标之间的差距，就可能出现的问题进行分析，在众多环境因素中选择最有利于实现领导目标的因素。通过领导活动实践使环境变成一个真实的、对领导活动有利的世界。第二，评判与整合。对环境认识的关键是在完成信息选择的基础上，对信息进行评判和整合，从而找出最佳的方案。评判必须既不脱离现实又不为现实所淹没，必须超越现有认识从而促进认识和评判的科学化。对环境的评判必须激发出新的思想，如此才能有新思路和新局面。第三，预测和定向。领导目标在对环境的认识中起着定向作用，一切信息都是以目标为参照，预测也必须围绕目标来进行。而预测和定向都来自对环境的认识，离开了环境，就会偏离正确的目标和方向（张晓峰，2003）。

还有研究（孙钱章，2000）分析了认识领导环境的途径与方法。强调要提高领导主体的认识能力，深化对环境问题的认识，全方位、多角度地了解领导环境及其变化，注意借鉴、调动、发挥被领导者和相关组织的作用，重视对环境问题的分析和研究，这些都是领导者认识环境和把握环境的重要手段。

（二）对领导环境的优化和改变

一般认为，领导活动的本质是一个认识世界和改造世界的过程，这其中就包括了对领导环境的改变。而改变环境是领导者主观能动性的最高境界。因为从领导者对领导环境的关系上看，认识、适应、利用环境都还只是改变领导者与领导环境的关系，而优化和改变环境则属于高层次的领导目标。

为此，有人（张伟超，2003）提出在做好了认识环境、适应环境、利用环境和改造环境这几个环节的工作后，领导者也就实现了自己与环境关系的优化和对环境本身的优化。在现实的领导活动中，这四个方面又是相互联系、互为前提和相互制约的。这四个方面的关系表现为，认识环境是前提，适应和利用环境是手段，改造环境、保证领导目标的实现是根本目的。他认为，改造环境是一项浩大的工程，单纯依靠领导者是不可能实现的。因此，领导者要善于组织力量解决环境问题，要充分发动群众，依靠群众的力量使环境得到改造和优化。同时，改造环境是一个漫长的过程，要循序渐进，由小到大，逐级实现。要正确认识改造大小环境的关系。小环境的影响是比较直接的，又是相对容易改变的。要从大环境着眼，从小环境着手，或是从优化小环境开始进而影响到大环境的改变。

也有研究者（张伟亚，1998）提出，只有当领导者和领导环境都达到最优状态时，才能取得最佳的领导效能。探索建立优化领导环境的途径与方法，对于最大限度地提高领导效能具有十分重要的意义。为此，他提出需要从创造和谐融洽的人际环境、建立规范有序的工作秩序、增强领导者的“场能”和辐射力等方面来优化领导环境。

此外，有的研究（肖振远，2000）还分析了培养和提高领导者道德环境的问题。他认为领导者的道德环境在道德作用方式、道德实践结果、道德约束力和影响力等方面与一般主体相比具有不同特点。因此领导者需要增强五种意识，明确五种关系：一要增强环境危机意识，正确认识人与自然的关系；二要增强历史责任意识，正确认识现实与长远的关系；三要增强环境效益意识，正确认识经济效益、社会效益和环境效益的关系；四要增强整体全局意识，正确认识全局与局部的关系；五要增强奉献利他意识，正确认识环保与政绩的关系。还有人从领导活动的自由度的角度出发，分析了领导活动空间对领导者的约束和影响，认为所谓领导活动的自由度主要是领导环境和被领导者对领导者的约束。领导者自身应通过增强领导活动的透明度、坚持工作原则、主动改进工作等方式，来扩大领导的自由度，从而提高领导活动的效能（李一，1994）。

总之，国内外关于领导情境的研究还是比较丰富的，主要集中在两个领域，一是领导情境的属性和特征，二是领导情境对领导行为的影响，或者说是领导者与领导情境的交互作用。领导心理学更为关注的是领导情境如何对领导行为的有效性产生影响，领导者如何随着领导情境的改变调整与追随者的关系和相应的领导策略。在这方面，领导生命周期理论、情境领导理论、权变领导理论、路径—目标理论是几个较为成熟的学说。其共同之处或核心思想是不同的情境需要不同的领导，有效的领导行为需要与特定的领导情境相适应。而国内的研究更关注宏观视野下的领导环境对领导有效性的影响和作用，尽管这方面的理论分析比较缺少实证研究的支持，但是作为领导者与领导情境相互作用的一个重要领域，领导者所处的经济、社会、文化等环境因素同样对领导者及其领导绩效有着不可忽视的重要影响。

【建议参考资料】

1. 诺思豪斯．领导学：理论与实践［M］. 吴荣先，译．南京：江苏教育出版社，2002.

2. 达夫特．领导学：原理与实践［M］. 杨斌，译．北京：电子工业出版社，2008.

3. 吴维库．领导学［M］. 2 版．北京：高等教育出版社，2011.

4. 王辉．组织中的领导行为［M］. 北京：北京大学出版社，2008.

5. BASS. B M. Bass & stogdill's handbook of leadership：theory，research and managerial applications［M］. 3rd ed. New York：Free Press，1990.

【问题与思考】

1. 如何理解和界定领导情境？
2. 任务特征与下属特征如何影响领导行为？
3. 如何认识领导行为与领导情境的权变关系？
4. 领导环境与领导情境有哪些区别与联系？
5. 领导环境的内涵、特征与类型是什么？

第六章　领导者与被领导者的交互作用

【本章提要】

本章主要介绍领导者与被领导者的交互作用机制与现象。领导者与被领导者的相互作用与影响是伴随和贯穿领导过程的重要特征。除了大量分散的关于领导者与被领导者交互作用的实证研究之外，研究者们还提出了一系列描述领导者与被领导者相互关系的领导模型，其中最具代表性的就是领导—成员交换理论、交易型领导理论和变革型领导理论。

【学习重点】

1. 领导者与被领导者的相互作用
2. 领导者与被领导者的心理交换
3. 领导—成员交换理论的基本原理
4. 交易型领导理论的基本原理
5. 变革型领导理论的基本原理

【重要术语】

领导—成员交换　交易型领导　变革型领导　以价值观为本的领导　愿景式领导

领导是一种动态的群体过程或社会关系，领导者与被领导者的交互作用是领导过程最本质、最核心的内容。各种领导情境理论强调了领导行为与员工类型的适应性，这种适应性是表层的，没有涉及领导者与被领导者或下属的心理互动。实际上，领导者要和各种类型或状态的下属打交道，除了选择有效的行为方式之外，更多的是与被领导者发生深层次的心理上的交互作用，发生各种意识和情感的沟通。这些同样是实现有效领导的重要过程，也是领导心理学关注的重要研究内容。

第一节　领导者与被领导者的相互影响

我们可以将领导看做领导者与领导情境（主要是任务和组织特征）之间一种相互适应的过程，也可以看做领导者与追随者间相互影响、相互作用的过程。

这一过程是通过领导者对下属的各种向下影响、下属对领导者的各种向上影响以及双方之间的相互作用来实现的。

一、领导者对下属的影响

领导者和员工角色之间的相互理解和相互认同是通过双方的有效互动达成的。在这方面，领导者往往发挥着主导作用，主要体现在指引、指导、支持、参与和强化等核心领导行为中。巴斯在其领导手册中概括了交易型领导者对绩效的作用表现在以下五个方面：1. 明确对员工的期望，尤其是明确绩效的目的和目标；2. 解释如何实现这些期望；3. 详细说明有效绩效的评估标准；4. 为员工个体或合作团队提供是否实现目标的反馈；5. 根据员工实现目标的情况给以奖赏。豪斯也概括了领导者需要认真履行的六种重要职能：1. 唤起下属对工作业绩或成就的需要和期望；2. 对完成工作目标的下属增加报酬，兑现预期；3. 通过教育、培训、指导，提高下属实现目标的能力及其对能力的感知；4. 帮助下属寻找达成目标的路径；5. 帮助下属清除前进道路上的种种障碍；6. 利用各种机会和途径增强下属对工作和领导者的满意度。在这些领导行为中，反馈信息、强化被领导者的行为、发挥榜样的角色作用等是领导者经常对被领导者施加的直接影响。

（一）反馈信息

领导者提供有关下属绩效的反馈信息，这是最为普遍的即时强化。上级的反馈信息对下属的工作状态、动机乃至能力都会产生直接影响，进而影响整个组织的工作绩效。实践中很多领导不向下属反馈信息，也就失去了对下属产生最直接、最有利影响的机会。这里的反馈信息不仅包括对下属工作绩效的评价和意见，也包括对下属的认可和激励；既包括积极反馈，也包括消极反馈。得到积极反馈的获得奖赏，得到消极反馈的则受到惩罚。

反馈的方式方法很重要。反馈什么、如何给予反馈、什么时候给予反馈等都需要领导者根据具体情境作出合适的反应。尤其是消极反馈，若方法运用恰当则既能维护下属的自尊，减轻责难，又能使其发现和改正自己的问题，最好是能让下属自己主动寻找反馈。反馈可以是非正式的赞扬，体现即时强化的优势，也可以是正式的评价会谈，这样做系统性更强一些，关键是要让下属认识到领导反馈的指向性和目标性。当上级只是看见了或是听到了下属的表现而没有给予任何评价时，反馈就是空洞的，不会起到任何强化作用。许多研究证实了下属接受并赞同上司给予绩效反馈的重要性。

（二）主动沟通

领导者的主动沟通对其团队中的互动起着很大的作用。相对于被领导者而言，领导者要展现更多新的想法，发表更多的意见，询问更多的问题。无论在团队讨论中，还是在与团队成员单独进行的一对一的互动中，领导者的主动沟通都显现出很好的工作效能。通常，大型企业的首席执行官（CEO）都把面对面沟通看成影响其管理有效性的最重要因素，他们通过走动式管理等方式，要求自己到基层与员工进行面对面的沟通。

有效的沟通包括领导者主动倾听下属的真实想法，乐于接受不同想法和建议，赞赏下属的态度和努力，理解别人的困惑和问题，最重要的是领导者沟通的诚意。如果仅仅是制度上的安排，为了沟通而沟通，那就起不到应有的作用。领导影响下属的这一有效方式叫做主动沟通，即包含了这一层含义。

（三）榜样作用

领导者对下属潜移默化的影响来自领导者本人的言传身教。我们可以从被领导者那里看到其上级的影子。上级对下属的影响往往通过上级本身的示范作用而产生。许多研究和日常观察都发现，下属往往倾向于模仿他们上级的行为模式，比如任务导向型领导者率领下的群体成员，往往也非常重视任务目标的完成，而关系导向型领导者的下属，通常也更看重领导与成员的关系融洽；领导者注重目标的实现和与下属的互动，这可能与其上级领导的类似行为有关；下属倾向于运用与其上级相近似的工作方法来对待他们自己的下属。

关于榜样作用的相关因素方面，领导者与下属的距离以及领导者本身的属性可能会给这种影响带来变化。研究发现，那些与上级距离较近并经常与上级互动的下属，更容易接近和学习上级的行为模式，并以此为效仿的榜样，而与上级距离较远并且很少与上级互动的下属就没有这种榜样效应。同时，下属往往倾向于选择他们认为更有能力和更成功的领导者作为楷模。因此，领导者的领导力本身就是对下属的莫大影响，而这种影响既关系到下属工作和组织的绩效，也关系到下属的个人成长，以及他或她成为领导者后的行为模式。

领导者对下属的影响方式还有很多，正式的或非正式的，言语的或非言语的，工作的或非工作的，人格的或行为的。重要的是领导者会对下属产生影响。这种影响带来的后果可以是模仿，也可以是改变，最终都以某种方式反映到组织绩效和个体成长中。

二、下属对领导者的影响

海勒和范缇（Heller & Van Til，1982）曾经指出，“领导者和追随者是两个相关的概念，如果不理解其中一个也就难以理解另外一个”。在领导者与下属的互动关系中，尽管下属和领导者之间存在着不对称关系，下属相对处于被动地位，但其对领导者也会产生强有力的反作用。或者说领导行为是否有效，下属的状态起着至关重要的作用。领导研究中对下属的关注一般体现在情境因素上，如下属的成熟度或工作意愿，但是对于下属对上级的主动影响往往不够重视。

巴斯总结了下属对上级的各种影响，主要体现在下属对领导者的期望、下属的态度和动机、下属的能力、下属的特质、下属的向上影响力等。

（一）下属对领导者的期望

首先，下属对领导者的期望影响着领导者的绩效。下属的服从和追随不是自动产生的，它依赖于领导者给下属制定的目标和带来的利益。无论是组织中的新领导，还是长期处于领导位置的老上级，下属对他们都充满了期待。这种期待与士气有着直接的关系。如果领导者的方向、行为及绩效不符合下属的期待，其领导效能就会大打折扣。此外，追随者对领导者动机和行为的认知与理解程度也可能会对领导者的作为产生影响。有研究认为，下属的教育和抱负水平影响着上级对战略的定向和对工作的信念。

（二）下属的态度和动机

下属是否愿意为领导者所调遣，这对领导者是否能成功影响下属有着重要影响。在各种领导情境理论中，有很多对于下属成熟度和准备程度的研究。成熟度包括下属的成就动机、承担责任的能力和意愿、与任务相关的教育或经验、主动水平等。显然，一方面，下属越是与领导和组织目标保持一致，越是有利于领导目标的达成；另一方面，领导者对下属成熟度的了解也能够促进和改变追随者的行为。如果下属不愿意投入工作，如果他们对工作没有兴趣，如果下属的兴趣和需求与正在进行的工作没有关联，那么领导者就变成了指令型或权威型，领导的有效性也会大大降低，这种情况在许多组织中都曾出现。因此，激发和调动下属的动机和主动性是领导者的主要工作。

（三）下属的能力

下属是否能够胜任工作显然会对领导者带来影响，这一点似乎不需要深入研究。但是领导心理学需要关注的是下属的能力特征对领导者的态度和行为会产生哪些影响。一般认为，下属的能力是上级分配任务并对下属形成印象的主要决定因素。下属对工作的胜任能力可能影响下属的服从和绩效，下属的服从与绩效继而会明显影响其上级对他们的态度和行为。上级一般更愿意与有能力的下属打交道，更愿意将重要的工作交给有能力的下属去完成，对有能力的下属更高看一眼。最为重要的是，下属的胜任能力在一定程度上影响着领导者的决策目标和行为方式。

（四）下属的特质

下属的某些特质对领导者及其绩效也会产生影响。与领导者特质的研究相比，人们对下属特质的研究显然微不足道。凯利（Kelley，1988）总结了一名优秀追随者的必备要素，这些要素在许多方面与优秀领导者所需要的要素相类似。比如，优秀的追随者应该是积极的、独立的、能够自我管理的批判思维者；应该是忠诚于组织，对他人、原则和组织目标有负责的精神；他们的个人目标和组织目标是一致的；他们很有能力，还要不断接受教育和发展自我；他们会很恰当地表达不同意见，与领导和同事进行有效的沟通；甚至他们能很容易地在领导者角色和追随者角色之间转换。从这个意义上讲，只有能够成为一位优秀的下属，才能成为一位优秀的领导者；若想成为一名成功的领导者，首先要做一位称职的下属。

（五）下属的向上影响力

下属对上级领导的影响更具体的是指那些类似替代领导行为的主动性行为。如成员对组织事务的主动参与和积极态度。为了下属的共同利益和组织的整体利益，下属有责任对他们的领导者施加向上的影响力。这种向上影响包括挑战上级的指令，坚持自己的态度和意见，主动与领导沟通，向上级的领导或更高权威上诉，表现出友好、讨好和奉承，在同伴中组成联盟（类似工会）或意见小组等。这些向上影响的有效策略常常为下属群体带来利益，因此成为下属影响领导者的主要手段。一般情况下，下属对上级产生影响，其前提是双方有着共同的目标和利益，或者双方已经建立起良好的互信关系。尽管由于双方关系的不对称，下属对上级领导的影响要远远少于或弱于上级对下属的影响，但是还是那句话，下属的服从不是自然而然的，下属的不服从也不是一无是处的。领导者重视下属的向上影响是明智的。

三、领导者与下属的相互影响

所有群体成员中都拥有这两种角色：领导者和追随者。没有追随者，就没有领导者；没有领导者，追随者也不存在。领导者和追随者在不同时间和不同环境下可以互换角色，许多人同时既是领导者，也是追随者。现实生活中，领导者与下属之间的这种角色关系就决定了双方相互影响的重要性和必然性。关于领导的研究与理论表明，领导者与下属的相互影响是双向的、交换的、互利的。正如领导者—下属交换理论认为的那样，领导者和群体成员的双向关系形成了各自角色间行为的相互依赖。正是这种相互交换和相互依赖构成了领导行为和领导过程的本质。因此，领导就是领导者与下属相互影响的过程。领导者和追随者之间相互影响，无论是领导者还是追随者都在刺激和强化着对方的行为。

关于领导的研究与理论表明，领导者与下属的相互影响是双向的、交换的、互利的。但是也表现出一定的特点。一般来说，领导者和追随者之间的互动并不是对称的。华生（K. M. Watson，1982）的研究就记录了下属和领导之间互动的特点。当领导者试图创建组织时，下属最有可能顺从地照做不误。而当下属试图创建组织时，领导者最普遍的反应就是努力建构不同情境来加以抵制，而不是准许下属的组织开拓行为。此外，尽管被领导者在多数情况下处于被动地位，但其在领导关系中不可或缺的重要地位使得领导者必须重视与下属的关系。在这当中，有的下属处于优势地位，引起领导者的特别关注并与之保持密切的关系，有的下属则与领导者相对疏远一些。双方关系的特点和作用是领导—成员交换理论研究的主要内容。

四、领导者与追随者的心理交换

美国西北大学的米斯克（D. M. Messick，2010）将领导过程视做一种领导者同其追随者之间的心理交换关系。他所描述的观点较少涉及领导者和追随者之间具体的物质交换，而更多地涉及双方相互提供支持和满足的心理交换。为什么人们追随领导者或允许自己被领导？米斯克认为，这是因为在领导者和追随者之间建立了一种平衡，这种平衡反映了领导者和追随者双方维持他们关系的各种动机。领导者之所以领导，追随者之所以追随，是因为领导者提供了有利于追随者的某些价值，追随者则以有利于领导者的方式给予了必要的回应。在米斯克看来，这种相互交换包括五个方面的内容。

（一）领导者的目标和愿景—追随者的专注和自我指导

领导者为其追随者提供愿景（vision）和方向（direction）。他们为组织成员提供前进的目标和方向。在大多数情况下，领导者指定的目标都是具体的、短期的或中期的。但有的领导（如变革型领导或以价值观为本的领导）更愿意为组织和追随者提供美好、宏大的愿景。作为交换，领导者获得的回报是追随者把领导者提供的目标内化为自己的目标，并能够全力以赴地去追求这些目标。追随者知道他们要去哪里，去干什么，专注自己的工作，并且在无须外界监督的条件下进行自我管理。

（二）领导者的保护和安全—追随者的感激和忠诚

领导者的一项重要职能就是保护组织成员，为他们提供安全感和福祉，以维护组织的完整性，可持续地实现组织的目标，并同时捍卫领导者自己的权威。因为一旦下属失去了安全感和保护伞，组织与领导的存在价值就值得怀疑了。作为回报，追随者对领导者表示感激（gratitude）或展示忠诚（loyalty）。米斯克认为这并非义务或必须，而是追随者对体验到的受保护状态的一种道德上或情感上的自然回馈。比如我们同情或施恩于需要帮助的人，对方自然会报以感激，假如我们需要他们的帮助，他们会表示效忠并涌泉相报。

（三）领导者的成就和有效—追随者的承诺和努力

在领导者的组织和指导下，追随者通过完成组织的任务，能够实现由单个人或无领导群体难以实现的目标。人类社会中的许多目标只能通过群体或集体方式才能实现。领导者为下属提供了一个基于组织的成就感和有效性。这种成就感是每一个人的基本社会需求，让追随者感受到尊重和满足。作为回报，追随者向领导者表示承诺（commitment）并付出努力（effort），以加速这种成就感的实现。

在这一双向交换过程中，领导者以成功激励追随者努力工作，追随者为获得成功而辛勤付出。

（四）领导者的接纳和归属感—追随者的合作和牺牲

领导者接纳追随者，使其成为群体或组织中的有价值的成员，为追随者提供了很好的归属感。人类的社会性决定了这一供给的重要价值。有效而优秀的领导者不仅重视追随者的福利和奖励，更看重下属对接纳（inclusion）和归属（belonging）的内在需要。因此集体主义和民族主义经常被一些政治领袖拿来作为巩固其领导地位的可贵资源。组织中的圈内成员也因为比圈外成员具有更贴近领导者的接纳感和归属感而感到更加满足。作为回报，追随者会表现出良好的合作和服从精神，甚至为了群体或组织的整体利益而牺牲其个人利益甚至生命。

（五）领导者的自豪和自尊—追随者的尊重和服从

领导者给追随者提供一种自尊（self-respect）和自豪（pride）感。这种感觉来自在领导者领导下的群体所取得的成就，来自从属于某一有价值的团体的归属感，或来自知道自己工作的价值所在。领导者能够使追随者感到作为组织中的个体而被尊重，并作为团体成员而得到信任。好的领导者能够让追随者感到作为组织中个体的重要性。作为回报，领导者从给予其追随者自豪感和自尊中收获的是尊重（respect），以及追随者对组织或团体规范的服从（obedience）。追随者如果相信自己是群体中有价值的成员，就会愿意遵守规则并承担职责。

米斯克的心理交换理论很有价值，在领导者为追随者提供好处的每个维度中，追随者都通过给领导者提供好处并推进其目标来加以回报。这种心理交换具有以下特点。

首先，领导者和群体的共同目标是维系交换的关键。在米斯克看来，追随者似乎从领导者那里得到了很多。他们获得了方向、安全、授权、接纳和自豪。领导者从追随者那里也得到想要的东西。实现和维系这一交换的基础或关键在于，领导者的目标是群体目标。这其中包含两层含义：一是领导者想要实现目标，只有通过团队、群体或组织才能实现，因此交换是必然发生的；二是如果领导者的目标不是群体的目标，这种交换就难以维系。领导者的正直是有效交换的前提，只有当领导者被认为是真诚的，其动机是出于善意和群体利益时，这种互惠才会起作用。虚伪的领导，通过模仿领导和关心他人来追求个人利益，最终是不会成功的。从长远来看，虚伪的领导者不会从追随者那里得到任何好处，而只会引发追随者的蔑视和嘲笑。

其次，交换是自然的社会心理过程。领导者与追随者的心理交换在大多数情况下是未经思考、自然而然、非预谋和非协议的。这种心理交换是领导者承担领导责任的结果，但并非其最初设定的目的。米斯克的这些观点，揭示了领导者和追随者之间心理交换的基本要素。领导者和追随者之间并不存在一种明确的契约，从这种意义上讲，这种交换并非一种经济的或法律意义上的交换，而是对于扮演不同角色的人的责任和义务的一种非正式的约定。例如，如果追随者没有尽力工作，或者如果他们违反了其本应内化的各种规则，领导者可能就会感到被背叛了；如果领导者的行动并未代表群体的利益，而是为了促进他们自己的个人利益，那么，追随者可能就会觉得领导者违反了这种隐含契约。米斯克提出的这种交换模式符合自然的社会心理过程。

最后，交换的维度并非在所有情况下都同等重要。实际上，这五个维度是存在关联的，交织在一起的，在很多情况下并非一对一的简单对等交换关系。比如，领导者的接纳和归属感，除了获得追随者的合作和牺牲之外，也会获得追随者的感激和忠诚、承诺和努力、尊重和服从。这些维度的交换多是同时发生和进行的。虽然交换被分成了五种类型或五个维度，但这并不代表这些交换维度是平行的，这也充分反映了心理交换的复杂性和多变量性。从这个意义上看，米斯克的心理交换理论比下面将要提到的领导—成员交换理论（LMX）更具有现实意义和理论价值。

第二节 领导—成员交换理论

实际上领导过程就是领导者与下属相互影响和交互作用的过程，在此过程中，双方建立起一种双向关系。领导—成员交换理论（leader-member exchange，LMX）以及大量相关的实证研究就是来具体解释这一交换过程的内在机制和实际作用的。

一、领导—成员交换理论的基本内容

领导—成员交换理论始于1972年，由格兰等人（Graen & Dansereau et al，1972）提出。格兰等人的研究发现，领导者与下属在相互作用过程中建立和发展了不同的双向关系。

（一）圈内成员与圈外成员

早期领导—成员交换理论认为，由于领导者的时间和精力所限，同时下属的态度、动机、能力等存在差异，领导者对下属进行了由潜在到显现的区分，对不同的下属采用了不同的领导风格，不同的下属也对领导者采取了不同的策略，双方建立起不同类型的交换关系。

下属群体中有一部分人对于完成组织目标发挥着较他人更为重要的作用。对于领导者来说，这部分人居于较为重要的地位，领导者与这部分下属建立起较为特殊的关系，他们与领导者的物理和心理距离更近一些，会得到领导者的更多信任和支持，也会获得更多的机会和利益，这些下属也愿意为了保持与上级的密切关系为组织和领导者付出更多的努力，这些下属便成为圈内（in-group）成员。

而其他大部分下属则成为圈外（out-group）成员，他们与领导者的物理和心理距离更远一些。对于圈外下属来说，与领导者保持密切关系以求得到更多优待所需要付出的代价太大了，他们与领导者的关系仅局限于正式的组织关系，完成分内的工作并获得相应报酬就足够了。

领导—成员交换理论最早起源于对新员工的社会化研究，领导者对待新员工的态度和行为会在短时间内呈现不同的交换模式。但是随着新员工变成老员工，圈内与圈外的区分既是相对稳定的，也动态发展的。实际工作中我们不难发现，领导者信任的下属是少数，在一定时间内保持相对稳定，但是随着双方的深入了解，随着互动质量的发展与变化，一些下属会从圈内走向圈外，也有一部分下属会从圈外走向圈内。但是无论如何，领导者与下属在相互作用过程中，总会建立和发展起不同的双向关系。

至于如何成为圈内成员，领导—成员交换理论并没有给出更多的解释。一般认为，领导者与下属共同推动组织目标的实现，其中领导者发挥主导和引领作用。因此，领导者与下属的关系模式主要是由领导者来决定的。领导者会根据下属的态度、动机、能力等因素，发现那些对于完成组织目标发挥着较他人更为重要作用的下属。对于领导者来说，这部分人居于较为重要的地位，领导者投入更多的时间和精力与圈内的这些下属发生工作和个人关系，而另一部分人则居于较为次要的地位，领导者与这部分人接触较少，因而逐渐划分出“圈”的界限。但是，也不能忽视下属对不同关系的主动贡献。上一节提到了下属对上级的各种影响。实际上那些采取主动策略、更愿意影响上级的下属更容易成为圈内成员（当然也可能适得其反）。

（二）交换的内容与质量

领导—成员交换理论认为，领导者与下属之间所交换的内容涉及经济的与社会的、利益的与心理的两个方面。经济或利益交换是围绕着满足双方的物质需求而进行的。在领导者与下属的关系中，圈内下属比圈外下属投入了更多的时间、精力，作出了更多贡献，领导者为圈内下属提供奖赏、升职等作为回报，同时圈内下属帮助领导者实现了组织目标，领导者也获得了更多的经济利益和升迁机会。社会或心理交换主要是围绕满足双方的精神需求而进行的。在领导者与圈内成员的关系中，双方接触和沟通的时间、机会更多，更容易建立相互的理解、尊重、信任和忠诚。圈内下属愿意为领导者分担更多的责任与风险，领导者也给予圈内下属更多的个性化关怀和鼓励。双方的互惠交换对圈内关系形成了积极的强化，使得这种关系保持相对稳定。

领导—成员交换理论将圈内交换定义为高质量交换关系，将圈外交换定义为低质量交换关系。所谓高质量交换关系是指所交换的内容包含了经济的与社会的、利益的与心理的两个方面，或者更多地体现为社会的和心理的交换。其主要特征为领导者与下属之间的信任和支持度较高，下属将得到更多的信任和更多的关照，有着较他人更多的自主性和更多的发展机会；领导者从下属那里得到更多的忠诚和奉献，更有利于组织目标的实现。所谓低质量交换关系是指领导与成员之间的交换以物质或利益的交换为主，双方之间的心理距离比较远。其主要特征为，双方的合作关系更多地体现为组织或上下级关系。下属为了得到双方约定的报酬和利益，做好自己分内的工作，不愿意作出额外的努力和付出，很少与上级接触和沟通，领导者对他们的关注和激励也比较少，双方仅仅达成一种物质或利益交换的平衡。

（三）交换发展阶段

高质量的领导与下属交换关系为有效领导和领导绩效奠定了良好基础。领导—成员交换理论认为，圈内成员关系的建立是领导者与部分成员间实现高质量交换的有效途径。从理论上讲，每一位领导者都希望圈内成员成为大多数，这样更有利于提高领导效能。另外，圈内与圈外也是相对动态的，圈内的扩大无疑是符合领导者预期的。为此，格兰等人提出了建立高质量交换关系的四个发展阶段：

1. 区分阶段，这一阶段主要针对领导者与成员的初次接触，通过相互认知，形成差异性发现，初步作出圈内与圈外的区分，这说明领导者对所有下属并非表现出完全一致的行为，初步区分为领导者后续不同行为奠定了基础。

2. 转化阶段，通过工作中的深入接触，领导者注意改进与圈外成员的关系，提升与圈内成员关系的质量，促进圈外成员向圈内转化，促进圈内成员向核心转化，目前大多数领导—成员交换理论的研究都是集中在第二个阶段，领导—成员交换理论的应用价值也首先体现在这一阶段。

3. 泛化阶段，领导者从对下属的区别化对待转移到与全体成员中的每一个人都建立一对一的合作关系，领导者与下属双方共同构建基于伙伴关系的工作愿景，双方共同促进，合作发展。

4. 团队阶段，将以上一对一的关系扩展到更大范围的框架中，从单纯的二元关系上升至团队水平，形成团队—成员交换关系（team member exchange，TMX），实现双方关系的再度升华，形成团队意识，圈内与圈外融为一个大的整体。

二、领导—成员交换理论的相关理论

领导—成员交换理论之所以得到广泛研究与应用，是因为领导者与成员或下属的这种相互作用具有比较丰富的理论研究基础。其中，垂直双向关系理论、社会交换理论和个体化领导理论都与领导—成员交换理论有关。

1. 垂直双向关系理论（vertical dyad linkage，VDL），是领导—成员交换理论发展的直接基础，甚至最初的领导—成员交换理论就被命名为垂直双向关系。该理论有三个基本观点：一是认为领导者与团队中的下属是一种垂直双向关系，即上级领导与个体下属建立起直接的双向交换关系，双方的关系不受其他成员的影响。二是该模型认为，领导者与下属的垂直关系存在两种不同的类型，一种是基于扩展或额外职责的关系，称为内集团关系，领导者与属于内集团的下属相互信任、相互尊重、相互奉献；另一种是基于正式雇用协议的关系，称为外集团关系，领导者与属于外集团的下属相互之间的交流和作用只是局限于协议规定的工作范围与职能，双方不为对方付出更多。三是下属是归属于内集团还是归属于外集团，主要取决于下属及其个人特征，如人格特征（与领导者相匹配或较强的主动性）、承担额外职责的意愿（动机）、工作能力与技能等。可见，垂直双向关系理论就是早期的领导—成员交换理论。

2. 社会交换理论（social exchange theory，SET），认为组织的个体成员用自己的贡献与领导者或组织所提供的某种报酬构成交换关系。这种交换关系主要包括经济交换和社会交换两类。经济交换以物质的交换契约为基础，双方通过相互约定并达成协议，在协议范围内维持以经济和物质为主要内容的交换关系；社会交换以相互信任与心理依赖为基础，双方的交换完全是出于个人意愿，双方在一种未明确的心理契约范围内维持以精神与社会为主要内容的交换关系。无论是经济交换还是社会交换，其内在机制都是为了满足双方的不同层次的需求。社会交换理论后来也成为交易型领导理论的理论基础。

3. 个体化领导理论（individualized leadership，IL），也认为领导与下属的关系是一种垂直关系，但是更强调双方之间一对一的相互交换，即领导者试图从特定的下属身上获得满意的绩效，而下属则努力寻求一个可以使自己不断实现自我价值的领导者。该理论强调的是一个下属和一个领导者之间一对一的垂直关系，这种关系对于该下属而言是独特的也是唯一的。这种一对一的对应关系是与其他个体分离的，也就是相互独立的，每一个下属都独立于其他下属，而对应的领导者是相同的①。

三、领导—成员交换理论的相关研究

在领导心理学的研究中，关于领导—成员交换理论（以下简称 LMX）的实证研究成果非常丰富。大量 LMX 研究主要探讨 LMX 在组织与领导中的作用和意义。

---

①　钟建安，谢萍，陈子光. 领导—成员交换理论的研究及发展趋势［J］. 应用心理学，2003（2）：46－50.

（一）评价工具的开发与应用

为了观察和研究 LMX 的实际价值，许多学者开发了 LMX 测量工具，如著名的 LMX－7 问卷。这方面的研究主要围绕 LMX 的结构展开。一部分研究者认为 LMX 属于单维结构，强调领导者与下属的交换关系是一种整体的工作关系。而另一部分学者则认为 LMX 包含多个维度，不限于工作关系的交换，还包括工作以外的关系；不局限于领导者的角度，还应包含下属的角度，形成多维度—多视角的领导—成员交换关系。正是由于对 LMX 结构认识的不统一，到目前为止尚没有形成比较公认的评价方法和测量工具。

（二）相关的实证研究

人们试图证明建立高质量的 LMX 关系可以提高和改善领导行为的有效性，换句话说，建立高质量的 LMX 关系是一种有效的领导行为。许多研究都表明，LMX 质量差异对个人和组织都会产生较为显著的影响。

首先，在下属个体层面，尽管员工工作绩效的提高在一定程度上还主要取决于员工的态度、动机和能力，但是关于 LMX 的研究表明，通过改善 LMX 关系可以显著和稳定地提高员工的工作绩效和工作满意度。比如梅菲尔德（J. R. Mayfield et al，1998）等人的研究就表明，圈内成员的工作绩效要普遍高出圈外成员工作绩效 20% 左右，工作满意度水平则要高出 50%，这种差异已在不同的职务类型中都得到证实。格尔斯特纳等人（Gerstner & Day，1997）的元分析也表明，LMX 与工作绩效、对上级的满意度、总体满意度、承诺、角色冲突、任务明确和成员能力等之间都存在着相当显著的交互作用。许多研究发现，领导者与成员间的高质量的交换活动，可以产生更少的雇员流失现象、更多肯定的工作表现评价、更频繁的提升、更多的组织承诺、更高的工作积极性、更好的工作态度、得到领导者更多的关注和支持、更多的参与行为和更快的职业发展①。

其次，在组织层面，LMX 本身就说明了领导者和下属间的交换活动如何促进领导绩效。在这方面，所谓的领导制作（leadership making）就是通过建立领导—下属之间高质量的交换关系来提高领导与组织绩效的过程。领导制作强调，领导者应该与所有下属或组织成员都建立高质量的交换关系。通过这种积极的、建设性的合作关系的建立，可以大大推动组织目标的实现和领导者个人事业的发展。

（三）LMX 理论的应用价值

LMX 理论对于有效领导的启发是很大的。尽管组织中圈内与圈外关系早已为人们司空见惯，但是对领导者与组织成员的这种交换关系却缺乏深入研究。

---

① 诺思豪斯．领导学：理论与实践［M］．吴荣先，译．2 版．南京：江苏教育出版社，2002：74.

LMX 理论建议领导者以与下属之间建立高质量的交换关系为出发点，通过相互信任、相互尊重、相互依赖和相互发展，构建一支高效的合作团队。LMX 还建议领导者要将更多的组织成员纳入圈内范围，建立一个更为广泛的领导网络，这无疑将有益于组织目标的实现和组织成员（包括领导者本人）的事业发展。当然，理想的领导情境是 LMX 的第四发展阶段，领导者—团体—成员构建成一个目标一致、关系紧密的共同体。即使那样，也是一个利益关系和社会关系的共同体，仍然建立在相互满足各自需要的交换关系之上。

第三节　交易型领导理论

组织情境中的领导过程除了领导者与下属之间的相互作用与影响之外，更重要的是什么原因推动和维系了双方的相互作用，仅有对立的或简单的交换关系是不够的。许多领导研究渐渐发现，领导行为或交互作用背后的是领导者和下属的各自需求以及相互满足。也就是说，领导的本质在于领导者与下属之间的利益和心理的动态交换，这种交换过程从上下级关系建立开始就已形成并逐渐发展。这种现象就是交易型领导模式。交易型领导揭示了领导行为和领导过程的本质，领导者之所以成为领导者，或者领导过程之所以发生并延续，是因为领导者与被领导者之间发生的利益或心理交换。

一、交易型领导的基本内涵

伯恩斯（Burns，1978）将领导分为两种基本类型——交易型领导和变革型领导。他认为大多数领导者和追随者的关系是交易型的——领导者接近追随者是着眼于以物易物，以利益交换利益，以工作换选票，诸如此类的交易构成了领导者和追随者之间关系的主流，特别是在各种群体、立法机构和政党团体中。

伯恩斯对交易型领导的定义是广义的，他认为交易型领导并不局限于规范的组织或团体中。在其著名的《领导》一书中，他讨论了政治领导、舆论领导、小群体领导、政党领导、立法领导、行政领导等多种领域中的交易型领导问题。比如，对于利用媒体和舆论与大众发生关系的政治领导，他认为交易过程存在着复杂的变化关系。在公众舆论的世界，交易一开始可能并不像用选票交换就业那样实在。相反，这种交易关系经常可能是始于心理的交换，领导者与追随者相互交谈，领导者引导追随者作出回应，追随者作出回应之后，领导者进一步采取主动行为，双方相互迎合，互为反应。领导者激发交易最初的行为可能包括手势、笑容、掌声、许诺、民意测验和回复信件等，随后才是更为实在的交换。在选举中，追随者投票支持领导者，领导者在立法机构为追随者利益而呼吁和奔走。伯恩斯设想领导者与追随者是在政治市场中交换满足他们相互需要的东西，这与社会学中的古典交换理论不谋而合。交易型领导所迎合的，有可能是追随者基本的、持久的和真实的欲望，也可能是深藏于内心的不易察觉的需要，甚至可能是追随者关于道德和正义的信念。因此，交易型领导更容易出现在西方式所谓的“民主体制”中，这种体制为交易型领导提供了天然的生存土壤。

同样，交易型领导在小型的非正规群体中是非常普遍的一种现象。伯恩斯分析考察了街头青年群体（类似帮派群体）中的领导交易行为。这类的小群体往往是一个很有凝聚力的群体，有着稳定的相互关系和清晰的领导结构。群体首领的主要职能是在群体成员的个人需要与群体整体目标之间保持均衡。群体领导者利用所占有的资源，来调动其他群体成员的需要、动机、期望、价值观等，满足他们的基本需求以及归属感、安全、尊重等社会需求；交换领导者会诱使或迫使这些成员按照自己所期望的那样去行动，比如去掠夺并占有更多新的资源，以作为领导者的交易资本。在这样的群体中，交易型领导的模式和过程十分清晰。

巴斯也阐述了他对交易型领导的理解。在其 1985 年出版的《领导与超越期望的绩效》一书中，巴斯提出交易型领导是以领导—成员交换理论和路径—目标理论为基础发展而来的，认为交易型领导是通过在奖酬基础上的即时交换来影响追随者，同时领导者确认并澄清员工的工作角色，使员工具有方向感；了解并满足员工的需要，促使其努力工作。交易型领导更强调工作标准、任务分配和组织目标。我国学者时勘等人也认为，在中国文化背景下的交易型领导，是指在了解下属需要的基础上，运用各种策略，通过澄清角色、工作要求和工作目标，促使员工努力完成工作，从而满足员工需要的领导行为。

在许多关于交易型领导的研究中，大多数研究者都将交易型领导看做更关注任务的完成情况和下属的服从与支持，与后面提到的变革型领导相比，交易型领导更多地依赖组织的奖惩制度来影响员工的表现。在交易型领导中，领导者与员工间的关系是相互依赖的，领导者与员工都把对方视为满足需要的途径，领导者希望员工通过努力实现组织目标，而员工则希望在达成目标后能获得精神上或物质上的奖励。因此，领导者之所以成为领导者，或者之所以具有领导力，是因为领导者掌握了员工所需要的各种资源，并且可以通过对资源的控制和分配，来影响员工通过努力来实现组织目标，并以此换取基于个人需要的报酬和奖赏。

由此可见，后来巴斯等人的交易型领导更微观、更狭义一些。目前领导心理研究中关于交易型领导的大多数研究都是基于正式的组织行为（如表 6 - 1 中关于交易型领导的各种定义）。实际上，正如伯恩斯指出的那样，交易型领导在各类群体中都是非常普遍的，正式组织或非正式组织，大团队或小群体，都存在着交易型的领导行为；领导与下属或追随者的交易也是广义的，既包含物质和经济的交换，更包含社会和心理的交换。因此在一定程度上，交易型领导揭示了人类领导行为的基本机制。

表 6-1　国外研究者对交易型领导的定义①

研究者	定义
Burns，1978	交易型领导是领导者与成员通过磋商达到互惠的过程，领导者与成员在最大利益和最小损失的原则下，来达成共同的目标
Bass，1985	领导者确认并澄清员工的工作角色，以使员工有方向感，了解并满足员工的需要，以促使其努力工作
Sergiovanni，1990	交易型领导是一种以物易物的领导，领导者与下属为了各自的利益与目的，通过协议约定而各取所需
Leithwood，1994	组织中各种酬赏系统被领导者所应用，以换取领导者所要的成果
Pillai et al，1999	交易型领导是建立在交易过程中，领导者依照下属的努力与表现情况给予奖赏反馈
Robbins，2001	领导者通过澄清角色及工作要求来建立目标与方向，并以此来引导或激励下属

二、交易型领导的测量结构

为了评估领导者的交易与变革取向，巴斯等人还提出了交易型领导的基本结构及其构成维度，并为每一维度开发了测量项目。这些维度包括：

1. 权变奖励（contingent reward）。指领导者视员工的工作表现、绩效情况给予适当的奖励。权变奖励是交易型领导的核心要素，体现的是员工的积极目标行为与领导者的适应性奖励之间的交换过程。在这一过程中，领导者向员工提出明确的工作要求和绩效标准，双方对完成任务后的相应报酬与奖励达成一致。在心理机制上，权变奖励体现的是对目标行为的正强化。

2. 积极的例外管理（positive management by exception）。指领导者检查员工违反规定或达不到工作要求的消极目标行为，发现后立即给予纠正，并根据工作规范找出存在的偏差，指出改进的方向与内容。积极的例外管理属于对非目标行为的负强化，其特征是主动干预和过程评价。

3. 消极的例外管理（negative management by exception）。指领导者只是在发现问题严重时才进行干预，给予批评和惩罚，并不给予纠正或指正。同样是针对非目标行为的负强化，消极的例外管理的主要特征是被动干预和终结评价。两种例外管理揭示的是低水平的领导交易。

4. 放任型（laissez-faire 或 non-leadership）。指领导者采用不干涉的任其自然方式。表现为领导者放弃责任，避免决策，不予反馈，停止互动。交易从领导者一边中断了。无交易也就无领导，这一极端情况说明交易对领导的重要性。

国内一些学者也针对交易型领导的内部结构进行了探索和研究。有研究（姚

① 陈文晶，时勘．变革型领导和交易型领导的回顾与展望［J］．管理评论，2007，19（9）：24.

艳虹等，2008）结合中国文化的特征，对交易型领导结构维度进行了梳理，编制了交易型领导结构的调查问卷和特征量表，得到了我国企业交易型领导的七大类行为特征：权变奖励，积极的例外管理，消极的例外管理，关系支持，典型示范，中庸之道和无为而治。

特别需要说明的是，交易型领导并不像字面意义上那样狭隘或庸俗，并不意味着复杂的领导过程仅仅是纯粹的利益交易。人类社会发展的基础就是各种物质和精神的需要。满足个体不同层次的需要也是组织和团体发展的基本动力。领导与成员的所谓交易与组织崇高目标的实现并无矛盾，这一过程是自然而然的客观存在。当然，交易型领导并不能解释所有的领导与被领导行为，因为人类不仅有需要，也有追求。

三、交易型领导的相关研究

由于变革型领导的价值优势，人们对交易型领导的研究显得有些冷漠。与针对变革型领导的大量研究相比，国内外关于交易型领导的实证研究相对较少。同时，由于大量研究采用了巴斯测量变革型领导的多因素领导问卷（MLQ），因此针对交易型领导的研究往往作为变革型领导研究的一部分呈现。即使这样，人们对于交易型领导对组织绩效等多种因素的影响还是开展了一些研究，得到了一些基本认识。

早期研究多重视变革型领导的作用，认为交易型领导作用有限，这种结论可能同研究对象与样本的组织氛围以及任务情境有关。后来大部分研究结果得到的结论是，变革型领导与交易型领导同样都能积极有效地影响团队的任务绩效，只不过在一些富于挑战性和创新性的任务情境中，变革型领导的贡献可能更大一些；而在一些常规性和传统性组织情境中，交易型领导却能发挥更大的影响。实际上，在大多数情况下，组织中的领导都是基于交易型领导模式的。交易型领导并不简单地等于交易本身，而是包含了大量路径—目标理论的领导成分。交易型领导的确是通过基于奖酬的即时交换来影响追随者的，同时交易型领导也需要确认并澄清员工的工作角色，使员工具有方向感；了解并满足员工的需要，促使其努力工作；强调工作标准、任务分配和组织目标。这些都可以在巴斯的权变奖励和例外管理中得到充分的证实。

国内一些研究也证明，变革型领导力和交易型领导力能够用来预测团队绩效，但需要重视任务类型在中间起到的缓冲或调节作用（杨凯，马剑虹，2009）。由于团队情绪氛围的不同，在某些团队中变革型领导与交易型领导对团队创新绩效是正影响，而在另一些团队中变革型领导与交易型领导对团队创新绩效是负影响，这一点证明了不能孤立地去研究领导方式对团队创新绩效的影响，而应该考虑其发挥作用的情境——团队情绪氛围；当团队情绪氛围比较积极时，变革型领导与团队创新绩效正相关，交易型领导与团队创新绩效负相关；当团队情绪氛围比较消极时，变革型领导与团队创新绩效负相关，交易型领导与团队创新绩效正相关（刘小禹，孙健敏等，2011）。交易型战略性领导者会积极影响个人、团队和组织等各个层次的学习过程以强化、精炼和开发利用组织中现有的知识（戴万稳，蒋建武，2010）。

第四节 变革型领导理论

交易型领导是基于交换的原则来满足下属的基本需要，而变革型领导是根据发展的原则来满足下级更高的需求，使他们成为完备的人。因此，如果说交换或交易反映了领导过程与领导行为的基本机制，那么变革型领导就是这一机制中的高端境界。同样是交换或交易，变革型领导是以人格魅力、精神智慧和道德力量等换取被领导者的无条件追随和奉献。正是由于变革型领导存在的这种价值优势，三十多年来，领导心理学中对变革型领导的研究几乎是暴风骤雨式的。人们对于变革型领导的偏爱反映出对高境界领导的向往和追求。

一、变革型领导的基本内涵

变革型领导一词首先是由唐顿（Downton）于 1973 年在《反叛领导》（*Rebel Leadership*）一书提出的。伯恩斯于 1978 年在《领导》一书中阐述了变革型领导的基本概念。1985 年，巴斯出版了《领导与超越期望的绩效》，系统构建了变革型领导理论。

伯恩斯通过区分交易型领导和变革型领导，将领导行为看做领导者与被领导者相互作用的过程。他认为交易型领导和变革型领导是这个相互作用连续体上的两个极端，可以用被领导者低层次需要和高层次需要的满足程度来衡量或者界定领导者在这一连续体上的具体位置。在这方面，伯恩斯的变革型领导概念有着浓厚的需要层次论的影子。他是这样定义变革型领导的（伯恩斯，2007），“变革型领导者能够确认并利用追随者内在的或当前的各种需求，能够发掘追随者潜在的动机，并且试图满足追随者更高的需要，使追随者成为全身心地为领导者和他自己效劳的人。变革型领导的结果就是形成一种相互激励和促进的关系，这种关系会使追随者转化为领导者，也会使领导者成为道德的代言人”。

可见，变革型领导更关注被领导者的深层需要和动机，希望通过唤起领导者的深层需要和动机，在为领导者和组织忘我工作的同时也改变了自身的价值观和存在状态。回忆中国革命的历史进程我们不难发现，以毛泽东为代表的中国共产党在引领人民争取民族解放的过程中，并没有局限于为广大人民群众解决基本的温饱问题，而是关注并唤起人民群众渴望民族自由、独立与复兴的内在精神需求。为了实现这一需求，多少志士仁人不惜付出生命，人民在革命进程中始终保持高昂的斗志和精神，焕发了无穷的潜能，他们创造了历史，也改变了自身。变革型领导者通过提出更高的理想和价值，如自由、正义、公平、高尚道德等，以唤起被领导者的自觉，进而帮助并引领他们满足较高层次的内在需要，使他们能由“平凡自我”（everyday selves）提升为“更佳自我”（better selves）。

巴斯则认为变革型领导更倾向于改变下属的价值与信念，引导下属超越自我利益，追求更高的目标。在变革型领导的影响与作用下，被领导者对领导者更容易产生信任、尊敬及忠诚，成为可持续的追随者。在此过程中，双方相互激励、相互促进，为了共同的目标而不遗余力地奋斗。研究者由于观点不同，对变革型领导提出了许多不同的定义。我国学者陈文晶、时勘总结归纳了国外主要研究者对变革型领导的定义（见表6－2）。

表6－2 国外主要研究者对变革型领导的定义①

研究者	定义
Burns（1978）	变革型领导是领导者通过较高的理念与道德价值，激发、鼓舞员工的动机，使下属能全力投入工作，进而提升下属成为领导者，而领导者则成为推动改革的原动力。它是领导者和下属之间相互提升到较高的需要层次及动机的过程
Bass（1985）	变革型领导通过让员工意识到所承担任务的重要意义，激发下属的高层次需要，建立互相信任的氛围，促使下属为了组织的利益牺牲自己的利益，并达到超过原来期望的结果
Yukl（1989，1994）	变革型领导是指影响组织成员在态度上与假设上产生改变，并建立对组织使命或目标的承诺。它强调领导者要赋予成员自主性来完成目标，以改变组织文化与结构，并与管理策略相配合，进而完成组织的目标
Sergiovanni（1990）	变革型领导是一种附加价值的情感领导，强调高层次、内在动机与需要。领导者激发成员发挥智能，超越原有的动机与期望，这种领导具有文化与道德的意义
Leithwood（1992）	变革型领导是由领导者提供愿景作为内在诱因，通过分享、投入、热情与刺激等手段，在实际运作过程中改进并提升成员的想法，使其对未来充满希望
Waddell（1996）	变革型领导是领导者能与下属共同创造专业气氛与态度，通过专业的发展，决策的分享，自我价值的提升，进而创造一种尊重、接纳、友善、支持成长与学习的环境
Fields & Herold（1997）	变革型领导是通过下属对领导者及其愿景的认同，使下属能超越利益上的交换

① 陈文晶，时勘．变革型领导和交易型领导的回顾与展望［J］．管理评论，2007，19（9）：23.

（续表）

研究者	定义
Pillai et al.（1999）	变革型领导是领导者通过激发下属较高层次的需要、促进组织的信任关系，使下属将组织利益建构在自身利益之上，以促使下属能做出超越预期的表现
Wilmore & Thomas（2001）	变革型领导是一种合作、决策分享的取向，它强调专业能力的发展与授权，了解变革而且鼓励成员进行变革
Robbins（2001）	变革型领导者具有魅力特质，对追随者具有特别影响力，激发下属为组织牺牲自身利益，并且给予下属个性化关怀与智能上的激发，使下属愿意尽最大的努力，实现团体目标

变革型领导区别于其他领导模式（尤其是交易型领导）的一个重要特征，就是对意识形态的引领和改变。在变革型领导模式中，领导者的首要任务就是提升被领导者的意识——自我觉醒的意识，更高追求的意识，高尚道德的意识等。只有改变被领导者的意识，激发并提升组织成员的需求层次、道德水平、价值观念、责任感、奉献精神和工作潜能，才能实现组织的发展与变革。对于组织变革而言，虽然交易型领导并不是无能为力，但在领导效能上无法与变革型领导相提并论。因此是否成为变革型领导者，在很大程度上取决于领导者对意识领导的重视程度和能力水平，这其中也包含领导者自身的示范和榜样作用。

尽管一些研究认为，变革型领导是基于领导者的人格特质或价值取向的，其领导模式具有十分强烈的个人特点。例如古今中外典型的变革型领袖——毛泽东、曼德拉、甘地、罗斯福等人，他们的变革型领导模型都具有鲜明的人格特征与心理动力学基础。因此人们容易将变革型领导看做具有特殊品质、能够改变别人的人。但是大多数学者还是更倾向于将变革型领导看做可习得、可发展的行为方式，看做一种可观测、可干预的领导过程。与变革型领导相比，豪斯提出的魅力型领导具有的特质倾向更加鲜明，因此在本书中我们将魅力型领导作为领导特质的一个重要表现来看待。

二、变革型领导的测量结构

巴斯对变革型领导理论的一个重要贡献就是将变革型领导结构化，使之成为可评价、可认知、可发展的领导行为方式。巴斯与艾沃里奥（Bass & Avolio，1993）提出了变革型领导的测量结构。这一结构后来成为变革型领导研究的重要基础。

1. 理想化影响（idealized influence）。包含两层含义，一是指变革型领导者以自身较高的道德标准和行为示范为追随者树立榜样，赢得追随者的认同、信任、尊重和仿效；二是领导者为追随者确定一个目标和愿景，让追随者看到希望，树立使命感和责任感。所以理想化影响既包含领袖的高尚品质也包含为追随者指明方向。

2. 鼓舞干劲（inspiration）。是指领导者在理想化影响的基础上，通过激发追随者的内在需求和动机，调动他们对组织愿景的认同，激励他们投身于实现组织目标的进程中去。领导者常利用充满激情的演讲、富有感染力的亲密接触、增强团队精神的文化氛围等方式，来鼓舞追随者的干劲和力量。

3. 智力激发（intellectual stimulation）。是指领导者引导追随者对原有的认识、思想、观念和行为方式等提出质疑，鼓励追随者独立思考问题和仔细解决问题，勇于挑战自身、领导者和所在组织固有的价值观和工作方式，激发追随者创新和变革的巨大潜能。变革型领导者自身也表现出超人的胆识和智慧，和追随者一道追求变革和发展。

4. 个性化关怀（individualized consideration）。也包含两层含义，一是指变革型领导者特别关注追随者的个性化需求，通过倾听、非正式接触、支持性氛围等方式获得追随者的真实想法，主要是那些高层次的内在需要；二是领导者通过给予支持、提供指导、委托授权等方式，努力帮助追随者实现自己与组织的共同目标。

变革型领导的构成一直是这一领域研究的焦点。继巴斯的四因素说之后，帕德萨科夫（Podsakoff et al，1990）提出了变革型领导的六维度模型——促进合作、个性化关怀、榜样示范、表达愿景、提出高期望和智能激发。陈和法赫（Chen & Farh，1999）提出了华人文化背景下的变革型领导模型，将上述六维度进一步概括为两大维度，即关系导向（促进合作、个性化关怀、榜样示范）和任务导向（表达愿景、提出高期望和智能激发）。我国学者李超平、时勘（2005）等也提出了中国社会文化情境下变革型领导的四维度模型——德行垂范、领导魅力、愿景激励、个性化关怀。

关于变革型领导的实证研究大部分是围绕变革型领导的构成与效能展开的。在过去的十余年中，这方面的研究文献遍布应用心理学、管理心理学、组织行为学以及领导学的专业刊物。通过对变革型文献进行元分析发现，总体上看，变革型领导比交易型领导更有效，对领导绩效的预测性也更好。实证研究的数据基本可以证实变革型领导的一些假设，比如领导者对被领导者的激励作用更强，被领导者为了集体或组织的利益可以超越和牺牲个人的利益，圈外和圈内融合到一起，团队精神、凝聚力、创造力等都是组织绩效的直接贡献源和推动力。当然，变革型领导也不是万能的。并不是所有研究都认为这种占领道德高地的领导方式对任何组织和任务都同样适用。比如许多文献都提到过，变革型领导的研究大部分都是基于高层领导或战略领导的，如群众领袖、大公司首席执行官等。对于领导具体任务的组织内领导或中低层领导，变革型领导显然有点高高在上。在讨论交易型领导对组织绩效的影响时，我们就提出了变革型领导和交易型领导有效性的权变观点。在看到变革型领导的特别优势的同时，也不应否认任何领导方式都是有局限或基于情境的。

三、变革型领导理论的其他变式

继伯恩斯和巴斯的变革型领导理论之后，其他研究者也从不同角度关注领导者与被领导者在更深层次内在需求上的互动关系，提出了以价值观为本的领导、愿景式领导等理论，都是强调领导者对被领导者的需求唤起、动机激励和意识改变等作用，虽然不能称这些理论或模型为变革型领导，但是它们与变革型领导的核心特征是相同的，因此可以将其看做变革型领导理论的其他变式。

（一）以价值观为本的领导

1. 基本内涵

以价值观为本的领导（value based leadership，VBL）又称为基于价值观的领导。与变革型领导一样，在研究领导者与被领导者相互作用方面，以价值观为本的领导也是侧重更高境界的价值认同和精神激励作用。

以价值观为本的领导是豪斯于20世纪90年代提出的。豪斯通过魅力型领导的研究发现，领导者对被领导者的动机激励是有效领导或额外绩效的关键。所谓以价值观为本的领导，就是领导者和下属共同分享一种强烈的、内在化的愿景，通过价值观的激励使所有成员发挥最大效能而实现组织目标。持有明确价值观的领导者，通过明确表达愿景，向组织和工作注入自己的价值观，唤醒追随者对集体和集体愿景的强烈认同，引发他们的负罪感而努力工作，齐心协力实现组织目标①。

以价值观为本的领导理论汇集并融合了变革型领导、魅力型领导、愿景型领导、路径—目标理论以及领导动机框架理论的主要观点，是一种综合的领导理论。从中我们可以看到魅力型领导所倡导的高尚领导特质，也可以看出变革型领导和路径—目标理论所强调的领导者对于被领导者的引领和指导作用，还可以发现领导动机框架理论（McClelland et al，1982）所主张的有效动机组合对领导绩效的积极贡献关系。为了探索以价值观为本的领导理论在世界各种文化背景下的有效性，豪斯组织了一项全球性领导研究项目，在全球60多个国家和地区展开有关以价值观为本的领导理论的实证研究。以吴维库、富萍萍等人为代表的部分中国研究者参与了这项全球项目。研究结果表明，以价值观为本的领导学理论在中国文化背景下是完全适用的，并且具有很好的应用和发展前景。

2. 结构模型

全球性领导研究项目在中国的研究证实了以价值观为本的领导模型包含四个

---

① 吴维库，富萍萍，刘军．以价值观为本的领导行为与组织绩效在中国的实证研究[J]．系统工程理论方法应用，2003（1）：8.

维度——愿景规划，鼓舞人心，正直，对下属有信心。以价值观为本的领导行为主要体现为，领导者对下属有足够的信心，交给其重要的、有意义的工作，并且传达高层的期望，使他们从内心深处感受到被器重与尊重；领导者有远见、道德高尚并真诚地对待员工，能够使他们觉得跟着这样的领导有信心、有保障，进而愿意将自己融入集体事业，作出积极的努力；领导者在企业中强调价值和信仰的重要性，以正面情绪注入工作，教育并引导员工，极大地激励员工的工作热情，在实现自身价值的同时实现组织目标。研究表明，这四个因素构成的以价值观为本的领导行为是普遍有效的，它们能够直接引发领导者与追随者的感情共鸣，领导者所注入的价值观也容易获得下属的认同，内心价值观和动机的激励效果是长久而有效的①。

从中我们可以发现，以价值观为本的领导模型与变革型领导、愿景式领导等有着高度的重叠，都是强调领导者的榜样、愿景、价值观及其对被领导者的激励作用。因此，我们可以将以价值观为本的领导模型看做各种新型领导理论的高度融合。不过，以价值观为本的领导还解释了变革型领导不能自圆其说的某些领导现象，如希特勒等反人类领导者是否可以被看做变革型领导者。如果简单使用变革型领导概念及其结构去衡量或评价的话，这类反人类政治领袖无疑是具有很强的变革型特征的。尽管变革型领导也有微弱的道德维度，但是道德也是基于特定社会文化背景的。至少从局部的或短期的效应来看，其领导是富有变革性的，而且是有效的。如果使用以价值观为本的领导模型来衡量，这类反人类领导者显然是倒行逆施的，因为他们的价值观不符合人类社会的普世价值。因此在一定程度上，以价值观为本的领导比变革型领导更能概括和反映领导显现的本质与规律。

（二）愿景型领导

1. 基本内涵

愿景型领导（visionary leadership）强调领导者在了解组织成员内在需求的前提下，通过建立领导者、下属及团队共同的目标和远景，来激励员工朝着愿景目标的方向而努力。愿景型领导是一种战略领导。基于战略的领导已成为影响领导有效性和组织绩效的关键因素。

尽管愿景型领导这一现象相对较为简单，但是关于愿景型领导的定义在理论界并没有一个统一的认识。一般认为，愿景型领导是指领导者拥有对未来发展的、激励人心的清晰画面或景象描述，并将这种愿景传达给被领导者，获得他们的认同和内化，从而形成对组织行为的有效激励。综合许多关于愿景型领导的描述，我们可以发现，战略性、共同性、激励性是愿景型领导的主要特征。首先，

---

① 吴维库，富萍萍，刘军．以价值观为本的领导行为与组织绩效在中国的实证研究［J］．系统工程理论方法应用，2003（1）：8.

愿景是关于组织长远战略的，而不是近期计划的；其次，愿景不是领导者个人的事情，愿景型领导之所以有效，是因为领导者与下属基于组织和成员的共同需要一起设计未来的发展目标，愿景是在双方互动过程中形成的；最后，愿景的作用在于激励，领导者通过向被领导者说明、传播和注入共同的愿景，激励下属可持续地为目标努力工作和奋斗。与其他新型领导理论对领导特质、行为及情境的综合性和融合性相同，愿景型领导也强调领导者的愿景特质（如富有洞察力和创造性）、愿景行为（如战略思维和激励下属）、愿景情境（如处于变革与挑战时期的组织情境）及其对下属的激励。

2. 结构模型

有研究者（贾良定、唐翌等，2004）对愿景型领导的构成维度（visionary leadership facets）进行了细致的划分，从愿景产生于发展的心智能力、模式、逻辑、特征和战略焦点等方面，详细刻画了愿景型领导的基本内涵，对于愿景型领导的研究与应用很有价值（见表 6 -3）。

表 6 -3　愿景型领导的构成维度①

（一）愿景产生的心智能力：愿景型领导具有非常突出、显著的心智能力
1. 想象力（imagination）
2. 灵感（inspiration）
3. 远见、先见之明（foresight）
4. 外部洞察力（external insight）
5. 内部洞察力（internal insight）
6. 聪明（sagacity）
（二）愿景产生的心智模式
7. 内省（introspection）
8. 互动（interaction）
（三）愿景产生和发展的心智逻辑
9. 演绎（deductive）：坚持原有观念和思路
10. 归纳（inductive）：善于总结归纳
（四）愿景发展的心智特征
11. 愿景的发展是深思熟虑（deliberately）、有组织的学习思考过程
12. 愿景的发展是较少深思熟虑（less deliberately）、较少有组织的学习思考过程
13. 愿景的发展是突然的（sudden）过程
14. 愿景的发展是渐渐的（gradual）过程

① 贾良定，唐翌，李宗卉，等. 愿景型领导：中国企业家的实证研究及其启示［J］. 管理世界，2004（2）：87.

（续表）

（五）愿景的战略焦点：最想在什么方面取得实质性的改善与进步
15. 产品（product focus）
16. 服务（service focus）
17. 组织（organization focus）
18. 市场（market focus）
19. 理想（ideals focus）

也有研究（Westley & Mintzberg，1989）提出愿景型领导过程由三个阶段构成：领导者对未来组织愿景的憧憬和想象；领导者有效地描述愿景并传递给追随者；执行与实施愿景，努力实现愿景所描绘的未来。萨哈金（M. Sashkin & M. G. Sashkin，2003）将愿景型领导的构成因素分为愿景领导行为、愿景领导者特征、组织愿景文化构建等三个方面，依此对组织中的愿景型领导进行测量。有学者（N. Khatri，2005）提出了愿景型领导特征的两维度模型。这两个维度是：（1）专家和分析，指领导者的专长、知识、解决问题的能力和分析性思考；（2）愿景和未来，指领导者是否有愿景、战略性思考、着眼长远、预见未来、识别发展机遇。我国学者李效云、王重鸣（2004）通过对国内不同行业的领导者进行访谈和问卷调查研究，提出了愿景型领导的六因素模型——分析决断，学习总结，机会意识，战略前瞻，勤奋务实，关注现实。

【建议参考资料】

1. 伯恩斯．领袖［M］．常健，译．北京：中国人民大学出版社，2007.

2. BASS B M. Bass & stogdill's handbook of leadership：theory，research and managerial applications. 3rd ed. New York：Free Press，1990.

3. 陈文晶，时勘．变革型领导和交易型领导的回顾与展望［J］．管理评论，2007，19（9）：22－29.

4. 梅西克，克雷默．领导心理学：新视野及其研究［M］．柳恒超，刘建洲，译．上海：复旦大学出版社，2010.

5. 任孝鹏，王辉．领导—部属交换（LMX）的回顾与展望［J］．心理科学进展，2005，13（6）：788－797.

【问题与思考】

1. 领导者与下属如何发生相互作用与影响？
2. 领导—成员交换理论给我们哪些重要的启示？
3. 如何有效地发挥下属的向上影响力？
4. 交易型领导与变革型领导各自有哪些优势与不足？
5. 变革型领导的适应情境是什么？变革型领导具有普遍意义吗？

第七章　非常规领导的交互作用

【本章提要】

本章主要介绍非常规领导模式下的领导者与被领导者的交互作用，其中包括来自被领导者的自我领导，来自领导者的服务型领导模式，以及体现领导者与被领导者合作共治的共享型领导和团队领导。这些非常规的领导模式是传统领导模式的重要补充或替代，在特定情境下可发挥更为重要的作用。

【学习重点】

1. 自我领导的概念与机制
2. 服务型领导的概念与机制
3. 共享型领导的概念与机制
4. 团队领导的概念与机制

【重要术语】

自我领导　服务型领导　共享型领导　团队领导　替代领导

还有一些领导现象，并不完全表现为领导者与被领导者的双向交互作用，而是单边的或融为一体的，这实际上是一种领导要素之间非传统的作用关系，我们将其归纳为领导者与被领导者非常规的交互作用。其中主要包括来自被领导者的自我领导，来自领导者的服务型领导模式，以及体现领导者与被领导者合作共治的共享型领导和团队领导。这些非常规的领导者与被领导者的交互作用，为双方和团队带来了不同的心理体验和相互关系。在特定的社会与组织情境下，这类领导模式和领导关系的有效性更要超过常规的领导模式。

第一节　被领导者的自我领导

传统意义上的领导行为一般发生自领导者，比如通过交换或影响来实施领导，以实现组织的目标。随着经济社会发展的时代变迁，领导在组织与团队中的作用和功能发生了显著的变化，领导者与被领导者的关系也发生了一些明显的改变。被领导者并不是完全被动地接受领导。在领导者的激发和引领下，被领导者通过自我管理、自我领导、团队领导等领导行为，可以更高效地实现组织目标。

这些来自被领导者的领导行为不再完全依赖领导者，我们称之为替代领导。但是对于被领导者的替代领导行为，领导者不是袖手旁观，更不是放任不管，领导者为了激发被领导者的领导行为，需要更高超的领导观念和领导方式。

一、自我领导的基本概念

自我领导（self-leadership）是曼兹（Manz，1986）在自我管理理论的基础上提出的，是人们为了自我指导与自我激励而进行的自我影响、自我引导的过程。所谓自我领导，就是被领导者自己领导自己。自我领导理论假设，当被领导者具备很高的职业素质和专业能力以后，他们就会产生一种使命感和责任感，通过各种自我指导和自我激励的方式，在工作中自己领导自己，从而起到替代领导者领导的作用。自我领导行为包括根据组织的需求和自身的情况，确定工作方向和目标，计划完成任务的进度和步骤，确定行动的时间与地点，主动与他人沟通协作，正确预测和评估自己的工作效果并进行自我奖励与惩罚，最大限度地发挥创造性和工作激情，以期在工作过程中和工作绩效的回报中获得满足。

既然自我领导是在自我管理的基础上发展而来的，那么有必要对这两个概念作出有效的区分。自我领导与自我管理在概念上和实践中存在很大交集，但又彼此不同，各有侧重。在外显行为上，自我领导与自我管理都有共同的表现，如自我设定目标、自我观察、自我监督、自我评价和自我修正等，但是二者的出发点与内在动机有很大不同。自我管理主要是为了规范个体行为，减少个体行为与组织目标及团体规范不一致的地方，通过外部奖励获得自我强化。而自我领导追求的主要是任务或行为本身具有的自然报偿，因此行为的动力和持续性更强。失去了外部的约束和强化，自我管理就失去了动力，自我领导则不然，它主要依靠自身的内部驱动，具有更深层次和更高层级的动力机制。因此，自我领导与自我管理是两个相对独立的概念。

自我领导是个体在实践活动经验积累的基础上，通过自身需要的驱动，根据内部标准的指导，运用内部奖赏实现自我激励而达成绩效的自我影响过程①。尽管自我领导是针对被领导者提出的，但是对领导者本身也具有很重要的实践意义。实际上，大多数领导者本身也是上一级领导的被领导者。若一味依赖外部强化，那么领导行为的激励强度和持续性就存在问题。现实中，一些领导者过度看重外在的奖赏和提任，缺乏对内在需求和自我价值的认知，自我领导的能力亟待提高。

---

① 赵国祥，梁瀚中．国外自我领导研究的现状述评［J］．心理科学进展，2011，19（4）：590.

二、自我领导的机制与构成

在过去的近30年间，自我领导理论引起了众多研究者的极大兴趣，积累了大量研究文献。大多数关于自我领导的研究都集中在对自我领导内在机制与内部结构的探讨上。

（一）自我领导的机制

一般认为，自我领导是一个较为复杂的心理过程。自我领导的机制可以通过自我调节理论、社会认知理论、内在动机理论等作出合理的解释。第一，自我调节理论用来解释行为发生的原因与过程。行为调节发源于两个重要环节，一是个体对行为目标的预期及信心，二是个体对自身行为与预期目标进行比较，发现与目标不一致的情况，作出适当的行为调整，使其符合预期目标。自我领导的基础是目标预期和与之适应的行为调节。第二，社会认知理论认为个体的行为是认知、行为和环境三个变量之间相互作用的结果，由此产生的自我效能感是对个体自我能力的评估与预期。自我效能感强，个体对自己胜任工作任务的能力有信心，对实现目标抱有积极期望，就能够给个体提供强大的内在激励。自我领导的内在驱动就主要来源于个体的自我效能感。第三，内在动机理论强调个体的行为是由个体的内心需要产生的。当个体的某种内在需要得不到满足的时候，内心的焦虑和紧张感促使个体通过采取一定的行动来满足自己的需要，从而缓解和消除内心的不平衡状态。个体的内在职业需要是多元的、复杂的，主要体现为安全感（职业的稳定性）、归属感（被组织和群体所认可）、成就感（付出努力并取得成功）、自我实现等。自我领导行为来源于这些内在的自我需求，这些需求驱动个体在没有外界强化的条件下，也能够通过过程报偿和自然报偿，做出自我调节和自我引导的积极绩效行为。

（二）自我领导的构成

鉴于自我领导的理论基础，曼兹等人认为，自我领导是由特殊的行为战略和认知战略组成的①。行为战略指通过自我观察、自我评价和自我修正等方式在行为上进行自我调节，从而激励积极的行为、阻止消极无效的行为，促进预期目标的实现。认知战略是指通过自我目标设定、自我预期、自我奖励、自我惩罚和自我暗示等方式，为自己确定工作或任务目标，形成强大的自我激励，并据此确认需要提升或改变的行为，推动行为战略的实施。认知战略是自我领导的基础，而行为战略是自我领导的表现。

然而大多数研究者主张将自我领导划分为三个基本维度：行为聚焦策略、自然报偿策略和建设性思维模式策略。行为聚焦策略是指自我目标设置、自我观

---

① 曹威麟，陈元勇，郭江平．自我领导研究前沿探析与未来热点展望［J］．外国经济与管理，2009，31（7）：59.

察、自我提示、自我评估、自我奖赏、自我惩罚等特定行为，目的是鼓励和强化那些导向成功结果的积极行为，抑制和消除那些导向失败结果的消极行为；自然报偿策略是指积累与完成任务相联系的正性感知和正向经历体验，目的是为了增强自我效能感和对工作的胜任感，从而增强工作和任务具有的内在激励作用；建设性思维策略是指绩效憧憬（任务结果的心象化）、自我对话、评价信念与假想、自我激励等思维过程，形成与成功导向相一致的积极思维，塑造建设性的思维模式。

也有研究者（S. Georgianna，2007）将自我领导划分为五种策略①，即自我意识策略（self-awareness strategies），意志策略（volitional strategies），动机策略（motivational strategies），认知策略（cognitive strategies）和行为聚焦策略（behavior-focused strategies）。自我意识策略是个体对自身行为的自省性、系统性观察；意志策略是通过产生具体的意图和意志来影响决策过程；动机策略是使用自我奖赏，使得个体的行为持续指向任务目标；认知策略是个体以积极思维代替消极思维，改善信念与假想，促进成功绩效的实现；行为聚焦策略是个体通过辨认目标行为、自我观察、观察别人、执行目标行为来指导自我评价、自我奖赏、自律，进而提高绩效。从这些过程可以发现，自我领导是个体不断激发内在动力，不断自我修正和指导的自我促进过程。对自我领导内部结构的讨论为自我领导的评价与发展提供了典型的理论基础。

三、自我领导的绩效研究

（一）自我领导的影响因素

哪些因素促进或阻碍了自我领导一直是领导心理学关注的问题。总体上讲，自我领导的影响因素主要包括个体因素和情境因素两个大的方面。

首先是个体因素，个性特征、内控归因、情绪智力与教育程度都与自我领导存在一定程度的正相关。一些研究表明，大五人格中外向性、责任感（认真性）以及情绪稳定性都与自我领导存在正向关联，此外，自我意识、成就动机、A 型性格等都对自我领导有积极贡献，早期甚至有研究者认为自我领导可能就是一些特定人格特征的综合征，不过还是有研究证实了自我领导是一个与个性特征既有联系又有区别的独立概念；内控型的归因模式与自我领导也存在正相关，这可能与自我效能感在内控与自我领导中的调节作用有关；情绪智力与自我领导的关联也在一些实证研究中得到初步证实；此外也有研究发现，下属的成熟程度越高，包括受教育程度、工作经验、年龄等方面其自我领导的能力也就越强。

---

① GEORGIANNA S. Self-leadership：a cross-cultural perspective［J］. Journal of Managerial Psychology，2007，22（6）：569－589.

其次是情境因素。显然一些组织、领导和任务特征对员工的自我领导会产生不同程度的影响。团队型组织、创新型组织和高度结构化组织一般会对自我领导形成促进作用，因为这类组织能够形成有利于自我领导的组织氛围。领导者的领导风格与类型也会对员工的自我领导产生影响，实际上，被领导者的自我领导在一定程度上是特定领导行为的产物，这一点与子女的成长同父母的教养存在关联有很大的相似性。一般认为，授权型领导、团队型领导、共享型领导、服务型领导的非传统的领导行为更容易培养和激发被领导者的自我领导行为，所以才有了后面提到的超级领导。此外，任务特征与自我领导也存在一定关联，非结构化的任务、挑战性或创新性的任务才有自我领导的必要和空间。

（二）自我领导的积极作用

首先，自我领导无疑是一种积极的组织行为，因此对工作绩效的影响与促进是情理之中的。但是一般认为，自我领导战略不能直接提升绩效，而是间接促进绩效的提升。自我领导导致的一些因变量（如自我效能感、自主性、积极情绪、创造力、奉献精神、组织公民行为等）对绩效结果起着中介调节的作用。自我领导有助于形成促进绩效目标导向的积极行为，消除有碍于绩效目标导向的消极行为，使得个体行为保持与绩效目标的一致性，进而推动绩效目标的达成。

其次，自我领导对员工个体也会产生积极影响。前面提到自我领导是通过其因变量对工作绩效带来贡献的。这些中介变量多与个体的态度与行为有关。比如工作满意度、创造能力、积极情绪、组织承诺等。例如，通过自我领导思维与行为的训练，可以提高员工对工作的积极情感，增强对工作或任务本身的积极体验和正向预期，这些结果将导致工作满意度和组织公民行为的提高，继而影响到工作绩效。自我领导还可以降低工作中的压力和紧张感。内部激励与积极思维模式的形成，会改变个体对工作和组织的态度与看法，形成积极的心理体验。此外，自我领导还会反过来影响到个体的一些个性特征，比如经常被授权并实施自我领导，个体会增强工作的主动性、独立性和创造性，从而提高个体的自尊与自信，责任感与认真性也会得到积极强化。这类情况在教育心理学的研究中也得到过证实，让问题学生自我管理和自我领导，对青少年个性特征的影响和改变是可以预期的。

（三）自我领导的测量与评价

自我领导是一个自我影响以实现既定目标、推动自我成长的过程，不但是被领导者的替代领导行为，对领导者来说也具有非常积极的实践意义。因此，自我领导评价是领导测量中研究成果较为集中的领域之一。目前常用的用于自我领导实证研究的测量量表包括考克斯（Cox，1993）的自我领导问卷，安德森和普鲁士（Anderson & Prussia，1997）的自我领导问卷（SLQ），霍顿和尼克（Houghton & Neck，2002）的自我领导修正问卷（RSLQ）。在这些量表的基础上，一些研究者根据不同文化和社会背景，对部分量表进行了修订，如纽波特和吴（Neubert & Wu，2006）采用中国样本对霍顿和尼克的自我领导修正问卷进行了修正。

四、自我领导的领导：超级领导

前面提到过，对于下属的自我领导等替代性领导行为，领导者并不是袖手旁观，更不是放任自流，领导者为了激发被领导者的自我领导行为，需要更高超的领导观念和领导方式，这就是超级领导。

所谓超级领导（super leadership），就是领导者引导和带领下属去实行自我领导，就是对自我领导进行的领导，超级领导者也就是自我领导者的领导人。在超级领导过程中，领导者的最重要职能就是让下属变成自我领导者。因此，超级领导意味着领导者需要开发下属的自我领导能力，将个体的自我领导的潜能开发释放出来，帮助被领导者成功地领导自己，更好地实现组织目标。

超级领导的实现需要领导者从领导目标与行为上进行适度的调整和改变。首先是领导者的目标要从实现组织绩效的单一目标转变为组织绩效与员工发展的双重目标，这对当今现实中许多领导者是一个重大的挑战。实际上在团队型领导风格（9，9）中，超级领导的这一行为导向已经得到了很好的体现。关系导向并不是绩效导向的中介变量或权宜之计，而是与绩效导向相并行的独立目标，这才是现代领导观念的核心。许多新型领导模型都强调组织目标与员工需求的高度统一，或许在实现了这种高度统一的前提下，员工的自我领导才能得到充分发展和发挥。领导者的存在和任务不仅仅是完成组织任务，更为重要的是促进员工的发展。在实践中，超级领导的主要任务就是帮助下属进行自我领导，而不再是与任务相关的行为指导。从这个意义上讲，超级领导是人的领导而非任务的领导。

其次是领导者的行为应更多地指向自我领导的行为策略与认知策略。比如可以通过合理的授权、经过设计的工作制度、减少指导和控制、适当的培训、领导者的示范作用等，形成促进自我领导的组织氛围、工作制度和领导模型，让下属在工作中不断增强自我观察、自我评价、自我奖惩和自我修正等自我调节行为，不断强化自我定向、自我暗示、自我激励等积极思维方式。许多新型领导模型如变革型领导、愿景型领导、以价值观为本的领导等蕴含了大量激发自我领导的成分。如变革型领导的理想化影响与智力激发，愿景型领导中愿景激励与心象化，以价值观为本的领导中的愿景规划等。后面提到的其他非传统的领导模式，如服务型领导、团队型领导、共享型领导等更是对自我领导的形成与发展发挥了直接作用。

超级领导和自我领导的实现，将会极大地提高整个组织的工作效率，在推动实现组织目标的同时，使被领导者的潜能得到充分的发挥，对于促进人的全面发展具有重要而深远的影响。超级领导对追随者的理解不是工具式的，它将积极释放下属的能力置于首位。传统的领导理论着眼于如何塑造领导者的能力和魅力，从而激发下属的信任和行动，而超级领导着眼于如何使追随者成为自我领导者。强权领导对人的理解基本上是工具性的，而超级领导对人的理解则是价值性的，所以，如何以价值领导超越传统的工具领导，如何以超级领导超越传统的强权领导，就成为21世纪初领导科学界的热门话题①。

第二节 服务型领导

在传统领导理论和通俗领导观念中，领导与服务这两种功能是格格不入的。尽管在日常生活和工作中也能偶尔感受到人民公仆的贴心服务，但是领导者在大多数情况下还是以指导和引领为主。因此，服务型领导作为一种非传统的领导模式，从20世纪90年代开始逐渐成为领导研究的焦点之一。

一、服务型领导的基本概念

服务型领导（servant leadership）又称为仆人型领导，是格林里弗（Greenleaf）于1977年在《像仆人的领导者》（*The Servant as Leader*）一文中提出的②。格林里弗认为，领导者首先应该是一个仆人（servant）或服务者（steward），应具有为他人服务的主动愿望，着力满足下属的需求，这样才能赢得下属的信任，形成对于群体成员的领导力，使得下属或组织成员成为真正的追随者。格林里弗把服务型领导者描述为把下属的需求、愿望和利益放在自身利益之上的人，其动机是服务他人而不是指导他人，其目的是使下属变得更加健康、明智、自由，更具有自我效能感。从这个意义上讲，领导产生于服务，领导过程就是服务过程，服务在领导之上。

此后，其他一些研究者也从不同角度对服务型领导进行了界定。比如，林克（Reinke，2004）认为，服务型领导者是“那些能把他人的需求、愿望和利益放在自身利益之上的领导者，是那些首要动机是服务他人而不是领导和控制他人的领导者”。劳布（Laub，1999）认为服务型领导是一种将被领导者的利益置于领导者个人利益之上的行为。斯皮尔斯（Spears，1998）将服务型领导定义为领导者尊重追随者个体的尊严和价值，并且具有服务追随者的持久愿望。

从服务型领导的这些概念中我们可以看出，服务型领导至少具备以下三个重要特征，一是满足被领导者需求的主动动机，领导者的最初愿望并不是领导他人，而是服务他人；二是领导者具有强烈的利他主义倾向，能够将他人或群体利益置于自身个人利益之上；三是将领导寓于服务之中，领导者的直接行为是服

---

① 刘建军．从领导者到领导群：领导理论在21世纪的变革［J］．领导科学，2002（4）：34－35.

② 杨廷钫，凌文辁．服务型领导理论综述［J］．科技管理研究，2008（3）：204－206.

务，而非指导或命令，但是服务导致了领导，追随者被领导者的服务精神和服务行为所引领。在国内英模式领导人身上（如焦裕禄、沈浩、杨善洲等），都体现出这种非常明显的服务型领导特征。

二、服务型领导的机制与结构

（一）服务型领导的机制

作为现实存在的一种有效领导模式，服务型领导并不像自我领导那样具有较充分的理论基础。葛莱汉姆（Graham，1991）在其《组织中的服务型领导：精神的与道德的》一文中解释了服务如何转化为领导，其核心机制是领导者的道德和精神力量对追随者存在重要的激励作用。从服务型领导的基本概念中我们不难发现，服务型领导对于领导者的品质和道德有着清楚而具体的要求，比如利他精神、谦逊、仁爱等。领导者具有对被领导者的关爱、谦卑和利他行为，会使领导者在决策组织远景与目标时，更多地考虑被领导者个人与群体的需求和感受，更重视建立共同愿景和相互信任，更愿意与被领导者分享权力并向他们提供力所能及的服务。由此会导致被领导者的学习和效仿，带来更多的组织承诺或组织公民行为，从而形成领导者与被领导者之间的良性互动。也就是说，服务型领导不是一个单向的领导者对被领导者的服务过程，而是领导者和被领导者彼此向对方提供服务的过程。在这一非传统式的相互作用过程中，双方之间建立信任、分享权力以及相互服务，服务型领导者将整个组织转化为服务型共同体。

在与变革型领导等新型领导模型的比较研究中，也可以发现服务型领导与变革型领导的一些共同特征，如最大限度地满足被领导者的内在需要（尤其是潜在的高层次需要）；领导者在制定组织目标时充分考虑组织成员的需求；领导者通过示范作用来激励被领导者的积极目标行为等。这些在变革型领导中被证明有效的领导行为在服务型领导中一样会有效。只不过服务型领导在满足被领导者需要、激发被领导者潜能、引导被领导者价值取向等方面做得更为彻底。

（二）服务型领导的结构与测量

关于服务型领导的大部分研究都聚焦在服务型领导的构成上。在这一领域有许多研究提出了服务型领导的行为与结构。这些研究虽有交集，但也各有特色。

格林里弗基于自己提出的服务型领导的基本概念，最早提出了服务型领导的12种行为或能力，其中包括主动性（initiative）、倾听和理解（listening and understanding）、想象力（imagination）、妥协（compromise）、接纳和移情（acceptance and empathy）、直觉（intuition）、预见未来（foresight）、理解（awareness）、说服他人（persuasion）、概念化（conceptualization）、复原和服务（healing and service）和团队建设（building community）。

在格林里弗的基础上，斯皮尔斯（L. C. Spears，1998）提出服务型领导由以下10个维度构成：倾听（listening）、移情（empathy）、心理复原（healing）、认知（awareness）、说服他人（persuasion）、概念化（conceptualization）、预见未来（foresight）、服务精神（stewardship）、承诺助人成长（commitment to the growth of people）以及团队建设（building community）。其中继承了格林里弗提出的倾听、移情、预见未来、劝说、复原、概念化、团队建设等七个维度，删除了主动性、妥协和接纳三个维度，将格林里弗提出的直觉和想象力合并为认知，将服务提升为服务精神，还提出了一个新的维度“承诺助人成长”。

罗素和斯通（Russell & Stone，2002）将服务型领导的构成维度分为功能性属性（functional attributes）和伴随性属性（accompanying attributes）两方面。功能性属性是工作场所表现出的服务型领导者的典型特征，其中包括愿景（vision）、诚实（honesty）、正直（integrity）、信任（trust）、服务（service）、榜样（modeling）、先驱作用（pioneering）、感恩（appreciation of others）和授权（empowerment）。伴随性属性是对于功能性属性的补充和说明，但也是有效服务型领导的重要组成部分，其中包括：沟通（communication）、可信性（credibility）、胜任力（competence）、管理服务（stewardship）、可预见性（visibility）、影响（influence）、说服（persuasion）、倾听（listening）、鼓励（encouragement）、教育和指导（teaching）和委派（delegation）。

佩奇和沃（Page & Wong，2002）编制了服务型领导量表，该问卷由四个维度、12个二级因素和99个项目组成。四个基本维度分别为特征维度、关系维度、任务维度和过程维度。

1. 特征维度，是领导者具有服务意识、正直的品格以及服务他人的承诺。这一维度主要强调领导者所具有的人格特质，包括正直（integrity）、谦逊（humility）、服务（servant-hood）等三个分量表。

2. 关系维度，是领导者通过向他人提供帮助和服务获得他人的信任，从而与被领导者建立良好的人际关系，形成对被领导者的影响力和领导力，包括关照他人（carring for others）、授权他人（empowerment of others）、发展他人（developing others）等三个分量表。

3. 任务维度，是领导者完成任务的工作职责，如制定未来愿景规划、作出重要决策等，包括愿景规划（visioning）、目标设置（goal-setting）、领导（leading）等三个分量表。

4. 过程维度，指提高组织结构化的程序，如团队建设、树立榜样等，包括榜样（modeling）、团队建设（team building）及决策分享（shared decision-making）等三个分量表。

在佩奇和沃的研究基础上，丹尼斯和温斯顿（Dennis & Winston，2003）对服务型领导的构成维度进行了因素分析研究，在删除了因素负荷较低、双重负荷以及结构明显不合理的项目之后，得到一个由 20 个项目组成的服务型领导测量结构，仍由三个因素组成，分别是授权、服务和愿景。各因素包含的项目见表 7 – 1。

表 7 – 1　服务型领导的测量结构①

1. 因素一：授权

　　积极寻找利用个人差异的方式从而为团队作出贡献

　　重视团队中的每一个人

　　当别人犯错误时原谅他们，并帮助他们从错误中吸取教训

　　设置清晰和可以实现的目标

　　提出他人都能接受、对解决问题有帮助的措施

　　通过充分利用每个人的优势以获得满意度

　　就如何提高工作过程的效率向他人作出榜样和表率

　　愿意自身的想法和思想受到挑战

　　不要求他人做不愿意做的事情

　　乐意与他人分享自己的权力和权威

2. 因素二：服务

　　向他人提供服务，不要求赞誉或回报

　　从他所服务的下属身上进行学习

　　在服务他人时乐于作出个人牺牲

　　寻求向他人提供服务而不是被服务

　　认同领导更多的是一种责任而不是一个职位

3. 因素三：愿景

　　被高的驱动力所激励

　　被超过个人利益和物质上成功的价值观所驱使

　　拥有每个组织都需要有更高目标的信念

　　能够清晰地阐述组织的未来目标和方向

　　明白自己需要组织变成什么，组织需要为社会做些什么

　　通过自身的激情和自信来激励他人，以求实现目标

　　专注于工作并且训练有素

　　通过借鉴来进行领导

① DENNIS R, WINSTON B E. A factor analysis of Page and Wong's servant leadership instrument [J]. Leadership & Organization Development Journal, 2003 (24): 455 – 459.

2000年以后，一些研究者陆续编制出可用于服务型领导评价研究的测量量表。这些量表形成了对服务型领导构成维度的不同解释。有研究者（周明建，阮超，2010）对此作了归纳，发现了五个最能体现服务型领导行为的维度——授权、情绪关爱、服务精神、帮助下属成长和成功、把下属放在第一位（见表7－2）。

表7－2　服务型领导结构的主要维度与量表①

维度名称	定义	代表性测量项目	作者
授权	鼓励并促进他人（特别是直接下属）发现并解决问题，以及决定何时如何完成工作	我们经理给予我对我的工作作出决定的权力	Page & Wong（2000）； Dennis & Winston（2003）； Wong & Page（2003）； Ehrhan（2004）； Dennis & Bocarnea（2005）； Liden et al（2008）； Sendjaya et al（2008）
情绪关爱	表现出对他人的个人情绪关心的行为	我们经理肯花时间与我进行私人谈话	Barbuto & Wheeler（2006）； Liden et al（2008）
服务精神	准备为组织和其成员作出贡献，以服务他人为第一位，即使是作出自我牺牲	我的领导在为他人服务中获得了满足感	Page & Wong（2000）； Dennis & Winston（2003）； Wong & Page（2003）； Barbuto & Wheeler（2006）； Sendjaya et al（2008）
帮助下属成长和成功	通过支持和指导真正地关心并帮助下属的职业发展和成长	我们经理优先考虑发展我的事业	Page & Wong（2000）； Wong & Page（2003）； Ehrhan（2004）； Liden et al（2008）
把下属放在第一位	通过行动和言语向他人（特别是直接下属）表明：优先满足他们的工作需求	我们经理把我的利益放在他自己的之上	Ehrhan（2004）； Liden et al（2008）

三、服务型领导的绩效研究与重要价值

服务型领导的实证研究在国内并不多见，这可能与服务型领导结构与测量的相关研究较为滞后有关。由于没有用于行为评价的测量工具，使得服务型领导研究长时间处于一种缺乏实证研究支持的理论探讨状态。相关的实证研究主要集中在服务型领导的人格基础和影响结果等方面。

① 周明建，阮超．领导首先意味着服务：服务型领导力回顾与展望［J］．社会心理科学，2010，25（6）：10.

大五人格中的宜人性（agreeableness）对服务型领导中的利他精神有很大贡献，一个宜人的领导者更倾向于帮助与服务他人。一些研究（Washington et al，2006）也证实了宜人性与服务型领导之间存在高度关联。从理论上讲，服务型领导应该对员工满意度和组织绩效产生积极影响。为数不多的实证研究也证实了这一点。吴维库、姚迪（2009）根据斯皮尔斯提出的服务型领导的10个构成因素，设计了包含30道题目的服务型领导问卷，在此基础上，研究了服务型领导与员工满意度的关系，内容包括服务型领导与员工情感承诺、功利性承诺、工作满意度的关系。在对国内8家企业386份问卷调查的基础上，通过统计分析和假设检验，证明了服务型领导与员工的情感承诺、功利性承诺、工作满意度存在显著的正相关。

服务型领导与以交易型领导为代表的传统领导模式有着本质的相同与不同。服务型领导突破了人们对领导者与追随者关系的传统观念，认为双方之间是由服务型领导所引导的、出于自觉的相互服务关系。从这一点上可以看出，服务型领导也体现了领导者与追随者的相互作用，只不过这种相互作用从交易型领导认为的领导者与追随者之间的利益和心理交换转换为彼此服务和承诺的交换。因此，服务型领导与传统领导模式有着本质相同的一面。所不同的是，服务型领导的服务和利他行为，不是出于任务目标，也不是为了领导他人，而是出自领导者的主动愿望，服务即是领导。服务型领导的这种服务动机来源于他们自身的价值观和信仰，来自于他们高尚的道德品质，也来自他们理想的人格基础。总之，服务型领导产生于个人的内在动机而非外在的利益追求，因此对被领导者具有很好的示范和感染作用。

在人类社会发展的进程中，从来不乏公仆型、服务型的领导者。但是在现实生活中，服务型领导者往往是一种理想的模型或学习的楷模。在我国这样一个传统思想比较浓厚的国家，领导者更容易表现出权威和指令，我们的内隐领导观念也通常认为领导来自控制和权力，对服务型领导潜在而持久的影响力和领导力重视不够。服务型领导的理论和研究告诉我们，领导的目标是促进人的发展，领导的真谛是将领导寓于服务之中。加强在中国文化背景下对于服务型领导的实证研究和推广应用显得非常迫切和有意义。

第三节　共享型领导

共享型领导是领导者与被领导者共同领导，因此也是一种非传统的领导模式。一般认为，共享型领导是随着知识型组织或团队的创建而发展的。在传统的组织形态中，领导者与被领导者之间的相互作用主要体现为领导者居于主导地位，即使是服务型领导，也是领导者通过服务来引领组织成员和整个团队。知识型团队呈现出与传统组织形态不同的特征，团队成员的知识与专业水平大为提高，知识和信息成为组织管理的核心内容，团队内部的开放性、合作性与互动性更为增强，团队成员个人的成长与组织的发展更紧密地融合在一起。这些特征决定了领导模式的适应与转变。领导者需要通过有效的领导过程来协调团队成员的行为，激发成员的需求和动机，使团队成员与领导者共同承担团队发展的责任。这时候共享型领导就应运而生了。

一、共享型领导的基本概念

顾名思义，共享型领导（shared leadership）是一种团队领导者与成员责任共担、权力共享的领导模式。一般认为，共享型领导的概念可以追溯到20世纪80年代的共同管理学说。20世纪90年代，共享型领导开始得到广泛的研究。格莱迪等人（Grady et al，1997）认为，所谓共享型领导是一种基于责任的领导实践，它要求团队所有成员都参与到团队绩效的改进中，其核心概念包括责任承担、伙伴关系、平等和主动性。皮尔斯和西姆斯（Pearce & Sims，2002）将共享型领导定义为由团队成员和团队领导者共同执行的领导，是团队所有成员整体水平上表现出来的领导行为。国内也有学者（刘博逸，2009）将共享型领导界定为“一个动态的、交互的群体影响过程，在这一过程中将根据任务特点由具有相应专长的团队成员履行领导职能，并根据情境变化动态更替领导角色以实现团队或组织的目标”。

如何理解领导的共享或共享的领导？一般认为，这种共享主要表现为两个方面，一是领导职责的共享，领导者将自己领导的工作职责与下属进行分享，通过授权和责任共担，让所有成员都参与决策，整个团队共同承担领导职责；二是领导行为与心理的共享，包括经验和知识共享，也包括信任和情感的共享，包括领导者在内的团队成员相互依存和共同成长。

（一）共享型领导的基本特征

国内有研究者（刘博逸，2012）归纳了共享型领导的几个主要特征，较为全面地概括了这种领导模式的基本内涵：一是领导权力的共享性，共享型领导实质上就是一种分权领导或授权领导，它所关注的不是是否需要领导分配的问题，而是如何更有效地实施领导分配的问题。实现领导的分配、权力的共享和责任的共担，既需要建立相应的组织制度体系，更需要形成与之相适应的团队心智模型。二是领导行为的互依性，是指包括领导者在内的团队成员在团队工作中相互依赖和相互合作，其中包含了基于工作行为的作业互依性和基于绩效目标的产出互依性。作业互依性体现了共享型领导相互协作的本质，产出互依性则反映了共享型领导责任共担的本质。不管它是基于作业互依性还是产出互依性，都能够通过相互间的交互作用激发出彼此潜在的合作精神和专业特长，并创造出远高于个人行为所能创造的结果，这恰恰是共享型领导的目的所在。三是领导行动的情境性，共享型领导的情境主要是指任务的特征。基于共享型领导的团队作业就是团队成员以符合任务特征的方式构建领导者和被领导者的交互行动。在这些互动行动中，所有团队成员的作业、知识、权力、角色、责任等都是根据情境的需要进行调整和配置的。四是领导边界的开放性，共享型领导就是领导者和被领导者随时间的变化而进行角色更替以适应特定情境的过程，在这个过程中，领导角色的不断更替意味着领导边界的不断变动，这就意味着共享型领导正在消解领导者与被领导者之间的传统界限。

（二）共享型领导与传统领导的联系与区别

共享型领导与传统领导之间存在着明显区别。传统的领导模式是自上而下的垂直式领导，领导者向下属施加影响，被领导者也好，下属也好，这些称谓代表了与领导者相对立的从属角色；团队的目标和绩效往往依赖领导者的任务行为和关系行为，领导行为更多地体现为领导者与被领导者之间的交互作用。

共享型领导是一种平行、横向的领导模式，团队成员体验更多的是同伴的影响，而不仅是特定领导者的影响。团队目标的确立和实现往往高度依赖团队成员的需要、动机、知识和技能，共享型领导更多地体现为团队成员之间的交互作用。领导者与团队成员以团队目标为导向，互相激励，互为引导，通力协作，共同为实现组织目标而工作。

但是无论是共享型领导还是传统领导，领导行为还是存在共性的，都是不同角色成员之间相互影响和相互作用的过程与结果。于是，有研究者提出用领导者数量的连续体就可以将传统型领导和共享型领导联系在一起。也就是说，领导行为模式是团队中具有影响力的领导者数量的一个连续体。在这个连续体的最低端是传统领导模式，领导者只有一个，其他团队成员听从一个领导者的领导；在这个连续体的最高端是共享型领导模式，团队中的大多数成员都是领导者，大家彼此发生影响并共同领导。在这样的领导模式下，团队成员既要在自己擅长的方面承担领导角色，又要在其他方面服从其他成员的领导①。应该说，共享型领导是对传统垂直式领导的一个发展和完善，把两种领导模式有机结合起来，有利于更好地提高领导效能和团体绩效。

二、共享型领导的形成机制

共享型领导可以存在于有一个法定领导者的团队中，也可以存在于没有指定正式领导人的团队中。当领导者及其下属组成的管理团队共同承担领导责任，团队成员都充分参与到领导活动中的时候，共享型领导就实现了。从理论上讲，这

---

① 沈秉勋，凌文辁．团队领导新模式：共享型领导［J］．人才资源开发，2009（9）：92.

是一种能够最大限度提高团队效能的领导模式，因为它将所有团队成员的相互影响和激励都调动起来了。

于是，共享型领导也存在两种不同的产生途径。一是基于已有领导者的共享型领导。为了更好地实现组织目标，根据组织发展的需要和团队任务特征，领导者自觉地打破传统的垂直领导模式，在更多采用支持与参与行为的基础上，让更多的团队成员承担起共同领导的角色与责任。二是基于无领导的共享型领导。在一些特定的组织和团队中，如创业型团队、志愿者团队、非政府组织、民间团体等、没有正式的或法定的领导者，共同的目标与责任需要所有团队成员在其特定的专业领域发挥领导才能，这是一种自发形成的共享型领导。在这类组织中也会推选或出现少数名誉领导人，他们与传统垂直模式的领导者存在很大不同，并不过多地发挥向下影响的作用，而是和其他成员一样，更多地发挥横向影响的作用，只不过在团队需要的情况下作为团队成员的代表或代言人。

从传统的垂直领导模式发展到平行的共享型领导模式，无论是有领导者的共享型领导（垂直式的共享型领导），还是无领导的共享型领导（水平式的共享型领导），都需要与之相适应的特定的组织情境——任务特征和团队特征。实际上这是共享型领导所需要的特定的团队心智模型。若不具备这些特征，共享型领导就很难实现或者难以达到应有的效能。

（一）任务特征

共享型领导产生的任务特征主要涉及任务的关联性、专业性和创新性。

工作合作是共享型领导的重要特征，具有高度关联性的任务需要团队成员的密切合作和相互作用，相互之间的依赖性增强，彼此发生相互影响的机会就增加，为实现共享型领导提供了工作条件。专业性强的任务同样增强了团队成员独立的发言权和影响力。在以往的传统行业中，掌握任务专业知识和技能的是少数的专家，比如总工程师、总设计师之类，同样呈现自上而下的指导和影响。在高度专业化的任务中，每个团队成员都是各自领域的专家，自上而下的指导和影响变成了彼此之间的横向影响，共享型领导就自然产生了。同样，任务的创新性也需要发挥不同专长、不同经验和不同思维方式的知识型员工的作用，而且这类任务更需要团队成员通过自我领导和共享型领导来发现问题、相互促进、解决问题，在此过程中不同岗位的团队成员共同承担责任，各自发挥作用。因此，任务关联性、专业性和创新性的完整统一是高水平共享型领导的重要基础。

（二）团队特征

共享型领导需要的团队特征主要包括团队成员的目标承诺、社会支持和成熟度水平。

共享型领导之所以形成，与团队成员对共同目标的认同和坚守有很大关联。当所有团队成员认同并追随一个共同的目标并体会到自己在实现这一目标中的责任感和使命感时，就会愿意承担团队的领导责任。反之，要让团队成员做到责任共担，首先就需要在确定组织目标的过程中获得团队成员对这一目标的共同承诺。因此，有时候共享型领导的前期也会需要强有力的垂直领导，来引导团队成员确立目标承诺。在一些因共同目标而聚集在一起的自发性团队中（如志愿者团队），共同的团队目标已经初步达成，但还是需要加深认同并坚守承诺，否则共享型领导的持续性或延续性就会出问题。

团队的社会支持是形成共享型领导的重要社会心理条件。群体内部的心理距离对责任与权力的分享具有很大影响，通过社会知觉测验就能够发现团队成员之间的心理距离。心理上比较接近的团队成员之间彼此能够提供情感和心理上的支持，团队内部社会支持的氛围和条件就比较成熟，大家意识到其他人对团队和自身的价值，尊重和赞赏其他人对团队的贡献和对自身的帮助，就更愿意为其他人提供社会支持，从而形成相互信任、相互合作、相互激励的良好合作氛围。成员之间愿意接受他人的领导，也乐于为他人提供指导和服务，大家对共享型领导不拒绝，不回避，这是传统领导模式难以做到的。

团队成员对参与管理、共担责任的愿望与能力是形成共享型领导的重要基础。即使在无领导的专业性群体中，如果大多数成员没有共同推动组织行为的意愿，共享型领导也是很难实现的。在一般性的传统组织中，领导者通过放权或者授权来激励下属更多地承担责任，下属会逐渐增强共享型领导的动机和技能，同时也会拥有更多的参与权和话语权，进而与领导者共同分享决策权。在西方国家，员工从青少年时期就接受过参与团队活动、行使民主权利的教育，因此在成年后更容易适应团队中的责任与权力共享。我国员工在这方面的成熟度普遍偏低，在任务特征符合共享型领导的团队中，由于团队成员的意愿和能力不足，共享型领导的实现会受到阻碍。

总之，共享型领导产生和发展的背景是知识经济时代，组织任务要具有比较强的关联性、专业性和创新性；团队成员要有共同目标，能相互影响，愿意并有能力为组织承担共同的责任。中国目前总体上还没有进入知识经济时代，组织与社会文化还是尊崇权力和权威，因此垂直型领导仍是主要的领导方式。在这种情境下，共享型领导还不完全具备发生和发挥效能的条件。但是这并不妨碍一些具有共享型领导任务和团队特征的组织，充分利用共享型领导的优势，实现更大的领导效能。

三、共享型领导的结构与测量

对共享型领导的结构研究没有形成统一的认识与结论。主要有两因素模型和四因素模型。

（一）共享型领导的两因素模型

构成共享型领导的两个主要因素是领导分布和领导程度。领导分布是指领导在团队成员间的集中程度。当领导平等地分布于全体团队成员，此时领导分布最大化；当领导仅分布在一个团队成员身上，此时领导分布最小化，就回到了传统的垂直式领导。领导程度是指团队中相互领导与影响的程度或数量，当团队成员对彼此都拥有高水平领导力的时候，领导程度达到最高。领导分布和领导程度两个维度的相互作用影响着团队中共享型领导的实际状态。当领导分布广、领导程度高的时候，共享型领导达到最大化。在这样的团队中，所有团队成员都会对团队领导有所贡献，共享型领导的优势会得到最大程度的发挥，其结果就是团队通常会产生最大绩效（孙利平，凌文辁，方俐洛，2009）。

对于领导分布和领导程度的测量主要是通过社会网络分析方法来实现的。网络分析研究能够发现团队成员之间的相互关系，并以成员之间相互影响的分布程度与作用强度来对某个团体的相互作用程度作出合理的评价，因此非常适合共享型领导的测量。这一方法与社会心理学中社会认知测量较为接近。主要是从个体和群体两个层面来分析团队成员之间的关联度。测量指标为网络集中度和网络密度。其中，网络集中度对应的是领导分布，测量的是领导影响力集中在一个人、少数个体或多数个体的程度，反映共享型领导的分布情况；网络密度对应的是领导程度，测量的是一个网络中各种关系的关联程度，反映网络中影响关系的总数量或总体水平（刘博逸，2012）。采用网络分析法来测量共享型领导，能够帮助我们形成对共享型领导的整体认知，较为直观地对一个团队的共享型领导程度作出综合评价，克服了以问卷调查法为代表的行为测量法将领导限定在一些特定行为上的缺陷。

（二）共享型领导的多因素模型

与基于网络分析法得出的两因素模型不同，共享型领导的多因素模型都是基于问卷法提出的。问卷法主要针对特定领导模式展现出的具体行为，利用统计模型将这些存在相互关联的行为划分为不同的组成结构。伍德（Wood，2005）认为共享型领导由四个维度构成，分别是共同完成任务（joint completion of tasks）、相互技能开发（mutual skill development）、成员分化互动（decentralized interaction among personnel）和情感支持（emotional support）。伍德编制的四因素共享型领导量表由18个题目组成。卡尔森等人（Carson，Tesluk & Marrone，2007）证实了共享型领导包含共同目标、社会支持、成员发言权以及外部指导四个因素。我国也有研究者（刘博逸，2009）提出了共享型领导的四因素模型，这四个因素分别是绩效期望（performance expectation）、团队学习（team learning）、相互协作（mutual cooperation）和权责共享（power and responsibility sharing），基于这个四因素模型的共享型领导量表由20个题目组成。

此外，还有一些研究者编制了五因素的共享型领导评价量表。如皮尔斯和西姆斯（Pearce & Sims，2002）开发的共享型领导量表由五个维度构成，共有35

个题目；艾沃里奥等人（Avolio et al.，2003）开发的五维度共享型领导量表由23个题目组成。这些评价工具都是以问卷方式呈现的，测量结果可以很好地反映共享型领导的行为表现。将网络分析与问卷测评结合使用，可以形成对共享型领导状态的综合评价。

四、共享型领导的绩效研究

尽管国内外关于共享型领导的实证研究并不多见，但已有的实证研究表明，共享型领导与团队绩效、工作满意度、组织公民行为、创造力等具有显著的正相关。

共享型领导多见于志愿者团队、咨询型团队、挑战型团队、授权型组织和暂时性的无领导团队，比如参加各种挑战比赛的临时性团队，因此许多研究者都利用这类群体开展共享型领导的绩效研究。国内外一些学者的研究都发现，存在于这些团队中的共享型领导能够显著地提升团队的绩效。我们在电视上的竞争性挑战比赛中也能看到这样的结果，这类群体中的所有成员通过发挥自己的专业功能，促进团队协作，实现责任共担，达成共享领导，给团队带来明显的竞争优势。在关于垂直型领导和共享型领导的绩效比较研究中，皮尔斯和西姆斯（Pearce & Sims，1997，2002）发现垂直领导和共享领导对团队绩效都有积极贡献，但共享型领导比垂直型领导更能有效地提升团队绩效。当然，这一结论一定是情境和权变的。只有在具备了特定的任务特征和团队特征的情况下，共享型领导的绩效优势才能得到充分的发挥。在共享型领导还不完全具备发生和发挥效能的条件下，垂直型领导的绩效优势还是客观存在的。

此外，共享型领导也能够显著地预测团队成员的工作满意度和组织公民行为。比如伍德等人（Wood et al，2007）的研究发现，共享型领导与团队成员的工作满意度存在显著的正相关关系，但是角色冲突和角色模糊在共享型领导与工作满意度之间具有调节作用。这一结果可能意味着共享型领导需要明确并形成团队成员的角色知觉和责任分工，如果只是简单授权或各自为战，共享型领导对员工工作满意度的积极贡献就会打折扣，团队绩效也会受到不利影响。鉴于共享型领导给组织成员赋予了更多的责任和期待，因此能够激发员工的组织公民行为。实际上，共享型领导对团队绩效的积极影响更多是通过促进团队成员的组织承诺、主动性、情感、合作、信任、学习能力等来实现的。

第四节　团队领导

团队领导（team leadership）是近年来管理心理学与领导心理学都十分关注的问题。国内外对团队领导的研究主要集中在两个方面：一是基于团队的领导，是指与团队任务特征和组织特征相适应的新型领导模式。尽管在形式上也多体现为垂直的（自上而下）、单维的（固定于个体的）、相对稳定的领导，但更强调领导者对团队的协调和整合功能。二是团队型领导，与共享型领导十分相近，表现为横向的（水平的）、多维的（共享的）、相对动态的领导模式。因此，团队领导既包括基于团体的非传统的垂直式领导，也包括横向的共享型领导。国内外关于团队领导的研究更多地聚焦于前者，主要是针对正式任命方式产生的领导者如何有效地影响团队的绩效。而对非正式任命方式产生的共享型团队领导的有效性还缺乏相关的实证研究。

一、团队领导的概念

团队领导是基于团队（team）的，不是基于一般性群体（group）的。团队一词具有特异性，团队不是传统意义上的群体。尽管群体也不乏稳定的组织架构和持续的成员间交互作用。但是现代意义上的所谓团队（也称为工作团队）不是群体中个体的简单集合，而是存在更紧密、更依赖的交互作用。团队也是知识经济的产物，其任务特征具有很强的关联性、专业性和创新性，团队特征也体现为更高的目标承诺、社会支持和成熟度水平。团队中所有成员都具有共同的有价值的目标或使命，都需要扮演各自特定的专业角色，履行相对独立的重要职能，需要更为有效的团队协作（teamwork）和沟通交流。

由于团队区别于一般群体，团队领导也不同于传统的群体领导。团队领导可以是垂直的、任命的、固定个体的，这与传统的组织形式相似，团队领导者由上级任命，但是由于团队的任务和结构与传统群体存在很大区别，因此不能采用基于群体的传统领导模式来领导团队，比如团队领导更强调整合团队成员的专业职能，培养团队协作的意识与能力，协调团队整体运作，发动整个团队共同承担责任等。而传统的群体领导更强调领导者承担整个团队的领导职责，领导过程更多地体现为领导者与团队成员的交互作用过程和领导者的向下影响力。

团队领导区别于群体领导的另一个方面在于，团队领导可以不是任命的，可以由若干个体随着时间推移交替承担领导职责，也可以是若干小组占据团队中的专家权威地位，因此团队领导可以是基于不同个体的自我领导或共享型领导。这一层面的领导职能和作用与共享型领导比较接近。这也可能是团队领导的研究者们更多关心垂直式团队领导模式的原因。因为横向式团队领导的研究在自我领导和共享型领导的研究中已经有很多阐发了。前面也提到过，只有在具备特定任务特征和组织特征的现代工作团队中，自我领导和共享型领导才能发挥很好的效能。

从以上两个方面来看，团体领导都是区别于传统领导的新的领导模式。这种新与旧的差别主要体现为组织内部领导者与成员之间、成员与成员之间、成员与团队之间的相互作用关系发生了很大改变，或者说团队的心智模式发生了改变，基于团队的领导不再是个体领导者自上而下的垂直影响能够适应和完成的。这就是领导心理学关注和研究团队领导的原因。

二、团队领导者的来源

团队领导者的产生方式非常多样化，与团队的性质与职能相关，而且团队领导者的产生方式会随着团队的发展而动态演化。莫格森等人（Morgeson et al, 2010）认为可以从“来自于团队内部还是外部”和“是否是正式任命的”两个维度来划分团队领导的产生方式，团队领导者由此就存在如表 7 - 3 所示的四种不同的产生方式。

表 7 - 3　团队领导者产生方式①

任命方式 / 来源		是否是正式任命的	
		正式	非正式
来自于团队内部还是外部	内部	首席执行官、项目经理	导师、志愿者
	外部	董事、教练、顾问	专家、协调人

根据以上划分，可以将团队领导者区分为四种大的类别：1. 内部的正式领导者，这类团队领导者在团队领导中占主流位置，多是单一的、个体的领导者，尽管在产生方式和工作形态上与传统领导基本相同，但其职能与效能都有很大区别，这类团队领导者在高科技创业团队中经常可以见到，我们通常称之为领军人才。一些创业团队的绩效不佳，发展不畅，与创业领导者不适应团队领导模式有关，可见团队领导研究与实践的重要性。2. 内部的非正式领导者，是团体内自发产生的，可以是单一个体，也可以是多个个体轮流承担领导角色，属于比较典型的共享型领导，不同的团队成员发挥自身的专业领导职能，在志愿者团队和挑战型团队中可以见到。3. 外部的正式领导者，这类领导者虽然不是团队的正式成员，不亲自参与团队的日常活动，但却是由组织正式任命的，对团队的绩效目标负有一定责任，如企业团队的专家、董事、顾问和教练（coach）等，可以是单一个体的，也可以是多个个体的，还可以是小组形式的。4. 外部的非正式领导者，这类领导者既不是团队的正式成员，也不参加团队的日常活动，虽然不对团队绩效负责，但对团队的绩效和发展会产生重要影响，如行业协会的专家、协调人等。

从以上分析中可以发现，团队领导者的来源是多维的，不同来源的团队领导

① 改编自曾楚宏，王斌，朱仁宏．团队领导研究述评［J］．外国经济与管理，2010，32（12）：58.

者都能发挥团队领导的效用，这是由团队的关联性、专业性、延展性特征所决定的。团队不是一个封闭的群体，团队自身的多维性就决定了团队领导的多维性。这些来自不同位置和不同方向的领导者都以各自不同的方式，对团队的绩效和发展施加影响，这些影响就形成了团队领导。因此一般认为，团队领导是区别于传统领导的新型领导模式。

三、团队领导的职能

团队领导研究主要集中于团队领导的职能，就是团队领导者如何对团队过程、团队情感、作业绩效和团队发展产生影响。关于团队领导职能的论述，主要有以下三种理论：

（一）麦格拉思的职能领导观

现有的团队领导研究基本上都认同麦格拉思（McGrath，1962）的职能领导观（functional leadership approach）。该观点认为，领导不是指具体的领导行为（任务导向/关系导向），而是在实现团队目标过程中所需要的问题解决活动。这些问题解决活动与团队所处的情境高度相关，团队领导者的主要职能就是根据情境的需要，采取相应的领导方式，促进团队目标的实现。无论这些问题解决活动以何种方式表现出来，只要能有效地实现团队目标就构成了团队领导。从这个意义上讲，团队的有效性就是领导的有效性。

（二）弗莱什曼的团队领导职能

弗莱什曼等人（Fleishman et al，1991）将团队领导的问题解决职能分成四个维度，其中共包括 13 项活动。

1. 信息搜集和结构化：包括获取信息、组织和评估信息、反馈和控制信息等活动。对信息的搜集和分析是解决问题的基础和前提，领导者在问题解决过程中利用获得的信息来实现目标。

2. 运用信息解决问题：包括明确要求、计划和协调、信息沟通等活动。团队的任务或者目标确定之后，团队领导就要明确任务的需要和要求，寻找并评估可能的解决方案，制订实施方案的计划，并在团队内部和外部沟通信息，将计划传达给团队成员，让团队成员理解任务的要求、所需要开展的活动、如何协调这些活动以及任务完成的标准和条件等。

3. 管理人力资源：包括选拔和配置、开发、激励、运用和监控人力资源等活动，使团队成员服从指令，整合团队的活动，提高队员的能力，对团队的人力资源加以有效管理。

4. 管理物质资源：包括获取、配置、维护、运用和监控物质资源。有效的团队领导通过对物质资源的有效管理使团队适应环境的变化，实现团队的目标。

（三）扎卡罗和马克斯的团队领导职能

扎卡罗等人（Zaccaro，Rittman & Marks，2001）也提出了团队领导的三种重要职能。

1. 团队内外联系：包含联络（networking）、意义赋予（sense making）和表征（representing）等活动。团队领导者通过诊断团队外的情境变化，发现需要解决的问题，将相关的信息上传下达、内传外输，起着中转或转译的作用。比如团队领导负责将具体的工作方案与计划、任务完成的方式与标准等信息有效地传达给团队成员并让其理解其中的意义，同时将组织内部与外部发生情境变化带来的任务需求及时反映在团队的目标和任务中。

2. 团队目标建立：为团队确立目标是团队领导的主要职能，目标可以是长远的发展愿景，也可以是中短期的目标，还可以是具体可操作的任务。建立团队目标可使团队与外部环境保持同步，在这方面，团队领导更重视目标随情境的动态变化与发展。当团队的愿景规划转化为发展目标后，团队领导要进一步将目标转化为任务。

3. 团队运作协调：团队领导要监控和协调成员的任务活动，将团队成员的活动结构化和制度化，解决在完成任务中遇到的各种内部和外部问题，对于团队活动不能适应环境变化的情况作出适当的调整，建立和维系适合实现目标的团队心理氛围等。这些活动都是为了提高团队的有效性，确保整体大于部分之和，这也是团队领导区别于个体领导的关键所在。

（四）莫格森的团队领导职能

莫格森等人（Morgeson et al，2010）认为团队领导的职能及其效能是随情境的变化而变化的，在团队发展的不同阶段可能需要团队领导履行不同的职能，或者不同的领导职能会产生不同的效果，而且不同来源的团队领导者在行使同一领导职能时其效果也存在一定的差异。因此团队领导者必须结合具体的发展阶段，有针对性地选择合适的领导方式，才能实现高绩效的团队目标。莫格森将一个完整的团队工作周期分成两个阶段，在这两个发展阶段中，团队领导需要履行不同的领导职能。

1. 过渡阶段（transition phase），确切地讲是准备阶段，团队领导主要开展绩效目标评估和计划制订工作，为行动阶段作好相关的准备，奠定坚实的基础。具体活动包括组建异质性团队，界定团队的使命或愿景，建立与长远规划相对应的发展目标，创建组织结构（明确组织成员的角色、责任、权力和任务），制订工作计划，分配工作任务，培训与发展团队的能力，使整个团队了解相关信息和任务意义，及时提供信息反馈等。

2. 行动阶段（action phase），团队的重心转移到与绩效直接相关的活动上，团队领导要完成与绩效目标相关的各项活动。其中包括全程监控团队的任务活动，与其他团队和组织进行有效沟通和协调，不断给团队以新的挑战，投身于团队任务，积极帮助团队解决所面临的难题，提供人力与物质资源，鼓励团队自我管理，营造良好团队氛围等。

四、团队领导的绩效研究

研究者们之所以格外关注团队领导，主要是因为团队领导能够有效地影响团队的有效性。团队有效性主要来自两个方面，一是团队发展指标，如工作满意感、组织公民行为、团队流动性等；二是团队绩效指标，如生产力、产出数量与质量、任务绩效等。尽管这方面的实证研究并不多见（和其他非传统领导模式相同），但是鉴于团队领导自身具有的优势职能，如培养团队成员自我管理能力，重视自我领导与共享型领导，加强团队内部的沟通与整合，消除团队运作障碍，减少团队冲突，增强团队凝聚力等，必然会对团队成员的认知、动机、情感和协调等方面产生积极的影响，进而对团队有效性带来积极贡献。重要的是团队领导使得团队成员联结为一个有效的整体，使得团队的力量和效能都大于群体或个体的简单集合，其中产生的群体动力学作用间接或直接影响着组织或团队效能。

【建议参考资料】

1. 曹威麟，陈元勇，郭江平．自我领导研究前沿探析与未来热点展望［J］．外国经济与管理，2009，31（7）：59－64.

2. 曾楚宏，王斌，朱仁宏．团队领导研究述评［J］．外国经济与管理，2010，32（12）57－63.

3. 周明建，阮超．领导首先意味着服务：服务型领导力回顾与展望［J］．社会心理科学，2010，25（6）：8－13.

4. ZACCARO S J，RITTMAN A L，MARKS M A. Team leadership［J］. The Leadership Quarterly，2001，12（4）：451－483.

5. 刘博逸．共享领导的概念内涵、内容结构、绩效水平与实施策略［J］．理论探讨，2012（1）：162－166.

【问题与思考】

1. 自我领导的意义和价值是什么？领导者是否也需要自我领导？
2. 服务型领导有什么现实意义？
3. 共享型领导的存在条件是什么？
4. 团队领导的主要模式有哪些？
5. 团队领导与共享型领导有哪些区别与联系？

第八章　领导心理和行为的测量与评估

【本章提要】

本章主要介绍领导心理和行为测量与评估的主要内容与方法，其中包括领导行为的结构与测量、自我领导的测量与评价、领导—部属交换关系的结构与测量以及新领导模型的结构与测量。本章还概要介绍了常用的领导心理与行为测量工具，这些量表或问卷对于开展领导心理学的实证研究具有很好的参考和借鉴价值。

【学习重点】

1. 领导测量与评价的基本模式
2. 领导行为描述问卷的基本维度
3. 自我领导的维度构成
4. 领导—部属交换关系的基本结构
5. 新领导模型的结构

【重要术语】

领导行为描述问卷　自我领导修正问卷　领导—成员交换（LMX）量表　多因素领导问卷

在领导心理学研究中，领导心理及行为的测量与评估始终占据重要的地位。测量与评估是心理学研究的重要手段，对于领导心理学来说更是如此。研究和考查领导有效性的前提就是要对各种领导行为作出直接或间接的评价，发现影响领导有效性的各种相关因素或变量，为理论和模型的构建提供实证依据。同时，测量与评估的效度、信度以及概化范围对领导心理及行为的研究与应用结果也会产生重要影响。因此，大多数重要的领导理论都开发了领导心理与行为的评价工具。这些工具既是研究领导理论与模型结构的重要手段，又是培训和发展领导力的重要基础。

第一节　领导研究中的测量与评估

领导心理和行为的测量与评估的主要内容包括领导特征、行为及结果。

一、领导特征的测量

领导特征的测量是指对那些能够预测领导有效性的领导者应具备的心理属性或特征进行测量，如认知能力、人格特质、情绪智力、心理资本、领导素质等。在这方面，用于测量和评价领导者特定心理特征的专门测验或量表并不多见，一般采用普通的人格测验或其他测评工具来研究领导者所具有的特定心理属性或特征。另外，随着各种新领导理论的兴起，研究新领导风格的结构及特征也成为领导心理测量的重要内容，如变革型领导的结构与特征、愿景型领导的结构与特征、以价值观为本的领导的结构与特征等。

二、领导行为的测量

领导行为测量是领导测量的核心内容，无论是量表开发的数量，还是实际应用的情况，领导行为测量都具有很大优势。领导行为测量主要是指对那些在领导过程中呈现的行动或活动及其有效性进行测量和评估。弗莱什曼等人（Fleishman et al，1991）将这些具体的领导行为分为了四种类型、13 个分类，大多数领导行为测量都涵盖了这 13 种具体的领导活动。也就是说，许多领导行为问卷或量表都包含了这些领导活动构成的题目（见表 8－1）。

表 8－1　主要领导行为类型

1. 搜集和建构信息	2. 应用信息解决问题	3. 管理人力资源	4. 管理物质资源
获得信息	辨别需求和条件	获得与配置人力资源	获得与配置物质资源
组织信息	计划与协调	开发人力资源	保持物质资源
反馈与控制	沟通信息	激励人力资源	利用和调节物质资源
		利用和调节人力资源	

三、领导绩效的测量

至于领导结果或绩效的测量，主要是指领导属性和行为对下属、团队和组织所产生的影响或作用，常见的测量指标包括员工的态度、动机、满意度和组织承诺、团队的氛围、凝聚力和流失率，以及各种组织和任务绩效指标等。这些指标均可作为领导有效性的效标来使用。此外，在国外关于领导绩效的评估研究中，还有两个经常用到的特定的领导能力指标——领导呈现和领导效能。领导呈现主要是指某人是否被那些只掌握其有限表现信息的个体看做领导者，而领导效能则是指领导者在影响和指导团队完成团队目标时的表现（Stogdill，1950）。对领导效能的评估常常由领导者的上级、同级和下级执行。360 度评价是评估领导效能的主要方法，但这种评定却可能受到潜在污染的影响。因为这类评价可能会受到评分者内隐领导观念、人际关系及岗位距离、领导下属关系质量等多种主观因素的影响。不过有研究表明，如果这种评定更多地依据团队或组织绩效的客观指标，对领导效能的评价就不会受到选择性回忆或主观歪曲的影响，这为采用上级和下级评定法评估领导效能提供了支持。

从概念上来看，领导呈现和领导效能代表了两个不同的分析水平。领导呈现是一种组内现象，也就是无领导角色的个体从团体中脱颖而出，成为众所公认的领导者。这已经得到许多无领导小组的领导行为研究的证实（Mann，1959）。与之相对应，领导效能则是指一种组间现象。效能是指领导者对下属施加影响的能力。被评估的对象首先必须是领导者。对领导效能评估通常是采用与其他团体的领导作比较的方法。领导呈现和领导效能不仅在概念上有所不同，在衡量效标上也存在差异。我们假设对领导效能的评估是在领导呈现基础上进行的。

四、领导测量与评价的基本模式

大多数领导心理与行为测评都采用下属或组织成员回答问卷的方式，也有采用360度反馈评价的方法。问卷的选项多以5点计分的里克特量表为主。在实际研究中，往往同时施测多个量表或问卷，其中一些测量常用做中介变量或调节变量。常用到的统计分析方法包括相关分析、回归分析、因素分析、结构方程模型、多层线性模型等。常用的领导心理与行为测量工具总结如下（见表8－2）。

表8－2　常用的领导心理与行为测量工具

原版	中文版
领导行为描述问卷（LBDQ－Ⅻ） ——12个分量表，100道题 ——多种样本的信度估计，大部分在0.60以上	
PM量表（Mitsumi，1978） ——领导行为评价2个维度，20道题 ——工作情境评价8个维度，40道题 ——内部一致性	企业领导行为评价调查量表（徐联仓，陈龙等，1985） ——8个维度，40道题 ——内部一致性0.85以上
	CPM领导行为评价量表 领导行为评价3个维度，20道题 ——工作情境评价8个维度，40道题 ——内部一致性0.89—0.95
管理实践调查表（MPS；Yukl，Wall & Lepsinger，1990） ——14个维度 ——内部一致性0.84—0.91；再测信度0.48—0.94	

（续表）

原版	中文版
领导行为标准测量（McCauley & Lombardo, 1990） ——22 个分量表 ——平均内部一致性 0.88；再测信度 0.72—0.85；平均评分制一致性 0.58	
领导—部署关系量表（LMX－7；Graen & Novak，1982；Schriesheim，Neider，Scandura & Tepper，1992） ——单一维度，7 道题 ——内部一致性 0.86	领导—部署关系量表（王辉，牛雄鹰，2004） ——4 个因素，16 个题目 ——内部一致性系数在 0.74—0.88
自我领导问卷（SLQ；Anderson & Prussia，1997） ——10 个因素，50 道题 ——内部一致性 0.69—0.91 自我领导修正问卷（RSLQ；Houghton & Neck，2002） ——9 个因素，35 道题 ——内部一致性 0.74—0.93	自我领导修正问卷（RSLQ）中文版（Ho & Nesbit，2009） ——11 个因素 ——内部一致性在 0.70 以上
多因素领导问卷（MLQ－S6；Bass & Avolio，1990） ——4 个变革型领导因素，2 个交换型领导因素，1 个放任型领导因素，21 个题目 ——平均内部一致性 0.72—0.92；再测信度 0.44—0.74	变革型领导问卷（TLQ；李超平，时勘，2005） ——4 个因素，34 道题 ——内部一致性在 0.84—0.92

第二节 领导行为的结构与测量

一、领导行为描述问卷

领导行为描述问卷（leader behavior description questionnaire，LBDQ）经历了若干个版本。最早始于俄亥俄州立大学的研究者们对领导行为的分析研究。他们通过设计描述领导者行为的问卷，让组织成员确定其领导者特定行为出现的次数。原始问卷是由描述领导行为的 1 800 多个问题组成。经过在各种不同行业组织的应用，不断修订、缩减和扩充题目，最终由亥姆菲尔等人（Hemphill & Coons，1957）编制了一份由 150 个问题组成的问卷，这就是 1957 年版的领导行为描述问卷。1962 年，斯托格迪尔（Stogdill，1963）出版了领导行为描述问卷的缩减版本——LBDQ－Ⅻ，这已经是该问卷的第四个版本，并且一直沿用至今，广泛应用于工业、政府、军队等组织。

LBDQ－Ⅻ包含12个因素，每个因素由五道或者十道题目组成，共计100道题（见表8－3）。12个因素的具体含义如下详述。

1. 代表：说话和行为都表现得如同组织的代表。

2. 调和能力：需要此人来和解冲突，并减少体系的混乱。

3. 对不确定性的忍受力：能够容忍事物的不确定性和延迟，并且不会因此焦虑不安或心烦意乱。

4. 说服力：能有效地辩论和劝服，表现出很强的信服力。

5. 组织的主动性：明确阐述自己的角色，并且让员工知道他们被寄予的期望，了解他们的目标。

6. 包容度和自由度：允许员工有发挥自己主动性作出决策和行动的机会。

7. 角色的承担度：积极履行其领导者的职责，而不是将其领导权力让给他人。

8. 体谅员工度：关心员工的舒适度、幸福感、地位以及贡献。

9. 对产量的强调度：对生产效率施加压力。

10. 预测准确度：表现得深谋远虑，具有准确预测结果的能力。

11. 整合力：维持组织内部紧密的联结，化解内部成员间的冲突。

12. 高级主管的倾向性：与高级主管们保持友好的关系，并在他们中间具有影响力，为更高的地位奋斗。

问卷可由领导者下属完成。每道题描述了一种特殊的行为。并不要求被试判断这种行为是否恰当，只是让被试尽可能准确地描述其上级的行为。其中项目中提到的团队，是指由被测评人主管的机关、部门，或其他组织单位。另外，当提到成员时，是指被测评人主管的组织单位中的全体人员。

表8－3　领导行为描述问卷（LBDQ－Ⅻ）①

a. 认真阅读每一道题。

b. 仔细回想你的上级发生题目中所描述的那种行为的频繁程度。

c. 判断他/她是（A）总是，（B）经常，（C）有时，（D）很少，还是（E）从不，像题中所描述的那样表现。

1. 表现得像团队的发言人	A	B	C	D	E
2. 耐心地等待决策的结果	A	B	C	D	E
3. 说鼓舞士气的话激励团队	A	B	C	D	E
4. 让团队成员知道他们被寄予了什么期望	A	B	C	D	E
5. 允许成员在他们的工作任务中有绝对的自由	A	B	C	D	E

① STOGDILL R M. Manual for the leader behavior description questionnaire-Form XII An Experimental Revision. 1962.

（续表）

6. 对是否在团队中采取主动犹豫不决*	A	B	C	D	E
7. 对人友好，平易近人	A	B	C	D	E
8. 鼓励加班	A	B	C	D	E
9. 决策准确	A	B	C	D	E
10. 能与位于他/她之上的人友好相处	A	B	C	D	E
11. 宣传团队的活动	A	B	C	D	E
12. 当他/她无法知道接下来会发生什么时变得焦虑不安*	A	B	C	D	E
13. 他/她的论点令人信服	A	B	C	D	E
14. 鼓励使用统一的程序	A	B	C	D	E
15. 允许成员根据自己的判断来解决问题*	A	B	C	D	E
16. 没有采取必要的行动*	A	B	C	D	E
17. 几乎不会花心思来让成员为自己是团队中的一员而感到高兴	A	B	C	D	E
18. 来自领先于竞争性团队的压力	A	B	C	D	E
19. 让这个部门像一个团队一样地共同工作	A	B	C	D	E
20. 使团队持续得到了更高负责人的好感	A	B	C	D	E
21. 像团队代表一样谈吐	A	B	C	D	E
22. 从容地接受挫败，阔步向前	A	B	C	D	E
23. 口才很好地为自己的观点辩论且善于说服	A	B	C	D	E
24. 在部门里试验他/她的计划或主意	A	B	C	D	E
25. 鼓励团队成员的主动性和创造性	A	B	C	D	E
26. 让其他人夺取了他在团队中的领导地位*	A	B	C	D	E
27. 把团队提出的建议付诸实施	A	B	C	D	E
28. 用言语刺激成员们要更加努力	A	B	C	D	E
29. 好像能够预测接下来会发生的情况	A	B	C	D	E
30. 为了晋升而努力工作	A	B	C	D	E
31. 有访问者出席时，代表团队讲话	A	B	C	D	E
32. 坦然面对耽搁，并不因此变得心烦意乱	A	B	C	D	E
33. 是一位非常具有说服力的谈话者	A	B	C	D	E
34. 他/她的态度明确	A	B	C	D	E
35. 让成员们以他们各自觉得的最好的方式来完成工作	A	B	C	D	E
36. 让有些成员可以利用他/她*	A	B	C	D	E
37. 公平对待所有的组织成员	A	B	C	D	E
38. 在工作上保持快速的进度	A	B	C	D	E
39. 解决部门中发生的冲突	A	B	C	D	E
40. 他/她的主管对他/她的大部分建议表示支持	A	B	C	D	E
41. 在外部会议中代表整个团队	A	B	C	D	E
42. 当等待新的发展阶段时变得焦虑不安*	A	B	C	D	E
43. 在辩论中很有技巧	A	B	C	D	E
44. 决定应该做什么和怎么做	A	B	C	D	E

（续表）

45. 分配任务给下属，然后让他们自己去处理	A	B	C	D	E
46. 只是名义上的团队领导而已*	A	B	C	D	E
47. 对变化给出预先通知和警告	A	B	C	D	E
48. 推动产量的增加	A	B	C	D	E
49. 结果通常和他/她预料的一样	A	B	C	D	E
50. 很享受他/她职位上带来的特权	A	B	C	D	E
51. 有效处理复杂的问题	A	B	C	D	E
52. 能够容忍延迟和不确定	A	B	C	D	E
53. 不是一位非常使人信服的谈话者*	A	B	C	D	E
54. 分派给团队成员各自适合他们的特别的任务	A	B	C	D	E
55. 使成员们在工作上无拘无束，并让他们努力工作	A	B	C	D	E
56. 当他/她应该坚持时却突然让步了	A	B	C	D	E
57. 能够保守秘密*	A	B	C	D	E
58. 要求成员们工作更加努力	A	B	C	D	E
59. 对事情趋势的预测准确	A	B	C	D	E
60. 让他/她的主管来代理部门的员工福利	A	B	C	D	E
61. 忙于对付大量细节，忙得应接不暇*	A	B	C	D	E
62. 只能等这么一会儿，再等他/她的怒气就要爆发了*	A	B	C	D	E
63. 讲话非常有自信	A	B	C	D	E
64. 确保他/她在团队中的角色被所有成员所理解	A	B	C	D	E
65. 不愿意许可成员们的行为自由*	A	B	C	D	E
66. 让一些成员拥有他们应该保有的威信*	A	B	C	D	E
67. 对团队成员们的个人福利很留心	A	B	C	D	E
68. 允许成员们在工作中适当放松*	A	B	C	D	E
69. 负责协调部门的任务	A	B	C	D	E
70. 他/她说的话在主管们中是有影响的	A	B	C	D	E
71. 让事情全部缠在一起乱成一团*	A	B	C	D	E
72. 当对接下来的事情不确定时仍能保持镇静	A	B	C	D	E
73. 是一位鼓舞人心的演说者	A	B	C	D	E
74. 按时间表安排工作	A	B	C	D	E
75. 允许团队有一个高度的主动性	A	B	C	D	E
76. 发生紧急情况时，由他/她全面负责	A	B	C	D	E
77. 愿意发生一些变化	A	B	C	D	E
78. 当这里有一项工作时，奋力推进	A	B	C	D	E
79. 帮助团队成员们解决他们的分歧	A	B	C	D	E
80. 得到他/她向他/她的主管所提出的要求	A	B	C	D	E
81. 能够减少体系或秩序中的混乱之处	A	B	C	D	E
82. 能够延迟采取措施，直到合适的时机来临	A	B	C	D	E
83. 能说服他人认为他/她的意见是对他们有好处的	A	B	C	D	E

（续表）

84. 维持明确的绩效考核的标准	A	B	C	D	E
85. 信任成员能够应用高度的判断力	A	B	C	D	E
86. 战胜那些挑战他/她的领导力的尝试	A	B	C	D	E
87. 拒绝对自己的行为作出解释*	A	B	C	D	E
88. 强烈号召团队打破之前的记录	A	B	C	D	E
89. 对问题和计划进行预期	A	B	C	D	E
90. 奋力工作往上爬	A	B	C	D	E
91. 当对他/她有太多要求时，他/她变得很困惑很烦恼*	A	B	C	D	E
92. 担心新方案的结果*	A	B	C	D	E
93. 能够激发起对某个计划的积极性	A	B	C	D	E
94. 要求团队成员遵守规章准则	A	B	C	D	E
95. 允许团队设立自己的步调	A	B	C	D	E
96. 容易被认为是团队的领导者	A	B	C	D	E
97. 不与团队商议就擅自开始行动*	A	B	C	D	E
98. 让团队持续以最大的能力来工作	A	B	C	D	E
99. 让团队一直紧密地联结着	A	B	C	D	E
100. 与上级维持友好的关系	A	B	C	D	E

注：带*号的题目为反向计分，即 A=1，B=2，C=3，D=4，E=5。

二、领导行为评价调查量表（PM 量表）

日本著名的心理学家三隅二不二长期致力于领导行为研究与测量。他于 1978 年编制了 PM 量表。PM 量表包括领导行为评价和工作情境评价两个系统。

1. 领导行为评价由各级领导的直接下属完成，领导行为评价共包括两类因素。一是领导者的工作任务绩效（performance，简称 P 因素），主要评价领导者为完成生产任务而行使的领导职能，涉及领导者的专业知识水平、工作的计划性、依据工作计划和规章制度对下级实施领导的效能。二是领导者的组织维系绩效（maintenance，简称 M 因素），主要测量领导为完成工作任务而表现出来的对于集体的关心和维护，涉及领导者与下级的工作关系，促进工作团体团结的能力，对下属关心的能力，在团队中组织协调的效能。

2. 工作情境评价由领导者及其下属共同完成。工作情境评价共包括八个因素，每个因素由五道题组成，总计 40 道题。工作情境的八个因素为工作激励、对待遇的满意程度、企业福利、心理保健、集体工作精神、会议成效、信息沟通、绩效规范等。前四个因素是反映个体水平的满意程度，后四个因素是反映组织内部的管理效能状况。PM 量表还专门设置了第 61 题，用以征询参加调查的人员对这种调查方法的态度。

中国科学院心理研究所的徐联仓、陈龙等人于 1985 年修订了三隅二不二编制的 PM 分析量表。修订后的中文版 PM 分析量表改称为“企业领导行为评价调查量表”，进行了大规模施测，样本来自机械、轻工仪表、纺织、冶金、化工、航运、教育、矿山、食品等行业，这样的常模规模在后来和现在的领导心理研究中很少做到。该量表在我国也是第一次按照国际上通用的规范与准则编制的标准化的领导行为评价工具，对我国后来领导行为研究的发展发挥了重要作用。

中文版的工作情境评价同样包括八个因素，每个维度五道题，共 40 题（见表 8－4）。

表 8－4 领导行为评价调查量表（工作情境评价）①

因素 1：工作激励

1. 你对现任的工作感兴趣吗？
2. 你觉得每天的工作有干头吗？
3. 对现任的工作你是当做自己的事情去做的吗？
4. 你对自己所担当的工作感到自豪吗？
5. 就现任的工作而言，你想掌握更高一级的知识技能吗？

因素 2：对待遇的满意程度

6. 对最近的一次提薪你认为满意不满意？
7. 就你现任工作所付出的劳动与你的待遇相比较你感到如何？
8. 有关本单位的奖金发放你认为如何？
9. 迄今为止，本单位以往所进行提薪的实际情况是否公平？
10. 从整体来看，你认为本单位的福利、保健设施情况怎样？

因素 3：工作福利

11. 你认为在这个单位工作是很理想的吗？
12. 你认为本单位是否真正关心职工利益？
13. 你认为本单位对劳保条件改善愿望如何？
14. 你的家属对你在这个单位中的劳动情况是否满意？
15. 总的来说，本单位与其他单位相比较福利待遇的情况如何？

因素 4：心理卫生

16. 一般来说，你是否感到上级对你有一种无端压力？
17. 你是否认为你的职责范围不清楚？
18. 你干工作是否有后顾之忧？
19. 你曾经不想在本单位干过没有？
20. 你曾因和同事或上级关系不好而产生过烦恼吗？

因素 5：集体工作精神

21. 你认为你的同事们的集体工作精神如何？
22. 你和现在的同事能否很好地工作下去？

① 徐联仓，陈龙，王登．心理学为提高企业素质服务［J］．心理学报，1985，17（4）：339－345。原量表主要针对企业，本书编著者将企业（工厂）改为更具普遍意义的“单位”。

（续表）

23. 你觉得自己是同事中的一个成员吗？
24. 你们同事之间是否互相鼓励尽最大努力去完成工作任务？
25. 在工作需要时，同事们能给你帮助吗？

因素 6：会议成效

26. 你认为在各种研究生产工作的会议上发言是否起作用？
27. 你对这种会议在多大程度上感到满意？
28. 一般说来是否很好地运用这种会议来解决工作中出现的问题？
29. 在这种会议上谈话气氛是否轻松？
30. 在这种会议上你的上级重视你的想法和意见吗？

因素 7：信息沟通

31. 领导告诉你们有关本单位的计划和业务状况吗？
32. 你认为你的上级是否很好地协调了各部门工作？
33. 领导有没有把你理所当然应该知道的事情没让你知道？
34. 你认为你的上级和你之间的联系是否密切？
35. 当你提出工作意见和建议时，你的上级是否积极与你联系？

因素 8：绩效规范

36. 在你的工作岗位上，同事之间能否为工作而互相交换意见？
37. 在你工作岗位上，同事之间是否感到一种劳动的紧张气氛？
38. 同事们在工作竞赛和集体活动中是否不想输给其他部门？
39. 你同事中的大多数人关于完成任务有什么想法？
40. 那么你个人对完成工作任务有什么想法？

三、CPM 领导行为评价量表

CPM 量表是我国著名的领导心理学家凌文辁、方俐洛在对 PM 量表进行研究和修订的基础上，加入了个人品德因素 C，编制了适用于我国事业和行政部门的领导行为评价工具。

为了使领导行为的测量与评价适合于中国的国情和民族文化，凌文辁于 1984 年提出了中国的领导行为评价的三因素假设：C 因素（characters and moral，个人品德），P 因素（performance，工作绩效），M 因素（maintenance，团体维系）。P 和 M 因素反映着领导行为中的共性，而 C 因素则反映着领导行为中的文化特异性。

CPM 量表的编制参考了 PM 量表的 P 因素和 M 因素，同时将针对企业的题目内容改为了更具普遍意义的一般性工作情境，以适应事业单位和行政机构的需要，此外还结合中国社会文化背景增添了一些题目，C 量表则是完全独立编制的。领导行为评价的三个分量表共有 30 题，C、P、M 每个分量表由 10 道题目组成。

工作情境量表同样包含八个因素，其中七个因素与 PM 量表相同，但对其中的“对待遇的满意度”和“心理健康”两个因素进行了修改，同时将企业福利因素改为了“提高晋升条件”，以适应事业单位和行政机构的需要。保留的七个因素分别是工作激励、对待遇满意程度、提高晋升条件、心理保健、集体工作精神、会议成效、信息沟通和绩效规范。工作情境量表作为领导行为的外部指标，主要用来测评员工的士气。大样本测试表明，CPM 量表的心理测量学指标比较理想，大部分量表的内部一致性和分半信度都接近或超过了 0.90。

四、其他领导行为测评工具

1. 管理实践调查表（the managerial practices survey，MPS），用于帮助领导者认知和提升自己的领导能力。涉及 14 大类领导行为，包括报告、澄清、监督、计划、问题解决、协商咨询、任务分派、鼓动激励、认可、奖励、支持、教练、构建网络及团队建设等。该工具聚焦具体的领导与管理行为，基本包含了组织管理过程中的主要领导功能。全部问题均需自陈式报告，由领导者自己回答问题。研究表明该工具的各项心理测量学指标良好，在国外的领导研究与实践中得到广泛应用，目前该量表还没有修订的中文版。

2. 领导行为标准测评（benchmarks）。该工具是由著名的创新领导中心（Center for Creative Leadership，CCL）编制的，主要用于领导力培训和开发项目。包含 22 个分量表，所涉及的领导行为与能力非常广泛。该工具的一个显著特点是包含对领导行为的正反两方面评价，所报告的分数既包括被试的积极领导特征，也包含其负面的领导特征。该工具采用了 360 度评价反馈，需要由领导者本人、同事和上级共同完成。

3. 领导技能测查表（leadership skill examination，LSE）。该量表主要用于领导者行为能力的主观评价，共有 11 个大的问题，涉及任务、概念、人际关系三个方面的领导能力。题目包括计划能力、定向能力、沟通能力、完成任务能力（布置、分配与协调）、激励能力等。选项为 1 到 7 分的里克特量表。内部一致性为 0.96。

第三节　自我领导的测量与评价

自我领导是一个自我影响以实现既定目标、推动自我成长的过程，不但是被领导者的替代领导行为，对领导者来说也具有非常积极的实践意义。因此，自我领导评价是领导测量中研究成果较为集中的领域之一。曹威麟等人（2009）归纳总结了目前常见的用于自我领导实证研究的测量量表，包括考克斯（Cox，1993）的自我领导问卷，安德森和普鲁士（Anderson & Prussia，1997）的自我领导问卷（SLQ），霍顿和尼克（Houghton & Neck，2002）的自我领导修正问卷（RSLQ）。在这些量表的基础上，一些研究者根据不同文化和社会背景，对部分量表进行了修订。

一、主要的自我领导测量工具

1. 曼兹的自我领导问卷。曼兹（Manz，1992）在提出自我领导基本概念之后，较早地编制了包含13个分量表、90个项目的自我领导问卷。这13个分量表分别为：自我观察、自我目标设置、自我提示、自我奖赏、自我惩罚、自然奖赏、预想成功绩效、自我谈话、评价信念与假想、机遇思维、自我效能感、自我问题解决、主动性。此后，米利金（Millikin，1994）对该问卷进行了修订，将90个项目删减为50个，进行因素分析后得到9个因素，分别是自我观察、自我评价、预想成功、自我谈话、积极性思维、寻求机遇、自信、自我问题解决和主动性。这些分量表的内部一致性（Cronbachα 系数）介于0.66—0.80之间。

2. 考克斯的自我领导问卷。该量表包含8个因素，分别为自主问题解决、工作效能、团队工作、自我奖励、自我目标设定、自我报偿、机遇思维和自我观察与评价。共有34个项目。该问卷的心理测量学指标良好，内部一致性在0.69—0.93之间。考克斯的自我领导问卷主要用于自我领导实证研究，具有一定的基础研究意义。后来的一些实证研究也证实了该问卷具有比较好的信度、效度，说明该问卷具有一定的理论和应用价值。

3. 自我领导问卷。由安德森和普鲁士编制，10个因素分别为自我目标设定、自我奖励、自我惩罚、自我观察、自我暗示、自我隐瞒、考虑自然报偿、预想成功表现、自我对话和信念评估与假设，其中前六个因素用来测量自我领导的行为战略，第七个因素（考虑自然报偿）用来测量自我领导的自然报偿战略，后三个因素用于评价自我领导的积极思维战略。该量表共有50个题目。10个分量表的内部一致性信度系数在0.69—0.91之间。

4. 自我领导修正问卷。由霍顿和尼克在前两个测量工具的基础上修订而成。霍顿和尼克主要修订了安德森和普鲁士的自我领导问卷，同时也吸收了考克斯自我领导问卷中预测自我报偿的题目。修正问卷包含九个因素，分别是预想成功表现、自我对话、自我目标设定、自我奖励、自我惩罚、自然报偿、自我观察、信念评估与假设、自我暗示。问卷共有35个项目，九个分量表的内部一致性信度在0.74—0.93之间。

二、自我领导修正问卷的中文版

以上这些自我领导评价问卷虽然是由不同时期的研究者编制的，但问卷中的主要结构和项目却基本相同。这些实证研究表明自我领导的测量结构在同一文化背景下是相对稳定的。这些问卷采用的样本主要是美国文化背景下的青年学生。这明显影响了自我领导结构样本的稳定性。因此，十分有必要在不同文化和不同群体中开展自我领导结构的研究。

纽波特和吴（Neubert & Wu，2006）采用中国样本对霍顿和尼克的自我领导修正问卷的心理测量学指标和结构效度进行了检验。验证性因素分析发现，在最佳的拟合模型中只有五个因素。这一研究结果涉及人们对自我领导结构的文化适应性问题。为此，胡和内斯比特（Ho & Nesbit，2009）对中文背景的自我领导修正问卷进行了修订。修订后的自我领导问卷中文版共有 11 个因素，每个因素有 3—5 道题不等，共计 38 道题。问卷的因素与项目构成见表 8－5。

表 8－5　自我领导修正问卷中文版①

因素 1：预见成功绩效（visualizing successful performance）

我想象能在重要任务上取得良好绩效

在完成任务之前我能预见到会取得成功

因素 2：自我目标的设定（self-goal setting）

我有意识地在我心里为工作设定目标

我朝着已经为自己设定的目标而努力工作

我认真思考今后想要实现的目标

我为我的工作写下具体的绩效目标

因素 3：自我对话（self-talk）

有时候我发现自己对自己（出声或默默地）说话，有助于我处理面对的难题

面对困境我有时会对自己（出声或默默地）说话，以帮助我渡过难关

有时候我自己对自己（出声或默默地）说话，帮助我思考问题

因素 4：自我奖赏（self-reward）

当我特别出色地完成任务时，我喜欢给自己奖励些东西或喜欢的活动

当我做得好的时候，我用特别的事物奖励自己，比如一顿美餐、一场电影或购物旅行

当我成功完成任务时，我经常用自己喜欢的东西奖励自己

因素 5：自我惩罚（self-punishment）

当我表现不佳时我倾向于在心里给自己负面的评价

当我没有做好某项工作时我会自己责备自己

当某项工作没有做好时我有一种负罪感

当我表现不佳时我会感到不愉快

因素 6：基于任务的自然奖赏（task-based natural rewards）

我的思维更多地关注我喜欢做的事情而不是期待得到的收获

在工作中我寻求自己喜欢做的活动

我认为在工作中获得快乐比外部奖赏更为重要

我试图在工作过程中获得快乐而不是在预计的收益中获得快乐

因素 7：基于关系的自然奖赏（relation-based natural rewards）

我努力从与同事/团队成员的共事中获得快乐

我特别关注与同事/团队成员一起和谐工作的良好感觉

我以自己喜欢的方式来满足团队成员的需求

---

① HO J，NESBIT P L. A refinement and extension of the self-leadership scale for the Chinese context［J］. Journal of Managerial Psychology，2009，24（5）：450－476.

（续表）

我从帮助同事/团队成员实现他们的目标中获得快乐
因素 8：基于任务和关系的自我观察（task and relation-based self-observation）
我检查自己的工作质量
通常我清楚自己做得怎么样
我注意审视自己满足上级/团队成员对我的期待的情况
我通常能够意识到自己是否适应上级/团队成员对我的期待
因素 9：信念与假设评估的个人导向（individual-oriented evaluation of beliefs and assumptions）
在遇到困境时我评估自己是否具有不恰当的思维
我会评估自己的想法中是否存在对工作的负面影响
我会尽力评估自己负面思维的后果
当我遇到问题时我会回顾自己的判断是否太过负面
我尽力诚心评估我是否准确地认识到了我所面对的困境
因素 10：信念与假设评估的关系导向（relation-based evaluation of beliefs and assumptions）
当我与其他人意见不同时，我会尽力避免冲突、保持和谐
我会检查我的想法是否与我同事和团队成员的意见相一致
当我与我的同事/团队成员发生冲突时，我评估自己想法看是否存在不妥之处
因素 11：自我暗示（self-cueing）
我用笔记来提醒自己该完成哪些工作
我采用更具体的提醒措施（比如记事本或单子）帮助自己专注于需要完成的事情。

与拥有 35 道题目的自我领导修正问卷相比，中文版修正问卷的各项心理测量学指标都有所提高。在纽波特和吴的研究中，RSLQ 有四个分量表达不到可被接受的信度标准，而修订后的四个分量表的信度指标都达到了 0.70 以上。可靠性的提高和稳定的内部结构表明修订后的中文版 RSLQ 具有很好的研究和应用价值。

第四节 领导—部属交换关系的结构与测量

用于测量领导—部属交换关系（LMX）的量表不下十几种，但是 LMX 的结构是单维度还是多维度，一直是西方 LMX 理论界争论的一个焦点（见表 8－6）。单维度模型认为，领导与部属之间的交换关系仅局限于和工作有关的方面，领导—部属交换的性质和程度是对领导和部属之间工作关系质量的整体反映，认为领导—部属交换是一个从低质量到高质量的连续体。低质量的交换为圈外交换，是指仅限于雇用合同关系进行的交换；高质量则为圈内交换，是指包括物质的和非物质的并且超出正式工作关系范畴之外的交换。单维度的代表性量表是 LMX－7。多维度模型则认为，领导与部属的交往与互动很难仅仅局限于工作情境中，上下级的交换关系实际上包括双方角色的各种相关因素，如情感、忠诚、贡献和专业尊敬等。领导—部属交换质量的高低（从圈外交换到圈内交换）会随着双方交换内容的不同而发生变化，因此 LMX 是多维的。多维度的代表性量表是 LMX - MDM。

表 8 - 6　国内外 LMX 量表的比较①

量表名称	操作定义	维度与题数	编制方法	功用
1. LMX - 7 量表（Graen & Novak，1982；Graen & Uhl-Bien，1995）	整体的工作关系质量	单维，7 题	不明确	侧重工作有关的内容，强调对整体的测量，简单实用
2. LMX - MDM 量表（Liden & Maslyn，1998）	不限于工作的、不同维度的关系质量	四维，12 题	归纳法	强调多种角色，对不同效标都有好的预测
LMSX 量表（Bernerth，2005）	工作中的社会交换的质量	单维，8 题	演绎法	与 LMX - 7、LMX - MDM 相比，在效标预测上有新的增益
3. 领导—部属关系量表（Law et al.，2000）	工作之外的关系质量	单维，6 题	归纳法	测量工作之外关系质量，与 LMX - 7 相互补充
4. 领导—部属关系形式量表（姜定宇，2005）	角色化的情感性、工具性和义务性关系	三维，15 题	演绎法	首次测量了本土化的关系的三种成分
5. 领导—部属关系图式量表（Huang et al.，2008）	关系图式（角色预期的认知）	四维，16/14 题	归纳法	对领导和部属关系知觉的不一致性有独特作用

一、LMX - 7 量表

单维度 LMX 量表最具代表性的就是 LMX - 7 量表（见表 8 - 7）。LMX - 7 量表是领导成员关系研究中最常用的量表，通常被研究者用于探索理论问题，因此它的题目数量比较少。大多数领导测量工具中的因素项目都很少，这类工具主要用于理论研究，如探讨理论模型的内部结构，对于诊断性评价和应用，这类量表还有待增加长度，提供更丰富的效度资料。

LMX - 7 量表用来测量领导者—成员关系的整体质量，评价领导者与追随者相互尊重对方能力的程度、相互信任的程度、相互有责任感的程度。该问卷由领导者和下属共同完成。LMX - 7 量表包括七个项目，对各种 LMX - 7 应用的元分析发现，LMX 量表的内部一致性信度比较高，一般在 0.80—0.90 之间。

---

① 任真. 本土化领导—部属关系的结构及其作用机制［D］. 北京：北京大学心理系，2010.

表8－7　LMX－7量表①

说明：本问卷要求描述你与你的领导，或你与你的某个下属的关系。在每一题下面，请圈出符合你情况的选项。

1. 你是否知道你与你的下属/领导处于一种什么位置……你是否知道你的领导对你所做的工作是否满意？

很少知道	偶尔知道	有时知道	大多时候知道	非常清楚
1	2	3	4	5

2. 你的下属/领导对你的工作问题和需要的了解程度。

完全不了解	了解很少	一般	比较了解	非常了解
1	2	3	4	5

3. 你的下属/领导对你的潜力的了解程度。

完全不了解	了解很少	一般	比较了解	非常了解
1	2	3	4	5

4，不考虑他的正式权力有多大，你的下属/领导用他的权力帮助你解决工作中的问题的可能性有多大？

完全不可能	可能性很小	不知道	可能性较大	可能性非常大
1	2	3	4	5

5. 不考虑你的下属/领导的正式权力大小，他牺牲他的利益来使你摆脱困境的可能性有多大？

完全不可能	可能性很小	不知道	可能性较大	可能性非常大
1	2	3	4	5

6. 我对我的下属/领导有足够的信任，我愿意对他的决定进行辩护，即使他或她没有亲自来这样做。

完全不同意	不同意	不知道	同意	完全同意
1	2	3	4	5

7. 你觉得你与下属/领导的工作关系有什么特点？

效果极差	效果较差	一般	效果较好	效果非常好
1	2	3	4	5

LMX－7量表得分可作如下解释：很高＝30—35，高＝25—29，中等＝20—24，低＝15—19，很低＝7—14。较高的得分显示了较强的、较高质量的领导者—成员交换（圈内成员）关系，而较低得分则显示了领导者—成员交换关系质量偏低（圈外成员）。

二、LMX－MDM量表

多维结构LMX的代表性测量是LMX－MDM量表。利登和马斯林等人（Liden & Maslyn et al.，1998）提出了LMX的四维结构。四个维度分别是：1. 情感，指领导与成员双方建立起来的，主要基于个人相互吸引而非工作或专业知识方面的彼此间的情感体验；2. 忠诚，指领导与成员中的一方对另一方的目标和个人品质公开表示支持；3. 贡献，指领导与部属关系中双方对共同目标所付出

① 诺思豪斯．领导学：理论与实践［M］．吴荣先，译．南京：江苏教育出版社，2002：83.

努力的数量、方向和质量方面的知觉；4. 专业尊敬（professional respect），指领导与部属关系中双方对彼此所拥有的、在工作领域中的声誉的知觉程度。

在此基础上形成的四维度 LMX 测量量表（LMX - MDM），每个维度有三个项目，共 12 个项目。四个分量表的信度在 0.66—0.86 之间。

三、王辉等人修订的领导—部属交换量表

王辉、牛雄鹰等人于 2004 年修订了利登和马斯林等人的领导—部属交换量表（LMX - MDM），得到了一个四维度、16 个项目的领导—部属交换量表。四个维度分别为情感、忠诚、贡献和专业尊敬等。每个维度各自有四个题目。四个维度的内部一致性系数在 0.74—0.88 之间，验证性因素分析也发现了中文版的四维度测量具有很好的结构效度。该量表的结构和项目如下，其中各因素的第四个题目是在 LMX - MDM 基础上新增加的新题目。量表采用里克特五点量表计分，从 1 代表“非常不同意”，到 5 代表“非常同意”（见表 8 - 8）。

表 8 - 9　王辉等人修订的领导—部属交换量表

因素 1：情感

1. 我非常喜欢我主管的为人
2. 和我的主管在一起工作非常有意思
3. 我乐意与我的主管交往
4. 我喜欢与我的主管一起工作

因素 2：忠诚

5. 即使我的主管对事情并没有充分了解，他/她也会在上级面前为我的工作行为辩护
6. 如果我被人攻击，我的主管会为我辩护
7. 如果我犯了无心之失，我的主管会在公司其他人面前为我辩护
8. 当我与他人发生冲突时，我的主管会站在我这一边

因素 3：贡献

9. 我愿意为我主管的利益而付出超额的努力
10. 为了我的主管，即使是要完成很多额外工作，我也不介意
11. 我愿意为我主管做超出我的职责范围之外的工作
12. 为了我的主管，我会尽自己最大的努力去做自己分内乃至分外的工作

因素 4：专业尊敬

13. 我的主管所拥有的工作方面的知识是有目共睹的
14. 我主管的专业技能令人羡慕
15. 我主管的技术和能力给我留下了深刻印象
16. 我的主管在工作方面的知识以及他/她的工作能力是众所周知的

四、任真编制的本土化领导—部属关系量表

本土化领导—部属关系量表（GX 量表）由任真编制（2010），是一个双视

角、二阶四因素的测量结构。双视角是指领导视角和部属视角；二阶是指正向关系和负向关系；四因素是关心支持、控制划派、忠诚贡献、抵触反对四个维度或因素。如果将这一结构进一步归纳概括，正向关系和负向关系形成一个横向水平轴，表明领导—部属的关系质量可以从负向到正向过渡；领导和部属双视角形成一个领导在上、部属在下的纵向垂直轴，表明领导和部属作为互动的双方各自有着不同的关系评价，同时领导在上处于相对优势地位，部属在下处于相对被动地位。以两个轴为限形成一个二维象限，领导—正向关系是关心支持维度，领导—负向关系是控制划派维度；部属—正向关系是忠诚贡献维度，部属—负向关系是抵触反对维度。然而，尽管可以直观地理解为“领导—部属”轴和“正向—负向关系”轴，但是它们并不是两个独立的连续体，而是存在着比较强的相关关系。具体因素和部分题目如表 8 –9 所示。

表 8 –9　王辉等人修订的领导—部属交换量表

因素 1（领导者视角）——关心支持，22 道题。主要内容包括领导关心部属的诉求和生活，维护部属的利益，体谅部属的困难；支持部属开展工作，给予资源，提供保护。

例题：

他/她了解我的需求和苦恼

他/她关心我个人所关注的利益诉求

他/她帮助我解决家庭生活中的困难

他/她主动承担我工作过失的责任

他/她器重我，交予我重要的任务

因素 2（领导者视角）——控制划派，16 道题。主要内容包括领导要保持对部属的控制和权威，对部属端着架子、保持距离，揽功推过，不主动培养和提拔部属；对部属进行划派，区分远近亲疏。

例题：

他/她担心我会威胁其权威和地位

他/她把下属划分类别，区别对待

他/她把工作成绩留给自己，把问题的责任推给我

他/她看重我的关系背景

他/她不肯主动培养和提拔我

因素 3（下属视角）——忠诚贡献，12 道题。主要内容包括部属忠诚于领导，了解领导，愿意讲真话，善于领会领导意图，公开表示支持领导；能够为领导作出贡献，能够加班加点，能够创新性开展工作，是领导的得力助手。

例题：

我了解他/她个人的习性和爱好

我感到对领导要“士为知己者死”

我愿意跟他/她讲真话和心里话

我是他/她的得力助手

我公开表示对他/她的支持，即使他/她不在跟前

（续表）

因素4（下属视角）——抵触反对，6道题。主要内容包括部属抵触领导，担心领导欺压自己，给自己下绊子；部属反对领导，会议论和顶撞领导，和领导较劲。 例题： 我对他/她有抵触情绪 我感觉他/她整人、欺压自己 我忍不住在背后议论他/她，以表不满 我当面顶撞他/她 我暗地里与他/她较劲

本土化领导—部属关系量表（GX量表）的优点是更适合中国社会文化背景的领导—下属关系，与单维度量表相比，从领导者和下属两个视角刻画双方关系，显然更加准确和客观。

第五节　新领导模型的结构与测量

一、多因素领导问卷

变革性理论是现代领导理论研究的焦点，也是国内最受关注的领导理论。因此围绕变革型领导的测量和评价也有很多研究。由于巴斯的变革型领导四维结构已经得到了该领域学者们的普遍认同，因此，多因素领导问卷（multifactor leadership questionnaire，MLQ）成为研究变革型领导行为使用最为广泛的测评工具。

最早的多因素领导问卷由巴斯（Bass，1985）编制。编制问卷的整个程序和方法值得我们借鉴。巴斯和同事对南非70名资深高级官员开展了一系列深度访谈，要求这些高级官员回忆他们人生经历中遇到的那些曾经唤醒他们开拓精神，激励他们斗志，鼓励他们牺牲个人利益为他人和社会积极奉献的领导者。然后让他们描述这些领导者的行为，这些领导者做了哪些具体的事情，对他们的人生和组织的事业的发展产生了影响和变化。这种方法类似于行为事件访谈，主要是从目标人群中抽取典型行为。在此基础上，再结合与更多的中层和高层官员的大量访谈，巴斯设计了一些描述变革型领导特征的问题，组成了最初的多因素领导问卷。

之所以叫做多因素领导问卷，是因为该问卷不只是测量变革型领导。根据巴斯对变革型领导模型的理解，他认为变革型领导、交易型领导和放任型领导是反映领导者变革型领导程度的连续体。巴斯试图通过对变革型领导行为的测量，来反映领导者在这一连续体上的位置。因此，多因素领导问卷包含了测量变革型领导、交易型领导和放任型领导模式的七个因素。其中变革型领导为四个因素，交易型领导为三个因素，放任型领导为一个因素。

1. 变革型领导因素结构

因素1——理想化影响（idealized influence）：评价领导者是否拥有下属的信任、

尊敬和忠诚，是否经常唤起下属的希望和梦想，是否成为他们的榜样和人生理想。

因素2——鼓舞干劲（inspiration）：测量你能在多大程度上提出愿景，运用恰当的信念和想象来帮助他人投身于他们的工作，并尽力使他们感到他们工作的重要性。

因素3——智力激发（intellectual stimulation）：显示出你在多大程度上激励他人创新性地运用新观念看待老问题，创设容忍极端意见的环境，培养人们质疑自己和组织的价值观和信仰。

因素4——个别化关怀（individualized consideration）：显示出你在多大程度上关注他人的生活状况，因人而异地委派任务，关注那些似乎很少融入群体的个人。

2. 交易型领导因素结构

因素5——权变奖励（contingent reward）：显示出在多大程度上你能告诉他人应该做什么，以得到奖励，强调你对他们的期望，认识到他们的成就。

因素6——例外管理（management-by-exception）：评价领导者是否将工作要求告诉下属，是否对他们的工作绩效感到满意，是否认为无错不纠，有问题才需要管。

3. 放任型领导

因素7——无领导/放任型（non-leadership）：测量领导者是否很少对他人提出要求，让下属知道他们自己想做或应该做的事情，是否满足于事物的自然发展。

巴斯和艾沃里奥（1992）编制了MLQ的简缩版——MLQ－6S（即多因素领导问卷6S版，见表8－10）。7个因素的分数分为三部分。第一部分为因素1至因素4上的分数，直接评价领导者的变革型领导程度，分数越高意味着经常运用变革型领导方式。第二部分是因素5和因素6的分数，代表领导者的交易型程度，分数越高意味着更倾向于运用奖励、矫正等强化组织方式。第三部分为第7个因素，代表领导者的放任型程度，分数越高意味着更多地运用任其自然的领导方式。

表8－10 多因素领导问卷6S版

此问卷是对你领导方式的描述，以下共有21个项目，请判断每项与你符合的程度，以下“他人”这个词可能指你的追随者、客户或群体成员。

0＝根本没有 1＝偶尔 2＝有时 3＝经常 4＝常常

1. 我使和我在一起的人感觉极佳
2. 我用简洁的语言表述我们能做什么，应该如何做
3. 我能使他人用新思路考虑老问题
4. 我帮助他人提高他们自己
5. 如果他人想从工作中得到奖励，我告诉他们要做什么
6. 当他人意见一致时，我很满意
7. 让他人继续按照始终如一的方式工作，我感到满意
8. 他人完全信任我
9. 对于我们能够做的事，我能描绘出具有感染力的远景

（续表）

10. 我向他人提供新思路去看待那些令人困惑的事情
11. 我让他人了解我对他们所做的事情有什么看法
12. 当他人达到目标时，我给予肯定或奖励
13. 只要一切运作正常，我不试图改变任何事
14. 无论他人希望做什么事，我都赞成
15. 他人以协助我工作为荣
16. 我帮助他人找到工作的意义
17. 我让他人重新思考以前从来没有质疑过的理念
18. 我对似乎要被抛弃的人给予关心
19. 我要求他人注意，他们能得到什么取决于他们完成了什么工作
20. 我告诉他人为执行工作而应知道的准则
21. 我对他人提出的要求都是最最基本的

每个因素都由三个项目组成。各种领导模式的得分为所含因素的分数的总和。理想化影响为项目 1、8、15；鼓舞干劲为项目 2、9、16；智力激发为项目 3、10、17；个别化关怀为项目 4、11、18；权变奖励为项目 5、12、19；例外管理为项目 6、13、20；放任领导为项目 7、14、21。

二、变革型领导问卷

国内学者对于各种新领导理论的结构进行了验证研究，并修订或编制了中国社会文化情境下的测量研究工具。李超平、时勘（2005）编制了适合我国国情的变革型领导问卷（transformational leadership questionnaire，TLQ）。

尽管巴斯的变革型领导结构模型得到了广泛的认可，但是一些研究也对多因素领导问卷的内容效度和构想效度提出了质疑，李超平和时勘通过对 149 名管理人员调查结果的验证性因素分析发现，变革型领导的构想效度虽然获得了一定研究结果的证实，但是其结果并不是非常理想。一些学者开始构建新的变革型领导问卷。研究者结合中国的社会文化情境，由不同行业、不同组织的 249 名管理人员根据变革型领导的定义和特征，提出了 1 276 条描述变革型领导的具体特征。经过组织行为学专家对这些特征的筛选和拆解，共得到了 1 370 项具有单一含义的特征描述。再经过组织行为学专家的讨论和归纳，最后得到八大类典型描述，分别为榜样示范、奉献精神、品德高尚、领导魅力、愿景激励、智能激发、个性化关怀和寄以厚望。然后从 1 370 项特征描述中为每个类型选出八个项目，共组成了 64 个项目的基础问卷。

量表编制的过程为量表本身提供了很好的内容效度支撑。经过探索性因素分析和验证性因素分析等过程，最终确定了变革型领导问卷的基本结构。

变革型领导问卷直接测量领导者的变革型领导方式，由德行垂范、愿景激励、个性化关怀、领导魅力等四因素组成。德行垂范因素由八个项目组成，其余三个因素均为六个项目，整个问卷共计 26 个项目。各因素对应的项目如表 8 - 11 所示①。

表 8 - 11　变革型领导问卷

因素 1：德行垂范

1. 廉洁奉公，不图私利
2. 吃苦在前，享受在后
3. 不计较个人得失，尽心尽力工作
4. 为了部门/单位利益，能牺牲个人利益
5. 能把自己个人的利益放在集体和他人利益之后
6. 不会把别人的劳动成果据为己有
7. 能与员工同甘共苦
8. 不会给员工穿小鞋，搞打击报复

因素 2：愿景激励

9. 能让员工了解本单位/部门的发展前景
10. 能让员工了解本单位/部门的经营理念和发展目标
11. 会向员工解释所做工作的长远意义
12. 向大家描绘了令人向往的未来。
13. 能给员工指明奋斗目标和前进方向
14. 经常与员工一起分析其工作对本单位/部门总体目标的影响

因素 3：个性化关怀

15. 在与员工打交道的过程中，会考虑员工个人的实际情况
16. 愿意帮助员工解决生活和家庭方面的难题
17. 能经常与员工沟通交流，以了解员工的工作、生活和家庭情况
18. 耐心地教导员工，为员工答疑解惑
19. 关心员工的工作、生活和成长，真诚地为他（她）们的发展提建议
20. 注重创造条件，让员工发挥自己的特长

因素 4：领导魅力

21. 业务能力过硬
22. 思想开明，具有较强的创新意识
23. 热爱自己的工作，具有很强的事业心和进取心
24. 对工作非常投入，始终保持高度的热情
25. 能不断学习，以充实提高自己
26. 敢抓敢管，善于处理棘手问题

变革型领导问卷各个维度的内部一致性在 0.84—0.92 之间。验证性因素分析的结果也表明四因素模型的各项拟合指数均达到或接近测量标准。从后续实证研究中也可发现，在控制了人口统计学变量之后，变革型领导对员工满意度、组

---

① 李超平，时勘．变革型领导的结构与测量［J］．心理学报，2005，37（6）：803 - 811.

织承诺、离职意向、领导有效性都提升了贡献水平，解释的变异量分别增加了49%、26%、19%与72%，说明变革型领导问卷的测评结果对效标变量有显著的影响。目前，变革型领导问卷在国内变革型领导研究中已经得到了初步应用，具有很好的理论与应用价值。

三、其他新领导模型的结构与测量

（一）愿景型领导问卷

愿景型领导侧重领导者在了解部属的前提下，建立共同的目标和愿景，以激励员工朝着实现目标的方向努力。愿景已经成为影响领导有效性和组织绩效的关键因素。关于愿景型领导的假设是，成功的领导者一定要拥有对未来发展的激励人心的清晰图形或图像。

国外有学者（N. Khatri，1996）曾提出愿景型领导特征的两维度模型。这两个维度是：（1）专家和分析，指领导者的专长、知识、解决问题的能力和分析性思考；（2）愿景和未来，指领导者是否有愿景、战略性思考、着眼长远、预见未来、识别发展机遇。我国学者李效云、王重鸣（2004）通过对国内不同行业的领导者进行访谈，同时还对优秀领导者的二手资料进行内容分析，最终编制出愿景型领导调查问卷，提出了愿景型领导的六因素模型。

1. 因素1：分析决断。测量领导者在管理过程中对组织内外环境的分析与理解能力、面对具体问题的洞察和判断能力。研究中发现，无论什么背景下的企业，领导者都非常重视对经营环境的分析和洞察。分析决策是领导者形成战略选择、进行业务决策的首要前提。

2. 因素2：学习总结。测量领导者积极进取的心态和善于学习的能力，反映领导者对组织发展道路的反思与回顾。包括组织内的互帮互学，也包括对竞争对手、业务伙伴、对成功者和失败者经验的学习。很多领导者重视对经验和规律的积极把握，这是组织发展的重要基础。

3. 因素3：机会意识。测量领导者发现机会、把握机遇的能力。相当多的企业领导者看重的是短期或中期的业务发展机会，有些领导者更乐于随机遇而动。在企业的开创和发展阶段这种机会意识非常具有代表性。

4. 因素4：战略前瞻。测量领导者长远的、战略的、前瞻的发展意识。与机会意识相反，此因素使得领导者不满足于短期目标的实现，发展目标比其他人更高远，采取的行动更有战略性，组织的生命力也更强。

5. 因素5：勤奋务实。测量领导者注重实干、关注业绩、勤奋敬业等行为特征。该因素与领导行为中的任务导向很接近，同时表现为身体力行的表率角色，很多企业领导者或领导团队都把勤奋敬业看做实现理想发展目标的重要条件。

6. 因素6：关注现实。测量领导者注意分析和把握组织内部实际情况以及企业外部环境的行为特征。愿景型领导并不只是专注于企业的长远方向，他们提出的方向都是基于组织和员工的发展现状。

李效云、王重鸣编制的愿景型领导问卷共有34个项目，分析决断因素包含八个项目，学习总结因素包含五个项目，机会意识包含四个项目，战略前瞻、勤奋务实、关注现实各有三个项目。问卷整体的心理测量学指标良好。

（二）魅力型领导特质问卷

魅力是与领导者内在人格相关的吸引他人的特质。魅力型领导研究强调领导者的信念、愿景、自信、价值观、支配力、冒险精神、榜样示范和尊重下属等。尽管不同的研究者有不同的发现，但大家都认为领导的目的、愿景和任务是魅力型领导的主要构成要素。根据魅力型领导的理解和认识，我国学者冯江平、罗国忠（2009）研究了我国企业魅力型领导的特质结构，并编制了魅力型领导特质问卷（charismatic leadership traits inventor，CLTI）。他们首先编制了开放式问卷，在给出魅力型领导的描述性定义的基础上，要求被调查者列出自认为符合魅力型领导定义的领导特征或行为，然后由专业人员对这些特征或行为进行筛选和处理。经过项目分析和因素分析，最终得到魅力型领导特质的五因素模型（见表8－12）。

表8－12 魅力型领导特质问卷

因素1：亲和力

1. 把员工视为伙伴和朋友
2. 为员工营造轻松的工作氛围
3. 在员工面前不摆架子
4. 与员工交往，会考虑员工的实际情况
5. 表里如一，言行一致
6. 愿意帮助员工解决日常生活方面的困难

因素2：创新精神

7. 在本单位形成发挥创造性思维和变革的风气
8. 把变革视为机遇，敢于不断变革
9. 善于听取下属意见，向下属放权
10. 对员工比较宽容、大度
11. 在本单位或部门里形成团结向上的风气

因素3：愿景规划

12. 敢抓敢管，善于处理棘手的问题
13. 能够向员工清晰地表达本单位或部门的发展前景
14. 对自己单位或部门的发展方向非常明确
15. 关注环境变化，提出符合本单位情况的发展目标

因素4：关心员工

16. 关心员工的工作、学习和生活，注重其成长与发展
17. 能为员工创造一个好的施展才能的平台

（续表）

18. 能把自己的个人利益放在集体利益和他人利益之后
19. 让员工知道他（她）们所做工作的长远意义
因素 5：业务能力
20. 有很强的业务能力
21. 对自己的能力很自信
22. 有丰富的工作经验
23. 能敏锐地把握本行业的发展方向和趋势
24. 经常鼓励员工从多个角度考虑问题

（三）以价值观为本的领导调查问卷

以价值观为本的领导理论是魅力型领导理论的一种最新变式，强调领导及其追随者在拥有共同的价值观的基础上形成领导关系。豪斯等人于 20 世纪 90 年代提出了以价值观为本的领导理论。所谓以价值观为本的领导，表现为领导者和下属共同分享一种强烈的、内在化的愿景，通过价值观的激励使所有成员发挥最大效能而实现组织目标。持有明确价值观的领导者，向组织和工作注入自己的价值观，唤醒跟随者对集体和愿景的强烈认同，引发他们的责任感并为此努力工作，齐心协力实现组织目标。

豪斯组织了一项全球性领导研究项目（GLOBE），在全球 60 多个国家和地区展开实证研究，检验以价值观为本的领导理论在不同国家和文化背景下的有效性。我国大陆和港澳地区的一些学者参加了该项目。此问卷的修订和编制正是在这一研究背景下开发完成的。

吴维库、富萍萍、刘军等人（2002，2003）参加了该项目。全球参加此项目的成员国家和地区均使用相同问卷，但根据不同国家和地区的语种作相应的翻译和修订。为了确保翻译的准确性，修订过程严格遵守回译程序，即译成中文的问卷需要反译成英文得到原问卷。问卷分为两种，一种是由领导者填写，问题包括企业的基本情况、企业发展状况及领导者个人价值观等方面。另一种由下属填写，反映的是下属对领导行为的评价及下属个人价值观等方面的主题，由于此问卷的问题较多，分为两部分施测。经过大规模测试和多层线性模型（HLM）统计分析，证实了以价值观为本的领导模型的四个因素：愿景规划，鼓舞人心，正直，对下属有信心。该问卷的因素与项目如表 8 – 13 所示。

表 8 – 13　以价值观为本的领导调查问卷

因素 1：愿景规划
1. 以未来目标为基础制订计划并采取行动
2. 清楚了解我们前进的方向
3. 高瞻远瞩，努力预测未来的事情，考虑未来会发生什么

（续表）

4. 能够成功地预测未来的需求
5. 清楚地表达他/她对未来的愿景
6. 预测事情的发生，并提前作准备
7. 预测未来可能发生的事情
8. 明确知道这一组织在五年内要发展成什么样子
9. 对未来充满愿景，憧憬未来

因素 2：鼓舞人心

10. 全力以赴，精力旺盛、热心、积极性很高
11. 强调具有明确目标的重要性
12. 有非凡的能力，用他/她的观点说服其他人
13. 对工作表现积极，并注入较强的正面情绪
14. 会为了目标和愿景而牺牲个人的利益
15. 强调对价值观和信仰承诺的重要性
16. 与下属谈论他/她自己的重要的价值观和信仰

因素 3：正直

17. 言行一致，诚恳
18. 可以相信他/她会为下属的利益着想，而不只是为自己
19. 值得信任，说话算话，靠得住
20. 虚伪，不真诚，欺诈
21. 老奸巨猾，欺诈，诡计多端
22. 在履行义务上可靠
23. 言行一致
24. 为人处世公平、公道
25. 保证他/她所做的都符合道德准则

因素 4：对下属有信心

26. 让下属独立思考来解决问题
27. 对下属有信心
28. 对我能为本单位（公司）目标作贡献的能力充满信心
29. 放手让下属负责解决棘手问题
30. 对我在无上司监督时的工作能力有信心

以价值观为本的领导行为主要体现为，领导者对下属有足够的信心，交给他重要的、有意义的工作，并且传达高层的期望，使他们从内心深处感受到被器重与尊重；领导者有远见、道德高尚并真诚地对待员工，能够使他们觉得跟着这样的领导有信心、有保障，进而愿意将自己融入集体事业，作出积极的努力；领导者在企业中强调价值和信仰的重要性，以正面情绪注入工作，教育并引导员工，极大地激励员工的工作热情，在实现自身价值的同时实现组织目标。由此四个因

素构成的以价值观为本的领导行为能够直接影响组织和员工的绩效①。对于以价值观为本的领导绩效的评价，研究者在问卷中专门设计了以下问题，由下属来完成。

我同意上级领导为本组织制定的愿景

我期望本组织有美好的前途

我对我的组织贡献出了我 100% 的能力

为了本组织的成功，我愿意做实质性的自我牺牲

我希望在这个组织继续工作三年

我的努力远远超出了本组织所要求的程度

（四）家长式领导问卷

家长式领导（paternalistic leadership）是我国台湾地区的郑伯埙等人在企业管理实践中发现，并通过质性研究归纳和实证研究证明而发展起来的，基于中国文化背景的领导理论。郑伯埙等人在深入研究华人领导行为的基础上，提出了德行、仁慈、威权三因素构成的家长式领导行为模式。我国大陆学者务凯、赵国祥（2009）根据郑伯埙、周丽芳、樊景立等人早期编制的家长式领导问卷，以大陆地区的组织为研究对象，在文献分析的基础上，经过问卷编制、项目分析、因素分析等程序，形成了适合大陆地区使用的家长式领导问卷。

务凯、赵国祥编制的家长式领导问卷也是一个三维结构，包括德行、仁慈和威权领导。问卷包含 30 个项目。其中，德行领导因素包含 12 个项目，内容主要涉及领导者表现出较高的个人操守与修养，以赢得部属的尊重与学习，行为特征包括廉洁、守信、对下属一视同仁、不谋私利、正直、负责任、胸襟开阔等；仁慈领导因素包含 9 个项目，内容主要涉及领导者对下属个别、全面而长久的关怀，行为特征包括视下属为家人、关心下属的家庭和生活、急难救助、满足照顾、鼓励辅导等；威权领导因素也包含 9 个项目，内容主要涉及领导者强调其权威是绝对的、不容挑战，对部属会做严密控制，并且要求部属要毫不保留地服从，行为特征包括对部属严密控制、专权独断、维护尊严、严厉斥责等。三个因素的项目分布如表 8－14 所示②。

---

① 吴维库，富萍萍，刘军．以价值观为本的领导行为与组织绩效在中国的实证研究［J］．系统工程理论方法应用，2003（1）：7－13.

② 务凯，赵国祥．中国大陆地区家长式领导的结构与测量［J］．心理研究，2009，2（2）：56－59

表 8-14　家长式领导问卷

因素 1：德行领导

1. 他不贪求不法所得
2. 他为人正直
3. 他不偏袒与自己亲近的人
4. 他能够以身作则
5. 他为人诚实，不说谎话
6. 他把公司的集体利益置于个人利益之上
7. 他公平对待所有的下属
8. 他信守承诺，说话算话
9. 他是我做人做事的好榜样
10. 他一人做事一人当，不会推卸责任
11. 他心胸开阔，不斤斤计较
12. 他不会嫉妒比自己有才能的人

因素 2：仁慈领导

13. 他对我的照顾会扩及我的家人
14. 他平常对我嘘寒问暖
15. 他关心我个人的生活和起居
16. 他会帮我解决生活上的难题
17. 他像家人般地关心我
18. 他会根据我个人的需要，来满足我的要求
19. 对相处较久的部属，他会做无微不至的照顾
20. 当我工作表现不佳时，他会去了解真正的原因何在
21. 当我工作情绪不佳时，他会给予我适当的辅导

因素 3：威权领导

22. 他要求我完全服从他的领导
23. 开会时，都按照他的意思作最后的决定
24. 他心目中的模范部属必须对他言听计从
25. 若不遵照他的指示办事，将会受到严厉的处罚
26. 当工作目标无法达成时，他会严词地要求我作出解释
27. 当工作目标无法达成时，他会斥责我
28. 公司大小事情都由他自己独立决定
29. 当我当众反对他时，他会很不高兴
30. 他不让我察觉他真正的意图

该问卷的内部一致性系数都在 0.90 左右，验证性因素分析表明数据与模型拟合情况良好，使得该问卷成为开展本土领导心理研究的非常有价值的测量工具。

【建议参考资料】

1. 任真，王登峰. 中国领导心理与行为实证研究二十年进展［J］. 心理学探新，2008（1）：67－71.

2. 吴维库，富萍萍，刘军. 以价值观为本的领导行为与组织绩效在中国的实证研究［J］. 系统工程理论方法应用，2003（1）7－13.

3. 王辉，牛雄鹰. 领导部属交换的多维结构及对工作绩效和情境绩效的影响［J］. 心理学报，2004，36（2）：179－185.

4. 务凯，赵国祥. 中国大陆地区家长式领导的结构与测量［J］. 心理研究，2009，2（2）：56－59.

5. 李超平，时勘. 变革型领导的结构与测量［J］. 心理学报，2005，37（6）：803－811.

【问题与思考】

1. 领导心理与行为测评在领导心理学研究中有怎样的地位和作用？
2. 研究性评价与诊断性评价的主要区别有哪些？
3. 如何评判领导心理与行为结构的有效性？
4. 领导心理与行为测评的实践与应用价值有哪些？

图书在版编目(CIP)数据

领导心理学／赵世明编著. －北京：开明出版社，2012.10
（新世纪心理与心理健康教育文库）
ISBN 978－7－5131－0243－8
Ⅰ.①领… Ⅱ.①赵… Ⅲ.①领导心理学 Ⅳ.①C933

中国版本图书馆CIP数据核字(2011)第119642号

责任编辑：魏红岩　王桢　范英　杨怡

书　名：领导心理学
出品人：焦向英
出　版：开明出版社
（北京海淀区西三环北路25号 邮编100089）
经　销：全国新华书店
印　刷：保定市中画美凯印刷有限公司
开　本：700×1000　1/16
印　张：12.625
字　数：219千字
版　次：2012年10月 北京第1版
印　次：2012年10月 北京第1次印刷
定　价：34.00元

印刷、装订质量问题，出版社负责调换货　联系电话：(010)88817647